KB253946

이중과제론

근대적응과 근대극복의 이중과제

이중과제론

근대적응과 근대극복의 이중과제

이남주 엮음

창비

'창비담론총서'를 펴내며

한국사회에서 변혁의 방향과 이를 위한 새로운 주체 형성에 대한 관심이 그 어느 때보다 뜨거운 지금, 창간 43주년을 맞은 계간 『창작과비평』과 출판사 창비는 '창비담론총서'를 새로이 출간해 독자의 요구에 부응하려고 한다.

'창조와 저항의 자세'를 가다듬는 '거점'으로서의 역할을 다짐하며 출범한 『창작과비평』은 1970, 80년대와 90년대에 걸쳐 민족문학론, 리얼리즘론, 분단체제론, 동아시아론 등 우리 현실에 기반을 둔 실천적 담론들을 개발하고 사회적으로 확산해오면서 일정한 성과를 거두었다. 2000년대에 들어서도 이중과제론, 87년체제론 등 기존의 문제의식을 이어받으면서 변화하는 상황에 대응하는 새로운 담론을 통해 이론적 모색과 실천활동의 밑거름이 되고자 했다. 계간지 특집 형식 등으로 최근 제기해온 이런 담론의 일부를 이번에 단행본 체재로 엮어내는 것은 우리의 지적 궤적에 대한 하나의 중간 결산이기도 하다.

총서의 간행에 즈음해, 우리가 계간지 창간 40주년을 맞아 약속한 것을 돌아본다. 창비가 우리 시대의 요구에 부응하는 과제 수행에 더 많은 이들이 동참할 수 있도록 앞장서되, 단순히 공론의 장을 제공하는 일을 넘어 '창비식 담론'을 만들겠다고 밝혔다.

그리고 '창비식 담론'은 '창비식 글쓰기'에 의해 뒷받침될 것이라고 했다. 여기서 말하는 '창비식 글쓰기'란 현실문제에 직핍해 날카롭게 비평하고 대안을 제시하는 논쟁적 글쓰기를 뜻하는데, 이것이야말로 문학적 상상력과 현장의 실천경험 및 인문사회과학적 인식의 결합을 꾀하는 창비가 남달리 잘해야 마땅한 일이다. 우리는 그 일에 나름으로 정성을 다해 기대에 보답하려는 자세를 견지해왔다.

우리는 한국이 직면한 여러 문제에 대한 현실대응력이 한반도의 중장기적 발전전망과 연결되어야 온전히 작동할 수 있다는 문제의식에 입각하여, 우리 사회의 주류와 비주류의 경계를 넘나들고 거대담론과 구체적인 실천과제 논의를 아우르면서 비판적이고도 균형잡힌 담론을 개척하는 데 일조해왔다고 자부한다.

이러한 노력이 한층 많은 공감을 얻기를 바라며 이 총서를 간행한다. 올해는 출판사 창비가 설립된 지 35주년이기도 해 그 출발의 의의가 더 새롭다.

'창비담론총서'라는 이름을 공유하는 책들이 모두 같은 성격은 아니다. 그야말로 창비가 개발하고 앞장서서 이끌어온 담론이 있는가 하면, 우리 사회의 여러 곳에서 벌어지는 논의에 창비가 한몫을 떠맡은 경우도 있다. 또한 총서에 해당 주제에 대해 반드시 일치된 견해만 수록하거나 모든 글들이 동일한 방향성을 갖도록 모은 것도 아니다. 그러나 '창비담론총서'의 이름에 값할 만큼의 특색과 유기적으로 연관된 지향점을 갖추고자 노력했다.

이번 1차분의 간행에 이어 앞으로도 창비의 담론에 반향이 있는 한 그 성과를 묶어내는 작업은 계속될 것이다. 총서 간행을 계기로 우리 사회 안은 물론이고 동아시아와 세계에 이르기까지 소통의 범위가 확산되기를 바라는 마음 간절하다.

2009년 4월

'창비담론총서' 간행위원진을 대표해서

백영서 씀

차례

일러두기

1. 이 책에는 '창비담론총서'에 싣기 위해 새로이 집필한 글을 포함하여, 계간 『창작과
   비평』을 중심으로 여러 매체에 발표된 해당 주제의 기고문을 수록했다.
2. 수록 글의 출처와 최초 발표시기는 각 글의 맨 뒤에 밝혔다. 필자들은 최초 발표본을
   현재의 시점에서 다소 손질했는데, 발표 당시의 현장성을 드러내기 위해 그대로 수
   록한 경우도 있다.
3. 각 부의 글은 발표된 순서대로 배치하는 것을 원칙으로 했으나, 주제의식을 명확히
   드러내기 위해 배치 순서를 조정한 경우도 있다.

이중과제론이란 무엇인가

1. 이중과제론의 전개와 구성

본서는 '근대적응과 근대극복의 이중과제'라는 화두를 던진다. 이는 꺼져가는 탈근대 논쟁의 불씨를 다시 살리기 위한 것이 아니다. 오랜 논쟁을 거쳤지만 문제를 해결하기보다는 더 많은 문제를 발생시켜온 탈근대 등의 개념을 차라리 다른 각도에서 접근하고자 하는 것이다. 본서의 출발점은 근대 즉 자본주의 세계체제 속에서 국가 차원의 실천이든, 지역적 혹은 지구적 차원의 실천이든 대부분 실천들은 적응과 극복이라는 이중과제에 직면하고 있으나 이에 대한 이론적 탐색이 부족해서 여러가지 편향을 발생시키고 있다는 문제의식이다.

사실 남한사회를 계속 지배해온 것은 근대주의였고, 민중운동과 민족운동은 의식적이건 무의식적이건 이를 극복하기 위한 노력으로서의 의미를 가지고 있었다. 그리고 1987년 종반부터 제기된 분단체제론은 명확하게 근대극복이라는 지향을 밝혔다. 이전의 일반적인 분단모순론에 비해 분단체제론이 새로운 점은 "분단현실이 부여하는 부정적 효과에 대한 강조를 넘어, 한반도 분단을 월러스틴이 제창한 세계체제론과 결합하여 분단현실을 체제로 규정하면서 분단을 극복하는 전망을 마련한 점인데, 그 장기적 전망이 근대극복론으로 발현된다"(송승철 228면, 이하 본서 인용 면수 표시)는 것이다.

1990년대 들어 남한사회에서 탈근대 논의가 활발하게 진행되기 시작했다. 당시 탈근대론은 근대주의 비판이라는 점에서 긍정적 역할이 컸으나 근대라는 역사적 단계를 지나치게 평면적으로 혹은 추상적으로 이해함에 따라 현실의 구조적 문제와의 대면을 회피하는 파편화된 실천 추구 경향이 강했다. 이에 따라 근대, 즉 자본주의 세계체제의 위세가 한창인 현재를 '근대 이후'로 규정하거나 아니면 자본주의 세계체제의 변화 없이 바로 근대 이후로 진입할 수 있다고 보는 탈근대론을 비판하기 위해 근대극복에 대해 더욱 체계적인 설명이 필요해졌다. 여기서 강조된 것은 근대극복에서 극복은 "어떤 대상을 극복하되 그 유효하고 값진 부분을 간직하면서 넘어선다는 취지"로 이해해야 한다는 점이다.[1] 그리고 이중과제론을 처음 본격적으로 제기한 「한반도에서의 식민성 문제와 근대 한국의 이중과제」에서 백낙청은 "도저히 피할 수 없는 삶의 현실이 되어버린 근대 및 근대성을 제대로 감당할 줄 모르고서는 '근대극복'이 기껏해야 공허한 논의가 될 것이며, 심지어는 온갖 종류의 퇴행적인 정치적 입장이나 사회적 행위를 정당화하는 해로운 논의로 떨어질 수 있을 것"이라며 근대극복과 근대'적응' 혹은 '감당'의 과제를 동시에 추진해야 한다는 점을 명확하게 제시했다(42면). 즉 근대극복론이 탈근대론과 상대하고 현실적인 근대극복의 전망을 찾는 과정에서 이중과제론으로 구체화된 것이라고 할 수 있다.

이중과제론적 인식은 그동안 분단체제론, 동아시아론, 그리고 최근 변혁적 중도주의론 등의 발전에 적극적인 역할을 해왔다. 그렇지만 이중과제론은 이러한 실천적 과제에 대응하기 위한 담론들 속에 녹아드는 방식으로 역할을 했으며, 이중과제론 자체를 이론화하는 노력을 적극적으로 진행하지는 않았다. 그런데 2007년 대통령선거와 2008년 총선을 거치며 진보개혁세력 내의 균열이 심화되고 진보개혁세력의 진로를 둘러싼 논란이 계속되는 상황에서 이런 문제를 해결하는 데 기여할 수 있다는 점에서 이중과제론을 발전시킬 필요성을 인식하게 되었다.『창작과비평』 2008년 봄호에서 특집으로 '이중과제론'을 다룬 것이 본격적인 첫번째 시도라고 할 수 있다. 본서는 이 특집을 기초로 엮은 것인데 모두 3부로 구성되어 있다.

제1부는 '이중과제론의 제기와 전개'란 주제하에 이중과제론을 체계적으로 이해하는 데 도움을 줄 수 있는 몇편의 글을 모았다. 『창작과비평』 1999년 가을호에 발표된 백낙청의 「한반도에서의 식민성 문제와 근대 한국의 이중과제」는 그전부터 사상적 저류에서 존재해왔던 이중과제론의 문제의식을 처음 본격적으로 제기한 글

이다. 이남주의 「전지구적 자본주의와 한반도 변혁」, 백영서의 「동아시아론과 근대적응·근대극복의 이중과제」, 홍석률의 「대한민국 60년의 안과 밖, 그리고 정체성」 등은 『창작과비평』 2008년 봄호에 특집으로 실렸던 글을 보완한 것이다. 그리고 김영희의 「페미니즘과 근대성」은 본서를 위해 새로 집필한 글로 이 책의 문제의식을 한결 풍요롭게 해주고 있다. 이 글들은 각각의 관심분야에서 이중과제론의 구체화를 시도하고 있다.

제2부는 '이중과제론을 둘러싼 논쟁'으로 『창작과비평』 2008년 봄호 특집에서 이중과제론을 비판한 김종철의 「민주주의, 성장논리, 農的 순환사회」와 이에 대한 반론인 백낙청의 「근대 한국의 이중과제와 녹색담론」 — 본서에는 김종철의 재반론에 대한 백낙청의 비판이 담긴 '덧글'이 추가됨 — 을 묶었다. 이 글들을 통해 이중과제론의 실천적 함의를 더욱 구체적으로 이해할 수 있을 것이다.

제3부는 직간접적으로 이중과제론과 관련된 두 편의 글을 묶었다. 송승철의 「시민문학론에서 근대극복론까지」는 백낙청의 문학론을 역사적으로 검토하며 그의 근대극본론이 갖는 함의를 상세하게 분석한다. 최원식의 「세계체제의 바깥은 없다」는 『창작과비평』 1998년 여름호에 발표된 글로 근대완성이 근대 이후로의 이행 가능성을 봉쇄하는 딜레마를 소국주의에 대한 숙고를 통해 해결해가자는 주장을 담고 있는데 근대극복에 대한 우리의 상상력을 풍부하게 해준다.

아래에서는 본서에 실린 글들의 주장을 더 구체적으로 살펴보는 가운데 이중과제론에서 논의되는 주요 개념들을 설명하고자 한다.

2. 이중과제론의 근대(성)에 대한 인식

탈근대담론은 대체로 근대를 총체성, 진리, 계몽의 체계로 본다. 리오따르는 "나는 이런 종류의 메타담론에 근거해서 스스로를 정당화시키고, 모종의 대서사에 공공연히 호소하는 모든 과학을 지칭하기 위해 '근대적'(modern)이라는 용어를 쓰겠다"며 근대를 정의하고 탈근대를 대서사에 대한 불신과 회의라고 주장했다.[2] 근대(성)에 리오따르가 지적한 측면이 있음을 부정하기는 어렵지만 근대(성)을 내부에 이질적 요소가 없는 획일적 체계로만 규정하는 것이 과연 올바른가 하는 점에 대해서는 의문을 제기하지 않을 수 없다. 탈근대론은 근대(성)에 대한 성찰로부터 탈근대의 전망을 만들어가기보다는 탈근대에 대한 비역사적 규정에서부터 근대(성)을 구성했다고도 할 수 있다. 왜냐하면 '근대'라는 역사에서 균열하고 갈등하는 다양한 경향을 찾기란 그리 어렵지 않기 때문이다.

본서에 수록된 김영희의 「페미니즘과 근대성」은 페미니즘 내에서 근대와 탈근대 사이의 다양한 긴장들을 추적하고 이를 이중과제로 연결하고 있는데, 여기서도 "이른바 남성중심적인 근대적 개념이라고 비판받는 '이상' '진리' '주체' 등을 재해석하려는 시도들이 계속되고" 있는 점을 주목한다. "이같은 시도는 (⋯) 근대성에 내장된 균열과 양면성에 주목하려는 흐름과 맞닿아” 있는 것인데, 김영희는 근대성을 단순한 폐기의 대상으로 간주하는 것이 아니라 근대성의 해방적 측면을 되살리기 위한 노력에 기대를 표명하고 있다(133면). 송승철의 「시민문학론에서 근대극복론까지」도 백낙청의 근대성과 근대주의의 구분에 주목한다. 송승철은 이러한 인식이 근대성을 단순히 부정하는 것이 아니라 “삶의 질을 고양시키는 근대적 성취와 이데올로기로서의 근대주의를 구분해야 할 필요성”(233면)을 강조하는 것이며, 이는 월러스틴(Immanuel Wallerstine)이 근대성을 ‘해방의 근대성’과 ‘기술의 근대성’이라는 이질적 함의를 같이 지니고 있다고 한 것과 맥을 같이하는 주장이라고 설명한다(227면).

물론 근대성의 억압적 측면을 극복하는 것은 중요하다. 하지만 근대성이 갖는 복합적 측면을 고려하면 ‘근대성 극복’이라는 단순한 담론은 문제를 분명하게 만들기보다는 오히려 더욱 많은 혼란을 초래할 것이다. 따라서 이중과제론에서 ‘근대극복’이라고 말할 때는 근대성이 그 대상이 아니라 ‘자본주의 세계체제’라는 특정한 역사적 단계로서의 근대를 염두에 둔 것이다.[3] 그리고 이 단계가 자본주의의 조기 멸망으로 귀결될 것이라고 생각하지는 않지만 동시에 ‘역사적 자본주의’가 언젠가는 수명을 다하리라는 신념에 기초한 것이라는 점에서 ‘근대극복’은 막연한 구호에 그치는 것은 아니다. 근대를 견디며 근대극복의 가능성을 찾는 것은 이러한 역사적 단계에서 필연적으로 제기되는 요구이다.

따라서 백낙청은 이중과제는 ‘두 개의 동시적 과제들’이 아닌 ‘양면적 성격을 지닌 단일과제'를 뜻한다고 강조하고 있으며 이중과제를 영어로는 'a double project'라고 표현했다.[4] 이남주는 「전지구적 자본주의와 한반도 변혁」에서 이중과제의 실천전략을 논의하면서 전지구적 자본주의에 대한 대응방식을 추수, 탈출, 그리고 적응의 세가지로 구분하고 적응을 근대적 성취만을 추구하는 것이 아니라 근대극복이라는 의미를 포함하는 개념으로 사용하자고 제안한다 (57~61면). 이와같은 이중과제는 자본주의 세계체제하에서는 보편적 의미를 갖는 실천적 범주이지만, 실천의 구체적인 양상은 국가와 지역별로 다르게 나타날 것이다. 따라서 '지금−여기'에서 근대에 적응하면서도 근대극복의 실마리를 찾는 것이 이중과제를 달성하기 위한 실천의 출발점이 될 것이다.

3. 이중과제, 분단체제 그리고 복합국가론

분단과 통일은 미완의 근대적 과제로 여겨져왔다. 최근 한국에서 다양한 탈근대론이 가장 큰 영향을 미친 것도 분단이나 통일 같은 민족서사에 대한 도전이었기 때문이라고 할 수 있다. 이러한 측면에서 보면 분단체제 극복이 극대적응과 근대극복의 이중과제를 달성하는 실천이라는 주장이 선뜻 이해되지 않을 수 있다.

분단체제의 극복이 근대극복의 실마리가 되는 것은 분단체제가 전후 자본주의 세계체제의 한 축으로 만들어진 것이라는 점에 비롯

한다. 사실 단순히 통일을 지향하는 것이 아니라 '분단체제 극복'을
제기한 것 자체에 이러한 인식, "한반도의 분단을 세계체제의 국지
적 작용으로 이해"(백낙청 45면)하는 인식이 전제되어 있다. 따라서
한반도에서 분단체제를 극복한다는 것은 단순히 민족적 재통합을
의미하는 것만은 아니다. 이는 지역적·지구적 차원에서 변혁을 촉
진시킬 수 있는 가장 현실적인 길이 되는 것이다.

자본주의 세계체제의 전일적 지배는 최근까지 줄곧 심화되어왔
다. 그러나 그 지배는 지역간, 국가간 그리고 사회내 여러 균열 위에
서 실현되는 것이지 매끄러운 평면 위에서 작동하는 것은 아니다.
분단체제는 적어도 동북아에서 이러한 균열들이 자본주의 세계체
제의 작동을 위협하는 것을 방지하는 역할을 해왔다. 따라서 분단
체제의 극복은 당장 자본주의 세계체제에서 탈출하지는 못할지라
도 신자유주의의 전일적 지배를 차단하고 민중의 요구가 더 적극적
으로 반영되는 새로운 실험을 가능하게 할 것이다. 뿐만 아니라 한
반도의 평화체제 수립을 통해 동북아가 특정 패권국가가 지배하는
질서에 편입되지 않고 탈중심적인 협력으로 나아갈 수 있게 만들 것
이다. 2000년의 6·15정상회담 이후 분단체제의 동요가 뚜렷해지면
서 그 가능성은 점차 증가해왔다. 그리고 분단체제의 극복이 공상
적 차원의 논의가 아니라 현실적 의미를 갖는 논의가 되고 있다.

분단체제가 무너진다는 것이 곧바로 어떤 더 좋은 체제의 등장을
보장해주는 것은 아니다. 따라서 분단체제 극복은 단순히 남과 북
이 모습 그대로를 유지한 채 통합해가는 것이 아니라 "남북의 점진

적 통합과 연계된 총체적 개혁"의 과정이어야 한다.[5] 이를 통해 분단체제를 더 좋은 체제로 변화시켜야 하는 것이다. 이와 관련해 홍석률의 「대한민국 60년의 안과 밖, 그리고 정체성」은 '선건설(혹은 선선진화) 후통일' 같은 단계론이나 민족혁명 같은 통일우선론처럼 국민국가, 산업화, 민주화 등의 근대적 과제를 선후관계로 정립하는 것이 아니라 연관된 과제로 인식할 필요성을 제시하고 있다. 특히 주목할 점은 이러한 총체적 인식이 근대극복의 가능성을 확장시킨다는 점이다. 즉 "평화적이고 타협적인 방식으로 통일한다면, 국가연합이든 체제를 달리하는 지역간의 연방제이든 최소한 기존 국민국가체제의 변형이 요구된다"(116면)는 것이다. "근대가 만들어낸 문제가 더 많은 근대성으로 해결되지 않을"(김영희 127면) 것이지만, 그렇다고 "'탈근대'를 표방한다고 해서 그것이 근대 틀에 대한 진정한 극복이 되느냐는 또다른 문제"(김영희 130면)이다. 연합제나 연방제 같은 복합국가 구상이 근대에 대한 단순한 기각이 아니라 근대에 대한 적극적인 성찰을 통해 근대극복의 가능성을 찾아가는 한 사례가 될 수 있을 것이다.

복합국가가 근대적 과제를 완수하는 동시에 근대극복의 가능성을 만들어낼 수 있다는 점은 백영서의 「동아시아론과 근대적응·근대극복의 이중과제」에서 다시 강조된다. 이와 함께 그는 동아시아 차원에서 '이중적 주변의 시각'을 통해 이중과제를 진척시킬 수 있는 실마리가 있다는 점을 보여주고, 이를 동아시아 공동체 논의로 진전시킨다. 그리고 복합국가는 "대만과 중국대륙의 이른바 양안

(兩岸)문제나 오끼나와 문제를 포함해 일본(의 국민국가론)이 안고 있는 여러 난제를 해결하는 데 유용한 참조물"(97면)이 될 수 있다는 점을 강조한다. 즉 복합국가론은 한반도의 개혁과 동아시아의 새로운 질서 형성을 연결시킬 수 있는 매개로도 주목을 받는 것이다.

4. 한반도 변혁에서 동아시아의 새로운 질서 형성으로

복합국가라는 발상이 동아시아에서 중요한 의미를 갖는 것은 동아시아의 대부분 국가들이 '국민국가에의 적응과 극복'(백영서 93면)이라는 이중과제를 가지고 있기 때문이다. 동아시아에서 근대 국민국가의 형성은 식민화과정을 거치며 이루어졌고, 이에 따라 현재 동아시아지역에서는 국민국가 건설이라는 근대적 과제가 여전히 미완성으로 남게 되었다. 한반도의 분단, 중국대륙과 대만, 그리고 일본과 오끼나와 등 같은 하나의 국민국가를 지향하는 단위 내에서 발생한 문제들은 물론이고, 영토분쟁과 역사갈등 같은 국민국가들 사이의 문제들도 불행한 역사의 유산들이다.

이런 현실 앞에서 국민국가를 부정한다고 문제가 해결되는 것은 아니다. 우선 국민국가는 아직도 중요한 의미를 지니고 있는 근대적 성취와 계몽기획의 실현을 위한 유용한 수단이다. 특히 동아시아지역 차원에서는 국민국가들 사이의 정상적 '국제'관계 형성이 여전히 중요한 과제 중 하나이다. 식민화와 냉전체제하에서 동아시아는 아직 한번도 정상적인 국제관계를 발전시키지 못했으며, 특히 한반도는 분단국가라는 두개의 기형적인 국민국가를 보유하는 상태에 머물렀다. 냉전체제가 해체된 이후에야 미완의 관제를 달성할 수 있는 가능성이 비로소 열리고 있는 것이다. 물론 국민국가의 완성, 국민국가간의 질서 형성이라는 것에만 매달려서는 문제를 악화시킬 가능성이 크다. 최근 민족주의적 정서가 서로 충돌하여 국가간 갈등을 조장하는 것이 그 대표적 사례이다. 더구나 지역내 교류나 협력도 국민국가간의 관계를 넘어서 다양한 수준으로 발전되고 있는 추세에서 국가 차원에서의 협력만으로 대응하기는 어렵다.

따라서 동아시아 차원에서 '국민국가들간의 정상적 관계'를 만들어가는 동시에 '국민국가들간의 질서를 넘어서는 지역협력'을 동시에 발전시켜야 한다.[6] 한반도를 포함해 각 국민국가에서 내부의 문제를 복합국가와 같이 국민국가에 대한 더 유연한 접근으로 해결해 간다면 지역적 차원에서 국민국가간의 관계에 대한 압력을 약화시킬 수 있고, 이들 사이의 문제를 더 적절하게 처리할 수 있는 제도적·문화적 조건을 창출할 수 있을 것이다. 이런 과제를 더욱 발전적으로 달성하기 위해서는 동아시아에서 국가정체성에 대한 발본적 성찰이 필요하다.

최원식은 「세계체제의 바깥은 없다」에서 '대국주의와 소국주의의 내적 긴장'을 견지함으로써 국민국가를 새로운 시대적 조건에 맞추어 새로 구성해갈 것을 주장한다. 즉 한반도로부터 내적 탈주를 기도하면서 민족주의라는 이름 아래 대국주의를 꿈꿔온 것이 한

때는 가난을 뚫고 민족을 보위하고 민중의 생명력을 보존하는 데 결정적으로 기여해왔으나, 이제는 부국강병적 대국주의로 변해가고 있으며 IMF사태를 거치면서 그 폐단이 뚜렷하게 드러나고 있다는 것이다. 따라서 소국주의적 지혜를 발휘해 대국주의적 열망을 견제하고 전지구화, 지역화, 지방화라는 복합적 도전에 대응해야 한다고 주장한다(248~49면). 그리고 이러한 문제가 한반도에만 존재하는 것이 아니라 "근대의 충격 속에 잃어버린 자존을 회복하기 위해 대국 굴기를 꿈꾸는 중국, 패전의 폐허를 딛고 이룩한 경제대국을 바탕으로 '보통국가'로 부활하려는 일본, 분단과 전쟁의 고통 속에서도 민주화와 경제발전을 동시에 달성한 드문 경험을 먹이로 통일을 지향하는 한국, 세 나라 모두에 대국의 꿈이 비등한다"고 하면서 대국주의가 동아시아의 새로운 평화질서의 형성을 가로막는 가장 중요한 장애라고 지적하고 있다.[7] 여기서 소국주의에 대한 숙고는 분단체제 극복만이 아니라 동아시아에서 평화적 지역질서를 만들어가는 사상적 자원을 다지는 의미도 갖게 된다.

5. 이중과제론과 남한사회의 개혁

이중과제론이 분단체제 극복에서 동아시아로 시야를 확장한 이후 최종적으로 돌아올 곳은 다시 남한사회의 개혁과 발전이다. 앞에서 분단체제 극복을 "남북의 점진적 통합과 연계된 총체적 개혁",

동아시아에서 새로운 질서의 형성과정을 "동아시아를 구성하는 국민국가들간의 통합과 연동되어 개별 국가의 내부개혁이 진행"되는 쌍방향적인 작용과정(백영서 90면)이라고 설명했기 때문에, 마지막으로 이중과제의 실천이 우리가 살아가고 있는 현장에서 어떤 의미를 지니고 있는가를 간단하게 언급하고자 한다.

이 문제와 관련해서 이중과제론에 대한 비판적 견해를 제기하는 김종철의 「민주주의, 성장논리, 農的 순환사회」는 본서의 논의에 활기를 주는 역할을 한다. 김종철의 여러 문제제기에 대해서는 백낙청이 「근대 한국의 이중과제와 녹색담론」에서 반론을 했고 다른 곳에서도 추가논의가 진행된 바 있으며 이 책에 글을 수록하면서 '덧글'을 추가하기도 했기 때문에 여기서 상세히 다룰 필요는 없다.[8] 그러나 성장, 발전 문제에 관한 이중과제론의 입장을 문제삼은 김종철의 지적들은 이중과제론이 갖는 함의에 대한 이해를 돕기 위해 다시 짚어볼 필요가 있다. 이 부분이 세계관에서 여러 공통점을 지닌 사람들 사이에 구체적 실천에 대한 태도가 달라지는 하나의 분기점에 해당된다고 볼 수 있기 때문이다.

백낙청은 근대적응 방식의 하나로 '적당한 경제성장' '자기방어적 성장을 꾀하는 전략'을 제시했다. 이는 자본주의 세계체제를 견디고 살아가야 하는 상황에서 특정시기 특정지역에서 이 현실을 극복하는 방향으로 살고자 하는 처지에서의 '구체적' 대응전략으로 제시된 것이다(179~80면). 반면 김종철은 '적당한 성장 개념'을 전면 부정한다. "사람들이 흔히 믿고 있는 것과는 달리, 경제성장은 민주주의의 발전에 조금도 도움이 되지 않는다"(147면)거나, "실제로 경제발전은 민중의 '빈곤'을 해소하는 것이 아니라, '빈곤의 근대화'를 초래한다는 것은 역사가 증명하고 있다"(159면)는 인식에서 나온 주장이다.

이러한 인식의 격차가 쉽게 좁혀지지는 않겠지만 과연 어느 지점에서 차이가 발생하는지를 자세히 살펴볼 필요가 있다. 그렇지 않으면 양자의 차이가 애초의 출발점부터 다른 것으로 받아들여지기 쉽고 논의가 생산적으로 되기 어렵기 때문이다. 먼저 자본주의하에서 경제성장이 불평등구조를 심화시킨다는 김종철의 주장은 백낙청을 비롯해 많은 필자들이 동의하는 바이다. 그러나 이중과제론이 주목하는 것은 자본주의가 모든 실천주체에 대해 전일적 지배를 실현할 수는 없기 때문에, 자본주의를 철폐하지는 못하더라도 자본주의의 부정적 영향을 제한하는 성장이 반드시 불가능한 것은 아니라는 사실이다. 이남주는 브로델(Fernand Braudel)의 자본주의에 대한 정의를 끌어와 그것이 가능성이 없는 것은 아님을 강조한다. 브로델은 자본주의가 시장경제와 구분되는 영역(독점적 영역)이며, 자본주의는 시장경제에 대한 배제가 실현되는 영역으로 반시장적인 것으로 설명한다. 따라서 시장은 평등화를 지향하는 일과 통할 수도 있다(63면). 시장경제가 자본주의를 통제할 수 있다는 낙관적 전망까지는 아니더라도 양자 사이에 '적응'을 위해 활용할 수 있는 균열을 인식할 필요는 있다는 점을 강조하는 것이다.

그 활용이 쉬운 것은 아니다. 하지만 여기서 현실을 대하는 태도의 차이가 나타난다. 인위적 활동에 의해 추진되는 성장이 자연과 인간관계에 부정적인 영향을 미치는 상황은 반드시 자본주의에서만 발생한 문제는 아니며 농업사회에서도 그런 사례를 찾아볼 수 있다. 농업문명의 상징이라 할 수 있는 황허(黃河)의 경우 둑을 쌓아 치수를 하는 방식 때문에 둑 안의 하상에 토사가 누적되면 다시 더 높은 둑을 쌓는 과정이 수천년간 지속되어왔다. 그래서 현재 일부 지역에서는 강바닥이 둑 밖의 평지보다 20미터가 높은 곳이 있다. 그리고 끊임없는 계층분화도 대부분의 농업사회가 피할 수 없던 문제였다.

발전과 인간관계, 자연 사이의 부조화는 인류가 견디고 지혜를 발휘하여 대처할 문제이지 눈을 돌린다고 벗어날 수 있는 문제는 아니다. 논어 '헌문(憲問)' 편에는 공자를 "불가능하다는 것을 알면서도 하려고 애쓰는 자"라고 칭한 대목이 나오는데, 이는 유가에 대한 도가의 비판이라고 할 수 있다. 공자 역시 도가 행해지기 어려운 것을 모르는 것이 아니라 그래도 입세(入世)해 그것을 위해 애써야 한다는 내면적 요구를 외면할 수 없었던 것이다(물론 공자가 이룬 성취는 결코 간단한 것이 아니었다). 이중과제론의 현실에 대한 태도도 이와 같다. 즉 도가적 꿈을 포기하지 않으면서도 현실을 대면하고 현실의 문제를 해결하는 지혜를 찾고자 하는 태도이다. 그리고 그 속에서 더디게 보일지는 모르지만 많은 사람과 함께 진전을 이루어가는 '중도'의 지혜를 만들 수 있다고 믿는 것이다.

본서는 긴장과 모순을 내포하고 있는 현실에 더 적극적이고 과학적으로 대면하기 위한 노력의 일환이다. 우리 사회의 중대한 전환기에 현실에 내재하는 긴장을 쉽게 해소하려 하지 않고 이러한 긴장들을 견디며 살아가는 것이 더 절실하게 요구된다는 점을 독자들과 함께 느낄 수 있다면 편자와 필자들에게 무엇보다 큰 격려가 될 것이다.

2009년 4월

엮은이 이남주

이중과제론의 제기와 전개

한반도에서의 식민성 문제와 근대 한국의 이중과제

백낙청 • 문학평론가, 서울대 영문과 명예교수

한반도에서의 식민성 문제를 진지하게 살피는 일은 매우 긴요하며 무엇보다 세계적으로 소통됨직한 담론을 개발할 필요가 절실하다. 우리는 식민통치를 겪었음은 물론, 해방후에도 일제 잔재라든가 미국의 신식민지적 지배 등에 대한 논의가 심심찮게 진행되어왔다. 그러나 본론에서 논하는 바 근대성과 표리관계에 있는 광의의 식민성을 기준으로 삼기보다 식민지 경험(협의의 식민성)을 기준으로 식민지이후(post-colonial) 현실을 규정하는 일이 대부분이어서, 분단시대의 식민성은 '미제의 식민지'라는 식으로 과장되거나 자본주의적 또는 사회주의적 근대화의 달성으로 이미 청산한 듯이 과소평가되기 일쑤였다. 아니, 과대평가냐 과소평가냐 하는 정도의 문제를 떠나 근대 및 근대성에 대한 올바른 인식을 가로막게 마련이었다. 그리하여 한국이 식민지 또는 신식민지임을 소리높여 개탄하는 쪽이든 이제는 선진국의 대열에 근접했다고 자부하는 쪽이든 자신을 포함한 오늘 우리의 현실이 정확히 어떤 의미로 얼마만큼 식민성에 젖어 있는가에 대한 성찰은 드물었다고 하겠다. "자신을 노예로 생각하지 않는 노예가 진짜 노예다"[1] — 일본의 '노예문화'를 통렬하게 비판한 타께우찌 요시미의 이 구절은 최근 한국문화의 식민성에 대한 최원식 교수의 문제제기에서도 인용된 바 있지만, 식민지시대 당시 노예로서의 자각마저 무디게 한다는 점이야말로 분단체제가 조장하는 노예성과 식민성의 핵심이 아닌가 한다. 대체로 이러한 문제의식으로 한반도의 근대성·식민성 문제를 분단체제와 연관지어 거론하고자 한 것이 이 글이다.

1. 동아시아에서의 식민성과 서구중심주의

'식민성'(coloniality)이라는 용어를 나는 실제 식민지상태에서 가장 뚜렷하게 예시되지만 그에 한정되지만은 않는 권력관계 내지 사회관계를 폭넓게 지칭하는 뜻으로 사용하려 한다. 그럴 경우 식민성의 특징에는 공식적인 식민지상황에서와 같은 법률적인 불평등뿐만 아니라 — 또는 딱히 법률적인 불평등이 아니고도 — 인종/종족차별주의, 관권주의, 성차별주의, 서구중심적인 지식구조 등 다른 형태의 온갖 지배와 배제 행위가 포함될 것이며, 이는 또한 식민

성을 근대 세계체제의 일부로 굳건히 자리매기게 될 것이다.[2]

이런 관점에서는 ‘탈식민성’으로 흔히 번역되는 postcoloniality라는 낱말은 그 기본적인 서술적 의미(즉 공식적인 식민통치 이후의 시기 또는 상태라는 의미)를 잃고 가치판단적인 의미(즉 좀더 광범위한 형태의 식민성을 극복했거나 극복을 지향한다는 의미)만을 갖게 될 것이다. 나 자신은 불필요한 혼동을 피하기 위해 이 단어의 사용을 되도록 줄이려는 쪽이다.

‘서구중심적’(Eurocentric)이랄 때의 서구 내지 유럽은 물론 지도상의 의미보다 문화적인 의미로 쓰인다. 따라서 유럽을 포함한 모든 생활양식에 대해 ‘미국적인 생활양식’의 우월성을 주장하는 이데올로기로서의 미국주의(Americanism)도 서구중심주의의 부정이라기보다는 그 절정을 이룬다고 해야 할 것이다. 또한 서구중심주의(Eurocentrism)[3]는 서유럽 및 북미인의 가치들을 명시적으로 옹호하는 태도를 훨씬 넘어서는 것이다. 서구중심주의가 식민성에서 핵심적인 역할을 하는 이유도 바로 거기 있다. 서구중심주의는 실로 ‘진리’를 규정하며 무엇이 지식이고 무엇이 아닌가를 결정할 정도로까지 깊숙한 영역에서 작용하고 있는 것이다.[4]

한반도에서의 식민성에도 좀더 명시적인 형태와 심층적인 형태의 서구중심주의가 모두 작용하고 있다. 그러나 이에 관해 더 이야기하기 전에 동아시아 전체에 관한 몇가지 언급을 하는 것이 순서겠다.

동아시아는 주요 지역들 가운데 자본주의 세계경제에 마지막으

로 편입되었다. 또한 동아시아는 서구 열강에 의해 전면적으로 식
민지화된 적이 한번도 없다. 베트남을 예외로 꼽을 수 있지만, 베트
남의 경우 문화적으로는 동아시아의 일부랄 수 있더라도 지도상으
로는 (그리고 다른 중요한 측면에서) 동남아시아에 속한다. 동아시
아 주요 3개국 가운데 일본은 식민지였던 적이 없을 뿐 아니라 스스
로 식민지지배에 나선 강대국이 되었다. 중국의 '반 식민지' 상태는
1840년의 아편전쟁에서 시작되어 1949년 또는 최소한 1945년까지
는 지속되었다고 말할 수 있지만, 중국 역시 완전한 식민지가 된 적
은 없다. 한편 한반도는 1910년부터 1945년까지 직접적인 식민통치
를 겪긴 했지만, 같은 동아시아 국가인 일본에 점령당했던 것이다.

이러한 기초적인 사실들을 보면, 동아시아에서의 식민성이란 —
심지어 식민통치를 경험한 한반도에서도 — 라틴아메리카나 아프
리카 혹은 아시아의 다른 지역에서 볼 수 있는 것과는 다른 측면을
드러낼 것임이 짐작된다. 또한 서구중심주의, 인종/종족차별주의,
민주적 권리의 결여 등등의 특징을 수반하는 식민성이 동아시아에
서도 엄연한 현실이었고 여전히 현실이라는 점을 은폐하는 데 그러
한 사실들이 기여하기도 한다.

일본은 서구의 산업화된 (그리고 식민주의적인) 열강을 본받는
데 성공함으로써 서구중심주의 가운데 좀더 단순한 형태들에 대해
서는 하나의 도전을 제기했던 것이 사실이지만, 좀더 깊은 의미로는
지배적인 세계체제와 그 이데올로기들의 '보편성'을 강화하는 결과
를 가져왔다. 일본이 '대동아 공영'과 백인지배에 대한 저항을 명분

으로 미국·영국과 전쟁을 벌인 것조차 서구 제국주의와 인종/종족 차별주의에 대해 일본이 보인 열렬한 모방의 극치를 나타내는 것이었다.

뿌리깊은 중국중심주의 내지 중화주의의 전통을 지닌 중국은 서구중심주의와 식민성에 저항할 남다른 자격을 갖추었음직하다. 실제로 중국은 여러 차례 그러한 저항을 시도했으며, 앞으로도 그럴 가능성이 있다. 하지만 근대화와 개발을 향한 현대 중국의 적극적 자세를 보건대 마오 쩌뚱(毛澤東)의 거대한 반체제적 노력조차 또다른 개발주의(developmentalism)의 특성을 드러낼 정도이니 최근의 국면은 더 말할 나위도 없다. 이에 대한 중국공산당 지도부의 공식 슬로건은 '중국적 특성을 지닌 사회주의'지만 '중국적 특성을 지닌 자본주의'가 좀더 정확한 표현일지 모른다. 그렇다고 마오나 마오주의, 심지어는 작금의 상황에 대해서도 이렇게 간단히 이야기하고 끝내버릴 수 있다는 말은 아니다. 중국혁명의 유산만으로도 일체의 소박한 근대성 추구에 도전을 제기할 가능성이 충분하기 때문이다.[5]

일본에 의한 한반도의 식민지화 역시 피상적으로 덜 서양적이고 때로는 반서양적인 특징들을 보이기는 했지만, 실제로는 큰 흐름에서 서구적인 가치들을 강화하는 결과를 가져왔다. 우선, 일제의 반서양적인 언사가 종종 한국인으로 하여금 서구에 대해 오히려 더욱 수용적인 태도를 취하도록 만들었고, 일제 식민주의 침략의 초창기에 영국과 미국이 공모자였음을 망각하게 만들기도 했다. 그러나 더 중요하게는, 자본주의 세계체제가 그 식민통치를 서방 국가에 의한 직접통치 대신 아시아의 대리역을 통해 부과했기 때문에, 서구중심주의는 더욱 음험하게 작용했고 어떤 의미로는 더욱 효과적이었다. 일상생활에서 한 예를 들어보겠다. 일제가 장려한 서양 복식은 이제 한국인들(특히 남성들)에게 뿌리를 내리고 거의 보편적인 것으로 자리잡았다. 물론 현대에 와서 다른 요인도 추가되었지만, 만약 일본인들이 자기네 고유 의상을 강요했더라면 해방후 조선사람들은 전통적인 복식으로 되돌아가려는 충동을 훨씬 강하게 느꼈을 것이다. 그런데 사실인즉 일본인들은 경제개발과 국민국가 건설 이외의 문제에서도 서구학습의 모범생이었다. 예컨대 메이지(明治)시대 이래로 일본 황궁의 국빈만찬 공식 요리는 프랑스 요리였고 천황과 대신들의 예복은 턱시도와 프록코트였다.

동아시아에서의 식민성은 인종/종족차별주의의 낯익은 얼굴 또한 어김없이 드러냈다. 그것도 넓은 의미에서 단일한 인종이 존재한 것이나 다름없고 중국문화권 전체를 통틀어 종족에 대한 강한 정체의식도 찾아볼 수 없었던 지역에서 말이다(물론 한반도의 경우 비교적 중앙집권화된 통치의 경험이 길고 이웃한 중국의 압도적인 존재, 그리고 중국·몽골·만주·일본인들의 잦은 침략으로 인해 종족적 자기인식이라는 면에서 다소 예외적이긴 했지만). 어쨌거나 식민지 조선에서와 외국의 전쟁포로들을 상대로 한 수많은 잔혹행위, 그리고 1937년 난징(南京)에서 일어난 수십만의 중국 민간인 학살을 가능케 한 일제의 인종주의적 민족주의의 악독함은 유럽 열강이 자기네들끼리의 교전상황에서 보여준 행동과 비교할 때 예외적인 야만성의 증거로 지목될 수도 있다. 사실 동아시아의(물론 한국을 포함한) 여러 나라에서 많은 사람들이 여기서 일본인의 '민족적 특성'을 찾아보고는 한다. 그러나 '민족성'이란 그 자체로도 문제가 많은 개념일뿐더러, 지난 여러 세기에 걸쳐 일본인들이 조선인이나 중국인을 인간 이하의 존재로 깔보았다는 경험적인 증거는 찾아보기 힘들다. 근대 일본이 '탈아입구(脫亞入歐)'를 결심하고 그 시도에 성공했다는 자부심을 갖게 됨으로써 비로소 나머지 아시아인들이 본질적인 타자(the Other)로 설정되기 시작한 것이다. 그러므로 일제의 잔혹행위를 이해하려면 유럽이 아메리카대륙이나 아프리카의 토착민들과 만난 초창기에 서구중심주의가 야기한 결과를 참고하는 길이 더 적절하다. 사실 일제의 잔혹행위들은 나찌의 유태인 학살[6] ― 또한 말이 난 김에 덧붙인다면 히로시마와 나가사끼 원폭투하 ― 로 대표되는, 더욱 고도로 조직화되고 엄청난 공학기술적 위력을 갖춘 현대식 변종보다 서구중심주의의 일반적 패턴에 들어맞는 면이 있는 것이다.

2. 1945년 이후의 한반도와 '분단체제'

오늘날 근대 세계체제가 지구의 나머지 부분에서와 마찬가지로 동아시아에서도 작동하고 있는 한, '근대성의 이면'[7]으로서의 식민성도 동아시아 전역에서 찾아볼 수 있을 것임이 당연하다. 이는 그동안 본격적인 중심부 국가가 된 일본에도 해당하는 이야기다. 그러나 여기서는 식민성의 특징이 좀더 눈에 띄는, 그렇다고 결코 덜 복잡하지 않은 한반도의 경우에 초점을 맞추려고 한다.

한국은 1945년 8월 일본의 지배에서 독립했으나, 소련과 미국의 점령군에 의해 38선으로 분단되었다. 분단은 곧 남북의 단독정부 수립을 통해 강화되었고, 1950~53년의 끔찍한 전쟁을 겪고 난 후에는, 내가 한반도 전체를 포괄하는 '분단체제'라고 불러온 바 남북한의 기득권세력들이 적대적 대치관계뿐 아니라 일정한 공생관계를 유지하는, 상당한 자기재생산 능력을 지닌 독특한 체제—좀더 엄밀히 말하면 세계체제의 한 독특한 하위체제—로 발전해왔다.

'식민성' 혹은 '식민주의'는 이 대립하는 두 정권의 적대적 수사법에서 현저한 몫을 차지해왔다. 특히 북한은 남한 지배집단 대다수의 일제협력 경력과 미군의 남한주둔 사실을 지적하면서, 남한이 식민상태를 종식시키지 못했으며 미국의 식민지가 되었다고 주장해왔다. 남쪽은 남쪽대로, 구체적인 입증은 좀 덜했는지 몰라도, 북한을 때로는 소련 때로는 중국의 '괴뢰'라고 비난하곤 했다. 그러나 분단된 한반도의 식민성을 이런 식으로 규정할 수는 없다. 남한에 대한 미국의 지배는 애당초 엄밀한 의미로 식민지적이라기보다는 신식민지적이었으며, 오늘에 이르러서는 이른바 '바나나공화국'에 대한 미국의 지배와는 거리가 멀다. 한편 '주체'와 자주를 강조하는 북한은 최소한 내정에 대한 외세의 직접적인 간섭에 저항하는 점에서만은 본보기가 될 만했다.

분단체제의 개념은 식민성의 문제를 전적으로 다른 견지에서 보게 한다. 즉 분단체제의 양쪽이 모두 민주주의나 외세로부터의 진정한 독립을 성취하는 데 원천적인 한계(구체적인 사항으로 들어가면 남북이 각기 다르고 시기에 따라서도 차이를 보이지만)를 부과할 수밖에 없는 현실을 드러내는 것이다. 남한의 민주화과정에서의 중대한 진전이라든가 북한의 강력하고 때로는 공격적인 독자 외교노선은 이러한 판단을 부정하는 것으로 비칠는지 모른다. 그러나 남한의 경우 민주화운동이 대개는 통일운동과 중첩되어왔고, 최근의 가장 괄목할 성취, 즉 오랜 반정부 지도자인 김대중(金大中)과 야당이 선거를 통해 정권을 잡은 사건이 분단체제가 위기의 단계로 들어서서야 비로소 가능했다는 점에 주목해야만 한다. 한편 한 국가의 자립 정도를 외국의 직접적인 내정간섭을 배제한다는 좁은 의미에서보다, 국제적인 마당에서 자국의 이익을 보호하고 증진시킬 실력이라는 기준으로 판단한다면, 오늘의 북한은 남한보다도 자주력이 취약한 상태에 있다고 평가해야 할 것이다.

남북한 각자가 다른 대다수의 국가들처럼 열국체제(interstate system)에 직접 참여하기보다 분단체제의 압도적 영향이라는 매개 작용을 거쳐서 참여하는 한, 그들은 완전한 국민국가 상태에 미달하는 운명이며, 이는 남북한이 각기 주적으로 삼는 상대방과의 사이에 국제적으로 공인된 국경(또는 민족 내부에서 정당화되는 분할선)을 갖지 못했다는 점에서 단적으로 드러난다. 이러한 '정상적인 국가'

의 결여는 또한 대부분의 한반도 주민들 사이에 단일형 국민국가에 대한 집착을 낳으며, 이 집착은 다시 분단과 대치 상태를 극복하기보다는 유지하는 데 기여한다. 꽉 짜인 단일국가에 대한 전망은 각자 자기식의 통일이 아닌 그 어떤 통일에 대해서도 불안감을 고조시키기 때문이다.

심지어 분단체제는 같은 종족집단 내에서, 그리고 자신의 '동질성'을 자랑해마지 않는 바로 그 한민족 사이에서, 식민성 특유의 인종/종족차별주의를 재생산한다. 대치중인 상대방 사람들은 단순한 대항자나 적으로 머무는 게 아니라 실질적으로 인간이 아닌 악마적 존재로 변한다. 이는 다시 국내정치에 결정적 영향을 끼치게 되는데, 안정된 국경이 없음으로 해서 가뜩이나 안보국가의 강력한 근거가 마련된 터에, 이제 내부의 반대가 단순한 반대가 아니라 본질적인 '타자'에 대한 대역무도한 추종으로 변하는 것이다. 실제로 한반도의 분단은, 바로 한국인들 자신이 일본인을 두고 비난하곤 하는 것과 똑같은 종류의 비인간적인 야만행위 즉 1948년 4·3사건에서의 제주도민 대량학살과 더불어 그 고착화의 과정을 시작했던 것이다. 또다른 예로서, 베트남전쟁에서 한국군이 보여준 행적도 일제 군대의 행동과 질적으로 다르지 않은 경우가 많았다. 그러므로 한반도의 분단체제는, 흔히 내세우는 그 불안정성과 잠재적인 폭발성에도 불구하고 미국의 지속적인 패권자 역할을 정당화할뿐더러 식민성을 또다른 형태로 재생산하고, 그리하여 국가주의·민족주의·개발지상주의·인종차별주의 그리고 성차별주의 등 근대 세계체제

의 제반 이데올로기를 강화함으로써 이 체제의 충실한 구성요인으로 복무하고 있는 것이다.[8]

  그러므로 분단체제의 극복은 그냥 아무런 형태의 통일을 이루는 것 이상을 뜻한다. 일방적인 정복 내지 흡수는 설혹 그것이 가능하더라도 진정한 극복으로 보기 힘들다. 이는 최소한 한쪽 체제의 기득권을 건드리지 않거나 강화할 것이며, 세계체제의 지배세력에 아무런 타격을 입히지 못할 것이 분명하기 때문이다. 민중의 실질적인 참여로 창의적인 국가구조와 그밖의 많은 것을 포함하면서 이루어지는 통일과정만이 나른 식의 결과를 보장할 수 있을 것이다.

  이는 힘겨운 과제이며 그 실현가능성이 사실에 입각해서 평가되어야 함은 물론이다. 여기서는 상세한 검토를 할 계제가 아니다. 다만 북한의 흡수를 통한 독일식 통일의 '불가피성'을 주장하는 자칭 현실주의자들이야말로 정녕 현실감각의 결여를 드러내고 있음을 지적함직하다. 북한 지도층이 대안으로서 전쟁을 선택할 가능성이 오히려 높다든가, 서독과 비교할 수 없이 한정된 능력을 갖춘 남한이 동독보다 더 부담스러운 북한이라는 짐을 떠맡을 때 남한경제가 파산할 것이 거의 확실하다는 현실에 대해, 그들은 제멋대로의 낙관적 평가를 내리고 있는 것이다. 물론 '현실주의자'들이 좋아하는 또 하나의 선택이 있기는 하다. 즉 좀 덜 불안정하고 폭발성이 덜한 상태에서 분단을 유지하자는 것이다. 이는 분명 단기적으로 좀더 현실적인 방안이지만, 동서냉전의 종식이라든가 분단체제 북쪽의 극단적인 불안정성, 게다가 민주화의 진전으로 인한 남쪽 나름의 불안정성 등 여러 국면적 요인의 합류로 분단체제가 점점 유지되기 어려워지고 심지어는 위험해지고 있다. 여기에 지구 전체에 걸쳐 불안정과 혼돈을 야기하는 세계체제의 한층 광범위한 구조적 위기를 덧붙이지 않더라도 말이다.[9]

그러나 한국의 사회과학자들 중 심지어 정치의식이 더 높다는 이들 사이에서도 마주치는 분단체제 개념 자체에 대한 저항은,[10] 그것이 흔히 분단체제극복의 현실적 가능성에 대한 과학적 의문의 형태로 포장되긴 하지만, 좀더 깊은 까닭이 있다고 보아야 할 것이다. 즉 분석의 단위로서 국민국가에 집착한다든가(한반도에는 통일된 국가가 없는데도), 사회체제라는 것을 어떤 '동인'(agency)과 그 작용을 기다리는 자기완결적 '구조'(structure)의 이분법을 따라 이해하는 등, 그야말로 현존 사회과학의 서구중심적 전제들이 위력을 발휘하고 있는 것이다. 그 결과 분단체제론은 종종 '문학적 상상력에의 탐닉'이라고 공격받기도 한다. 이에 관한 논의는 지난 수십년간 남한의 문학적 상상력에 어떤 일이 진행되었는가를 살펴보는 우회로를 통해 접근해볼 수도 있겠다.

3. 근대성과 남한의 '민족문학운동'

개인적인 이야기를 한다면, 문학비평가로서, 편집자로서, 또 영문학 교수로서 나는 남한에서 '민족문학운동'(national literature movement)으로 알려진 움직임에 참여해왔다. 이 운동은 그간 민주화운동의 중요한 일부였다. 민족문학 담론은 1970년대 초에 등장—좀더 정확히 말하면 해방 직후 있었던 비슷한 논쟁의 좌익 참가자들 중 다수가 한국전쟁으로 침묵하게 되거나 북으로 간 후 재등장—하여, 1974년 '자유실천문인협회'의 창립과 더불어 조직적인 중심과 실천적 추동력을 얻게 되었으며, 이 단체는 군부독재에 대한 1987년 6월의 전국적인 저항운동 이후 '민족문학작가회의'로 확대 개편되었다. 그러나 본고가 이 문학운동의 목적이나 역사를 간략하게라도 소개할 수 있는 자리는 아니다.[11] 이 글에서는 이를 일차적으로 '한반도에서의 식민성과 남한에서의 근대극복 기획'이라는 주제에 비추어 다루기로 한다.

영어로 처음 발표했을 때의 제목에서 Korea 즉 한반도 전역을 포함하는 의미로의 '한국' 내지 '조선'과, South Korea 즉 남한(또는 남한만을 가리키는 의미로의 '한국')이라는 두 가지 명칭을 사용한 것 자체가 오늘날 코리언의 민족적 정체성이 최소한 두 개라는 사실, 다시 말해 남북한을 포괄하는 한민족의 일원이면서 동시에 분단된 한쪽 국가의 시민이라는 사실을 떠올린다.[12] 그리고 이러한 분단 현실에 대응하는 '민족문학'이란 단순히 민족주의적인 과제만을 떠맡지는 않을 것임을 짐작하게 해준다. 실제로 이 운동은 원로에 이른 몇사람만 거론하더라도 고은·신경림·김지하·이문구·황석영·박완서·현기영 등 뛰어난 작가와 시인들에 의한 풍성한 작품생산을 수반했을 뿐 아니라, 민족주의에 대한 근본적인 문제제기를 포함하는 때때로 만만찮은 수준의 논쟁을 낳기도 했다.

영어 제목의 overcoming modernity(근대극복)라는 말도 약간은 단순화된 표현으로서, 한국의 논단 일각에서 '근대적응과 근대극복의 이중과제'[13]라고 말하곤 하는 것을 줄인 표현이다. 여기서 생략된 '근대적응'도 핵심적인 부분이다. 왜냐하면 도저히 피할 수 없는 삶의 현실이 되어버린 근대 및 근대성을 제대로 감당할 줄 모르고서는 '근대극복'이 기껏해야 공허한 논의가 될 것이며, 심지어는 온갖 종류의 퇴행적인 정치적 입장이나 사회적 행위를 정당화하는 해로운 논의로 떨어질 수 있을 것이기 때문이다. 물론 '이중과제'의 내용 자체가 말이 되느냐, 또 된다면 어떻게 되느냐는 것은 별개의 문제이다.

근대에 '적응'(adapt to)한다든가 이를 '감당'(cope with)한다는 말이 무슨 뜻인지를 규정하는 일부터가 다른 것 못지않게 어려운 일이다. 근대 세계체제가 끝없는 자본축적과 그에 따르는 경쟁의 논리를 외면하는 일정 규모의 집단(뿐 아니라 실제로 대부분의 개인)들에게 불행을 안겨주고 심지어 파멸을 초래하는 한, 어쨌든 최소한의 적응과 경쟁력이 요구되는 것이 사실이겠다. 물론 일단 그 과정에 뛰어들고 나서 과연 '최소한'에서 멈출 수 있을지는 골치아픈 질문으로 남지만 말이다. 동시에 근대는 특히 유럽과 북미 지역에서 그 자체로 본받을 만한 여러가지 성취를 이뤄냈다는 점 또한 대체로 인정되고 있으므로, '적응'은 단순한 생존을 위해 견뎌내는 것만은 아닐 것이다.

　　여기에 근대성의 서로 다른 두 패러다임, 즉 두쎌의 표현대로 '서구중심적'인 패러다임과 '지구적'(planetary) 패러다임[14]이 작용하면서 얼마간의 혼란을 낳고 있는 듯하다. 이를 정리하기 위해, 설혹 우리가 '지구적' 의미를 택하더라도 근대 세계체제를 극복하는 전제조건으로서 적응하고 감당하는 작업이 필요하다는 점, 그리고 더 나아가 이렇게 감당하는 일은 "'세계체제'의 **중심의 문화**"에 속한 수많은 값진 경험과 성취를 적극적으로 본받는 일을 포함할 수밖에 없음을 인정해야 한다. 하지만 그러한 본받기란 하버마스가 말하는 근대의 '미완의 기획'에 동참한다기보다는 두쎌의 '근대 가로지르기'(trans-modernity) 과제에 더 방불한 본받기라고 해야 할 것이다.[15]

　　나 자신이 처음부터 이에 관해 어떤 분명한 이해를 갖고 출발했던 것은 아니다. 그러나 '민족문학'이라는 과제의 본질 자체가 우리에게 근대에 대한 복합적인 태도를 요구했다. 민족문학운동은 한편으로 근대 초기의 유럽국가들이 보여준 자국어 문학의 찬란한 꽃핌을 본받고자 하는 열망으로 차 있었지만, 더 중요한 것은 단순한 모방이나 '따라잡기'로는 그러한 꽃핌을 이룰 수 없으며 오로지 식민지의 과거를 지닌 분단민족의 특수한 현실에 충실하고, 그럼으로써 이제까지 세계문학에서 다루어지지 않았던 근대성의 어떤 측면과 대면함으로써만 가능하다는 사실을 우리는 직감하고 있었던 것이다. 아마도 진정한 예술적·문학적 노력이란 어느 시절에든 주어진 현실과 더불어 살면서 동시에 그것을 극복하려는 '이중과제'를 담고 있는 것이겠지만, 근대의 예술가에게는 근대 세계체제의 엄청난 압력과 그 모순의 거대함으로 인하여 그러한 과제가 더 강력하게 요구된다.

그러므로 서구문학의 고전적 작품과 근대 세계체제의 '중심'이 낳은 여타 문화적 산물에 대한 태도가 단순히 우상파괴적인 것일 수는 없다. 첫째 서구중심적이 아닌 읽기일수록, 진정한 문학이 예의 '이중과제'에 대해 본질적으로 개방적인 면을 서구중심적인 읽기보다 덜 존중해서는 안될 터이다. 또한 서구적인 혹은 제1세계적인 읽기와 본질적으로 다른 남한적 혹은 제3세계적 읽기를 설정하는 것도 답이 아니다. 이것이야말로 오리엔탈리즘(또는 오리엔탈리즘을 뒤집은 옥시덴탈리즘Occidentalism)의 덫에 걸려드는 꼴이 될 터이다. 이미 지적했듯이 서구중심주의는 동서양을 막론하고 그 머리를 — 월러스틴의 표현을 따르면 그 히드라(hydra) 괴물의 머리를[16] — 쳐들고 있으며, 한국의 독자가 자신의 지역적／민족적 관심을 서구문학을 읽는 데 동원한다고 할 때 그 목적은 분명 서구인들에 의한 모든 읽기를 거부함으로써 촌스럽고 편협해지려는 것이 아니라, 도리어 온갖 종류의 서구중심적 읽기 — '정전'으로 일컬어지는 작품들에서 발견되는 저항과 연대의 엄청난 가능성을 너무 쉽게 무시해버리는 일부 '탈식민적'(postcolonial) 또는 '해체적'(deconstructive) 독법을 포함하여 — 의 편협성을 비판하려는 것일 터이다. 이러한 방식의 비판적인 다시읽기는 우리 '민족문학' 기획의 중요한 일부를 이루었거니와, 오늘의 세계적 상황을 살펴보면 세계체제의 주변부에서 수많은 민족적·지역적 문학이 동시에 꽃피느냐 여부에 그러한 작품들의 생존과 문학의 보존 자체가 달려 있다는 믿음을 안겨주기도 한다.[17]

민족문제를 '분단체제'의 시각에서 — 즉 세계체제와 연관지어 그것이 한반도 내부 및 그 주변에서 작동하는 특수한 하나의 국지적인 사례로서 — 이해하는 일은 앞에서 말한 문학적 과제의 논리적 연장이라고 말할 수 있다. 이로써 민족적이지만 민족주의적이라기는 힘든 과제로서 통일 문제를 천착하는 작업이 좀더 분명한 표현을 얻는다. 이는 민족해방론과 레닌주의 혁명론 어느 쪽의 '진보적' 사회과학 담론도 만족스럽지 못하다는 실감에서 추동된 바 없지 않다. 적어도 문학적 상상력은 '민족' 또는 '국민'을 하나의 완결된 실체로 전제한다든가 자족적인 분석단위로서의 '남한 자본주의' 같은 개념으로부터 출발해서 이론화하기보다, 분단된 나라에 실제로 살고 있는 사람들의 삶을 다루려고 하는 미덕을 지닌 것이다. 이러한 민중지향적인 — 즉 양쪽의 기득권층이 보통사람들과 대립되며 그들을 억압한다고 보는 의미의 — 담론으로서, 그리고 전지구적인 — 즉 한반도의 분단을 세계체제의 국지적 작용으로 이해한다는 의미의 — 시각으로서, 작가들의 분단체제극복 의지는 민족적인 과제를 지구적인 과제 및 국지적 현장의 과제 들과 통합하는 작업을 '과학성'을 내세우는 담론들보다 훨씬 효과적으로 수행해왔다. 거듭된 이야기지만 우리의 목적은 통일 그 자체보다도 세계체제의 한 핵심적 하부단위로서의 분단체제를 철폐하는 일이며, 따라서 남북한 각자 내부에서 좀더 완전한 시민권을 획득하려는 그날그날의 '개혁주의적' 투쟁과, 이러한 확대된 시민권을 바탕으로 이를 더욱 확장해주는 통일이라는 중기적 과제, 그리고 세계체제를 바꾸고 새로운 문명을 창조하는 장기적인 노력 사이의 효과적인 상호연관을 성립시키고자 하는 것이다.

4. 연관된 몇가지 질문과 과제들

위에서 그 윤곽을 제시한 과제는 문학적·예술적 관심을 다른 분야의 지적인 작업과 거의 자동적으로 연관시키며, 전지구적으로 의미있는 일련의 질문들을 제기한다. 이 글의 마지막 부분에서는 이들 중 두가지만 언급할까 한다.

첫째, 민족적 과제를 가진다는 것의 중요성, 즉 그것이 해당 민족에뿐 아니라 좀더 인간적인 사회를 창조하고자 하는 집단적 노력에 있어서의 일반적인 문제로서 민족적 과제가 지니는 중요성을 좀더 전면적으로 토의할 필요가 있다. '전지구적으로 생각하고 국지적으로 행동하라'(think globally, act locally)라는 지침은 원칙적으로는 옳은 것이지만, 한편으로는 너무나 단편화된 국지적 행동들로 다른 한편으로는 내실이 약한 전지구적 사고로 떨어질 위험이 있다. 그 중간항으로서 민족적 과제를 가질 수 있을 때 이러한 위험을 극복하는 데 도움이 될 것이 분명하다. 심지어 이는 필수불가결한 것일 수도 있다.

물론 한반도의 분단체제가 요구하는 특수한 과제는 아무데서나 만날 수 없는 남다른 짐이자 특권이다. 그러나 기회가 한반도에서만큼 분명치 않은 곳에서도 노력을 포기해서는 안된다. 게다가 대중운동은 전국적인 정치와 국가권력의 문제를 포함한 국민적(민족적) 차원을 무시할 수 없다. 물론 우리는 '옳은 사람들'이 국가권력을 잡기만 하면 체제를 변혁할 수 있고 변혁해내리라는 환상을 버려야 한다. '전지구적으로 생각하고 국지적으로 행동하라'는 슬로건의 정당성도 부분적으로는 그 슬로건이 "일부러 국가를 배제하며, 개혁의 기제로서의 국가에 대한 믿음을 철회하는 것"[18]이라는 데 있는 것이 사실이다. 그러나 바로 이 굴벤끼안 보고서(Gulbenkian Report)도 뒤이어 지적하듯이, "사회분석을 담는 사회묘사의 지정된 그릇으로서 국가를 거부하는 것이, 국가를 근대세계에서 핵심적인 제도로, 경제적·문화적·사회적 과정들에 심대한 영향을 끼치는 제도로 더이상 볼 수 없다는 뜻은 결코 아니다."[19] 1968년 이후의 반체제운동은 국가 차원의 정치활동을 너무 쉽게 포기해버리는 경향이 있는데, 우리의 대응은 단순한 반국가주의에서 벗어나 더 적합한 국가구조의 창안으로 나아가야 한다. 이는 '근대극복'을 진지하게 추구하기 위해서라도 '근대에 적응'하는 또하나의 예가 될 것이다.

두번째로, 근대극복의 과제가 특정한 진리 개념을 가진 서구중심적 지식의 구조를 극복하는 문제도 포함한다는 것은 이제 널리 알려진 사실이다. 이는 수많은 '포스트모더니즘' 혹은 '탈식민주의' 사상가들이 즐겨 다루는 주제이며, 또한 '세계체제분석'의 기본 원칙 가운데 하나다. 이는 또 한반도 통일을 위한 민중적 노력에서 하나의 실천적인 문제로 떠올랐는바, 분단체제라는 개념 자체가 서구중심주의적인 사회과학에 대한 일종의 '탈사고'(unthinking)[20]와 직결된 것이다. 그러므로 진정한 분단체제극복의 필요조건으로서 앞에 제시한 "창의적인 국가구조와 그밖에도 많은 것들" 가운데는, 분단됐던 민족의 발전하는 요구에 특별히 맞춘 새로운 형태의 복합국가와 더불어, 진리에 대한 근본적인 재고 및 진리를 향한 우리 태도의 재정립이 포함될 것이다.

이렇게 방대하고 난삽한 주제에 관해 자신있게 말할 처지가 못되지만, 서구중심주의적 지식에 대한 기존의 대다수 비판에 공통되는 문제점은 지배적인 '진리'의 해체가 실질적으로는 진리 자체를 제거하고 말거나, 아니면 대안적인 진리 개념의 옹호가 그러한 개념의 필요성에 대한 추상적인 인식을 크게 벗어나지 못한다는 점이다. 여기서 비서구적 배경을 지닌 문학운동이 기여할 바가 있을 듯하다. 왜냐하면 한편으로는 과학의 진리와는 다른 종류의 진리에 대한 추구가 항상 모든 진지한 예술적인 노력에서 핵심적이었고, 다른 한편으로 동아시아적 사고의 요소들이 이러한 탐구에 새로운 돌파구를 제공할 수 있을 것이기 때문이다.

어쨌든 이성(reason) 자체를—심지어 근대 유럽의 이성의 경우에도—송두리째 거부하는 것보다는 유럽의 이성에도 내포된 "인간해방의 역사적 약속"[21]에 대한 도구적 이성의 지배를 비판하는 것이 분명 더 적절한 일이다. 이러한 작업의 목적은 "지식의 나무와 생명의 나무의 통일"22이라든가 "진리와 선을 나란히 추구하는 것"23 등으로 다양하게 표현되어왔다. 월러스틴은 나아가 진리와 선을 "개념으로서는 '융합될'(fused) 수 없지만 '나란히'(in tandem) 추구할 수는 있다"24고 못박은 바 있다.

그러나 진리와 선이 본질적인 개념화의 차원이 아닌 실천 속에서만 합쳐질 수 있는 한, 그 둘의 동시적 추구는 일종의 곡예 수준으로 떨어진다(또는 올라간다)는 문제가 남는다. 우리는 좀더 대담한 발상이 필요하다. 즉 진정한 예술(및 이에 상응하는 인간적 창조성의 작업)이 더 높은 차원의 진리와 객관성을 발견 — 창조적으로 발견 — 할 수 있는 능력을 지녔으며 이에 반해 자연과학이나 사회과학의 진리는 그러한 창조성의 전문화되고 좀더 제한적인 적용에 해당한다는 발상이 필요한 것이다. 이제까지 이런 대담성 — 예술이 진리보다 우월하다고 주장하는 흔해빠진 미학주의와는 질적으로 다른 — 을 서방세계에서 만나는 경우는 매우 드물고, 있다 해도 서구중심주의적이라고 자주 비난받는(그 비난이 정당하건 아니건간에) 사상가들, 예컨대 독일 철학자 마르틴 하이데거나 영국의 비평가 F. R. 리비스 등에서나 발견되기 쉽다.25

이 문맥에서, 동아시아 전통 속의 도(道) 개념은 유교에서건 불교 또는 도가에서건 항상 진(the true)과 선(the good)의 '융합'에 해당하는 것이었음을 상기해봄직하다. 물론 이때의 '진' 또는 '참'이라는 것은 명제적 진실(propositional truth)을 넘어선 것이며(특히 불교에서는 심지어 유와 무의 구분도 넘어서고 그리하여 그 진리로 하여금 본질주의의 경계를 벗어나게 한다), '선'이라는 것도(이 경우 또한 불교의 예가 두드러지는데) 관습적인 선악 이분법의 윤리에 한정되지 않고 그런 의미에서 니체의 표현대로 '선악의 피안'에 놓이게 된다. 물론 전통적인 도 개념으로의 단순한 복귀나 그 복원이 해답이 되는 것은 아니다. 그러한 복귀는 설사 가능하다고 해도 수긍하기 힘들 터이다. 전통적 도 개념의 본질적인 취지가 무엇이었건간에, 그 구체적인 표현 결과는 대체로 권위주의적이며 어김없이 불평등한 사회체제들을 지탱하는 특정 가치들과 결부되어왔기 때문이다. 그렇지만 진과 선을 한때 동아시아의 사고와 실천에서 친숙했던 어떤 궁극적인 수준에서 '융합'함이 없이 양자를 '나란히' 추구하는 일이 과연 가능할 것이냐는 물음은, 근대적 합리성에 대한 모든 진지한 비판에서 숙고할 점이다.*

* 이 글의 원문은 1998년 미국 뉴욕주립 빙엄튼대학 페르낭 브로델 쎈터에서 개최된 학술대회 '근대초극, 역사적 자본주의, 식민성'에서 발표한 "Coloniality in Korea and a South Korean Project for Overcoming Modernity"이다. 이 원고의 한국어판은 계간 『창작과비평』 1999년 가을호에 게재(성은애 번역)되었는데, 본서에 수록하면서 엮은이가 원문의 일부를 덜어내고 편집한 것이다. 영어원본은 영국의 계간지 *Interventions* 제2권 1호(통권 4호, 2000)에 발표되었다.

전지구적 자본주의와 한반도 변혁

이남주 • 성공회대 중어중국학과 교수

1. 보수에 의해 전유된 진보의제

2007년 대선과 2008년 4월 총선은 보수의 압도적 승리와 진보의 지리멸렬한 패배로 결말이 났다. 진보의 위기가 쟁점으로 부상한 것은 그 당연한 귀결이다. 그러나 이러한 논의에서 유의할 사항은, 대선과 총선에서 국민들이 진보세력에 대한 실망감은 분명히 보여주었지만 진보의 미래까지 부정한 것은 아니라는 점이다.

이는 진보는 결국 승리할 것이라는 막연한 믿음에서 나온 판단이 결코 아니다. 한겨레신문 2008년 1월 1일자 여론조사에 따르면, 정당의 이념적 성향에 대한 선호도는 진보, 중도, 보수가 각각 28.8%, 17.2%, 27.9%를 기록했다. 2004년 같은 방식으로 조사한 결과와 비교하면 진보에 대한 지지도가 15.5% 떨어진 것이기는 하나 여전히 높은 수준이다. 또한 이명박 후보를 포함한 모든 정치세력이 대선 과정에서 양극화 해소 같은 진보적 가치와 연관된 의제를 중요한 이 슈로 제기했다는 점도 국민들의 선택을 단순히 보수적 가치에 대한 지지로 볼 수 없는 근거다. 앞의 여론조사에서도 사회복지가 잘 갖 춰진 사회와 경제적·물질적으로 풍요한 사회에 대한 선호도는 각 각 67.2%와 31.6%로, 전자가 압도적으로 높은 지지를 받았다.

이러한 요소를 고려한다면 2007년 대선에서 이명박 후보, 그리고 2008년 4월 총선에서 한나라당의 압도적 승리는 단순히 보수적 가 치를 전면에 내세운 결과가 아니라 그들이 '실용적'이라는 수사로써 진보적 의제를 전유할 수 있었기 때문에 가능한 것이었다. 그리고 우리는 보수의 정치적 승리와 진보적 의제의 부각이라는 기묘한 조 합 속에서 이명박정부에 내재한 위기와 진보의 과제, 그리고 가능성 을 발견할 수 있다.

우선, 이명박정부는 양극화를 의제로 부각시켰지만 이에 대한 해 결책을 갖추고 있지 못하다. 대통령직 인수위 시절부터 규제완화 등 친재벌·친기업적 정책에 관한 논의는 많았지만 양극화문제를 진지하게 다루는 논의는 찾기 어렵다. 당시 이명박정부가 내놓은 해결책이란 '성장'을 통해 모든 것을 해결할 수 있다는 것이다. 그런 데 이명박정부는 출범하기도 전에 대선과정에서 핵심공약으로 제 시했던 7%의 목표성장률을 6%로 낮출 수밖에 없었고 출범 1년이 지나는 시점에서는 미국발 경제위기가 전세계로 확산되는 와중에

한국도 마이너스 성장을 기록하면서 막연한 성장주의적 접근의 한계가 이미 뚜렷해졌다.[1]

그러나 이명박정부는 여전히 성장담론, 특히 실패로 돌아간 신자유주의적 성장정책을 넘어서는 비전을 제시하지 못하고 있다. 감세나 규제완화같이 지난 30여년간 경제성장을 위한 비방으로 선전되어왔지만 이제는 전세계적 경제위기를 초래한 원인으로 지목받고 있는 정책들에 매달리는 형국이다. 이러한 상황이 계속된다면 보수에 의한 진보적 의제의 점유라는 담론구도에 균열이 발생할 것이며, 진보진영이 국민들과 소통할 수 있는 공간은 확대될 것이다.

문제는 이러한 객관적 상황이 진보의 위기를 저절로 해결해주는 것은 아니라는 점이다. 왜 진보적 의제가 보수적 해결방안에 의해 전유되었는가라는 문제에 대한 답을 찾지 못한다면, 진보진영은 다시금 실패를 반복하게 될 것이다. 이에 대해 가장 먼저 떠오르는 답은 대선 패배는 진보세력의 실패가 아니라 노무현정부의 실패를 뒤집어쓴 탓이라는 주장이다. 진정한 진보를 구분하지 못하는 국민들의 착시를 문제삼는 것이다. 그러나 그동안 국민들이 진보세력의 각종 대안들을 접할 기회가 제한적이긴 해도 꾸준히 증가한 상황에서, 노무현정부에 대한 실망이 더 진보적인 세력에 대한 지지로 연결되지 않은 점을 유의해야 한다. 이는 국민들이 나름대로 진보세력 전체에 대한 평가를 함께 내린 것이라고 받아들여야 타당할 것이다. 국민들은 과거 진보적 의제로 보이던 문제들을 해결할 수 있는 처방으로 진보세력의 대안을 받아들이지 않았으며 이명박 후보를 선택했던 것이다. 앞으로도 이명박정부의 실패가 진보세력의 복권으로 이어질 것이라고 기대해서는 안된다. 즉 진보가 실현가능하고 국민들의 지지를 받을 수 있는 새로운 대안을 제시하지 못한다면 보수에 의한 진보적 의제의 점유라는 구도를 무너뜨리기는 어렵다.

2. 전지구적 자본주의와 신자유주의의 공세[2]

그러면 왜 진보적 가치에 대한 지지와 진보세력에 대한 지지가 분리되었는가? 진보주의가 대안으로서 매력을 상실한 것은 특별히 한국만의 현상은 아니며 세계적 차원에서는 적어도 최근 20년 이상 지속된 현상이다. 오히려 한국에서 최근까지 진보담론의 영향력이 강화되어온 것이 이례적이라고 할 수 있다. 이러한 이례적 상황이 오히려 진보세력의 자기성찰 능력을 약화시킨 면이 있다. 따라서 한국에서의 진보의 위기도 세계적 흐름과의 관계 속에서 이해되어야 하며, 특히 진보의 재구성은 전지구적 자본주의와 신자유주의가 출현한 배경 및 영향을 명확하게 인식하는 데서 출발해야 한다.

물론 이에 대한 논의가 전혀 없었던 것은 아니지만, 그것이 더 나쁜 형태의 자본주의로서 투쟁의 대상이라는 점만이 부각됐을 뿐 그 영향력이 확대된 원인을 분석하고 이에 대해 구체적인 대응방침을 제시하는 데에는 이르지 못했다. 실천적인 측면에서는 과거의 해결책을 가지고 현재의 문제에 대응하는 데 머물렀던 것이다. 그러나 전지구적 자본주의와 신자유주의의 공세에 나타나는 다음 두가지 특징으로 말미암아 자본주의에 대한 전통적 대응의 한계가 이미 뚜렷해졌다.

첫째, 진보적 대안이 일국적 차원에서 실현될 가능성이 크게 축소됐다. 이는 월러스틴(Immanuel Wallerstein)이 세계체제론에서 강조한 점인데, 그는 일국혁명모델의 실패가 1968년의 '68운동'을 계기로 드러나기 시작했다고 주장했다. 즉 '68운동'을 '반국가주의'의 출발점으로 보았는데, 이는 단지 서구의 자본주의 국가만이 아니라 소련 등 맑스-레닌주의적 혁명모델에 따라 출현한 현실사회주의 국가에 대한 환멸에서 비롯되었다는 것이다. 맑스-레닌주의적 혁명모델은 1단계에서 국가를 장악하고 2단계에서 국가권력을 활용하여 새로운 종류의 제도를 만들어가는 '2단계 혁명' 전략이라고 할 수 있는데, 1980년대 말부터 1990년대 초까지의 소련 및 동구 사회주의체제의 붕괴는 그것의 최종적 실패를 의미했다. 즉 맑스-레닌주의적 접근으로 권력을 잡는 데는 성공했지만, 이러한 성공은 곧 국가간체제와 자본주의 세계체제의 제약에 의해 변형되거나 부러질 수밖에 없는 운명에 처해 있었던 것이다.[3] 전지구적 자본주의와 신자유주의는 이러한 모델의 실패, 대안의 부재를 계기로 더욱 확장될 수 있었다.

둘째, 보수주의가 혁신적 이념으로 진화했다. 보수주의의 혁신은 1980년대 초부터 영국의 새처와 미국의 레이건에 의해서 이루어졌다. 이들은 새로운 것을 의심하면서 과거의 것을 선호하거나 개인과 공동체에 대한 국가의 간섭으로부터 자유를 추구하는 정태적 보수주의가 아니라, 혁신과 성장의 동력으로서의 보수주의, 미래지향적 보수주의를 기치로 내걸며 보수혁명을 추진했다.[4] 이러한 보수주의는 사회민주주의, 케인즈주의의 위기를 극복할 수 있는 대안으로 대중의 지지를 받았고, 진보주의는 복지국가의 틀에서 형성된 기득권 구조에 안주하며 변화를 거부하는 세력이라는 프레임에 갇히게 되었다. 그리고 1989년부터 소련 및 동구사회주의의 붕괴를 거치면서 이러한 새로운 보수주의의 영향력은 전세계로 확장되기 시작했다.

이러한 위기상황에 직면하여 미국과 유럽에서는 각각 '뉴민주당'(New Democrat)과 '제3의 길' 같은 진보주의를 재구성하기 위한 시도가 이루어졌다. 이는 진보진영 내에서 많은 논쟁을 불러왔으나, 적어도 새로운 환경에서 진보담론에 활력을 불어넣는 데 크게 공헌했다. 그러나 한국의 진보진영에서는 이러한 변화에 대한 적극적인 대응이 부족했는데 이에 따른 문제점이 뚜렷하게 드러난 대표적 사례가 한미FTA 반대투쟁이다.

한미FTA 추진으로 노무현정부 내에 존재하던 경제사회정책의 균형추가 신자유주의적 방향으로 이동하면서, '한미FTA 반대투쟁'에는 다른 어떤 쟁점에서보다도 폭넓은 세력이 참가했다. 그런데 노무현정부가 이 문제를 '폐쇄냐 개방이냐'라는 대립구도로 몰아가며 한미FTA의 정당성을 확보하려 하자 문제가 복잡해졌다. 이는 답이 미리 정해진 대립구도로서, '한미FTA에 찬성하느냐 반대하느냐'가

결코 '폐쇄냐 개방이냐'와 같은 문제가 될 수 없었음에도 불구하고 이러한 공세는 한미FTA 반대진영의 논리를 궁색하게 만드는 데 커다란 효과가 있었다. 한미FTA 반대세력은 이에 개방 자체를 반대하는 것이 아니라 개방의 속도와 방식에 반대한다는 방법론적 차원의 논리를 동원했다.[5]

그러나 문제는 진보세력이 지구화가 빠른 속도로 진전하는 가운데 개별적 사안에 대한 반대투쟁을 넘어서 어떤 속도와 내용의 개방을 추구하는가를 국민들에게 적극적으로 설명하지 못했던 데 있었다. 이에 따라 국민들은 진보세력의 한미FTA에 대한 비판을 대안 및 비전과는 거리가 있는 정세적 대응으로 간주했으며, 결국 한미FTA라는 현실을 받아들이는 방향으로 여론이 움직였다. 진보세력은 전지구적 자본주의와 신자유주의의 공세에 단순한 반대투쟁을 넘어 비전과 대안을 제시할 수 있어야 미래지향적 정치세력으로 인정받을 수 있을 것이다.

3. 전지구적 자본주의에 대한 '적응' 전략

전지구적 자본주의와 신자유주의의 공세에 대한 대응은 추수·탈출·적응이라는 세가지 유형으로 나눌 수 있다.

첫째, '추수'는 적극적인 동기에서건 소극적인 동기에서건 전지구적 자본주의와 신자유주의를 글로벌 스탠더드로 간주하고 이를 충족시키는 것을 기준으로 삼아 사회변화를 추구하는 것이다. 이는 '추수전략'으로 명명할 수 있다. 그런데 이런 전략은 수출을 통한 경제성장이라는 성공적 경험과 그 과정에서 형성된 한국경제와 세계경제의 깊은 연관성으로 인해 한국사회에서 커다란 영향력을 발휘하고 있으며, 자유주의적 개혁세력 중 일부가 빠지기 쉬운 유혹이다.

그러나 이 전략은 전지구적 자본주의와 신자유주의가 이미 초래하고 있는 심각한 문제들을 외면할 때만 정당화될 수 있을 것이다. '지금-여기' 한국사회에서 가장 심각한 문제로 지적되는 일자리 부족과 양극화가 이러한 틀 내에서 해결될 수 없음은 다른 나라의 경험에서도 잘 드러나고 있다. 그리고 오히려 미국 등 신자유주의를 주도하는 나라에서 신자유주의적 지구화의 문제점에 대한 문제제기와 대안모색에 대한 논의가 활발하게 진행되고 있는 것과도 상반되는 대응이다.[6]

둘째, '탈출'은 전지구적 자본주의 밖으로 나가는 것을 추구하는 전략이다. 그러나 국가적 차원에서의 탈출이라는 대안의 경우, 사회주의진영의 붕괴와 현실사회주의체제의 변화로 그 타당성에 근본적인 의문이 제기되었다. 그럼에도 전지구적 자본주의와의 관계에서 자유로울 수 없는 국가로부터의 탈출 혹은 국가를 우회하여 국지적 혹은 지구적 차원에서 탈자본·탈국가적 해방공간을 만들고자하는 시도는 계속되고 있다. 탈근대적 지향으로 볼 수 있는 이러한 시도는 근대기획이 지닌 획일성과 억압이라는 문제를 드러내주고, 자본주의 너머를 향한 상상과 실천을 풍부하게 해준다는 점에서 긍정적 의미가 있다.

그러나 이러한 실천전략은 지난 20년 동안 신자유주의적 기획에 따라 자본이 국가, 공공성을 계속 침식하는 것을 저지하기 위한 적절한 대안을 제시하지 못했다. 이러한 전략은 오히려 "우리가 겪는 나날의 삶에서는 몇몇 사람들은 단추를 누르는 위치에 있는 반면에 다른 대다수의 사람들은 이유도 영문도 모른 채 그들의 단추가 눌림을 받는 위치에 있다는 사실을 무시"하여,[7] 통제와 억압의 총체성 앞에 개인들을 파편화하고 무장해제하는 결과를 초래한다. 유재건(柳在建)도 탈근대적 공화주의, 자율주의 운동 등 국가를 우회하는 방식의 실천전략에 대해 "한반도와 동아시아의 대안적 발전모델의 구상이나 모색이 있을 수 없고, 삶의 현장에서 현실적으로 작동하는 권력관계에 대한 분석이나 모순을 해결하는 대안적 체제구상을 내놓기가 어렵다"라고 지적했는데, 이것도 같은 맥락에서 이해할 수 있다.[8]

셋째, 추수와 탈출이라는 방안을 기각한 후에 남는 것은 '적응'이다. 적응은 수동적 의미로 해석될 수 있지만, 중단기적으로 전지구적 자본주의를 대체하는 새로운 세계체제나 제도의 건설이 어렵다는 한계를 받아들이거나 이러한 목표설정 자체가 문제라고 판단하면 오히려 가장 능동적인 대응이라고 할 수 있다. 즉 적응은 제약조건하에서 생존공간을 확대하는 동시에, 그 속에서 전지구적 자본주의의 문제점을 극복할 수 있는 맹아들의 형성을 촉진하는 대응이라고 할 수 있다. 전자가 근대기획의 틀 내에 있는 것이라면, 후자는 근대극복의 가능성을 모색하는 것이라 할 수 있다.[9] 물론 적응이라는 실천에서는 전지구적 자본주의라는 환경 속에서 가능하면 바람직한 삶의 공간을 만들고자 하는 시도와 지구적 자본주의를 넘어서고자 하는 해방적 비전 사이에 모순과 긴장이 나타나는 것을 피할 수 없으나, 그렇다고 양자의 과제를 양립할 수 없는 것이라고 단정짓는 것은 타당하지 않다.

근대기획과 근대극복의 해방적 비전 사이에 존재하는 긴장과 모순만을 인정하고 양자가 통일될 가능성을 부정하는 것은, 근대를 모순과 균열이 내재되지 않은 동일성으로 규정하고 근대와 근대 이후를 단절적 단계로 파악하는 발상이다. 우리는 특정한 근대성 기획, 계몽과 이성의 억압적 사용을 비판할 수는 있지만 이를 근대성 일반과 동일시하는 것에는 주의할 필요가 있다. 근대성 자체가 모순적이고 균열적 요인을 내포하고 있기 때문이다. 그리고 근대극복의 전망도 근대가 소멸된 이후의 단계에서 출현하는 것이 아니라 이러한 균열 속에서 찾을 수 있는 것이다.

사실 근대 자체 내의 균열을 활용하여 근대와 근대극복의 과제를 결합하려는 모색이 새로운 것만은 아니다. 무페(Chantal Mouffe)는 합리주의·보편주의·계몽주의에 반대하고 탈중심적 주체와 차이에 대한 인정을 요구하는 탈근대적 전망을 적극 수용하면서도, 근대 이후로의 도약이 아니라 민주주의의 급진화, 자유주의와 민주주의의 새로운 결합을 통해 그런 전망들을 실현하는 정치기획을 추구했고 이를 '근대적이자 탈근대적'인 기획이라고 규정했다.[10] 또한 월러스틴이 현실에서 자유주의를 실패한 근대기획으로 간주하지만 동시에 "자유주의 중도파로 하여금 그들이 애용하는 이론(자유주의—인용자)들을 이행하도록 만들자"고 제안하는 것도 이러한 균열적 요소를 활용하는 예라고 할 수 있다. 그는 자유주의적 요구의 확장은 전지구적 자본주의를 한계에 직면하도록 만들거나, 최소한 자신의 약속을 실천할 수 없는 자유주의세력의 허구성을 보여주고 새로운 대안에 대한 모색의 가능성을 더욱 확대할 수 있는 결과를 가져올 것이라고 보았다.[11] 이들 모두 추수나 탈출과는 달리 현재에 충실하면서도 새로운 미래를 상상하는 것을 가능하게 하는 가장 현실적인 전략이라고 할 수 있다. 그리고 사회경제체제의 구상에서 가장 중요한 변수라고 할 수 있는 '시장'과 '지구화'에 대해서도 이러한 관점에서 접근할 수 있다.

4. '반시장-반지구화' 프레임 넘어서기

현재 전지구적 자본주의에 대한 대응은 일반적으로 '신자유주의 반대'라는 구호를 중심으로 전개되고 있다. 그러나 신자유주의 반대 너머에 무엇이 있는지가 분명하게 제시되지 못하고 있다. 이런 모호성은 다양한 정치적 지향의 사람들이 이 구호를 함께 외치게 하는 긍정적인 측면도 있지만, 동시에 신자유주의 반대운동이 대안을 가진 운동으로 그리고 의미있는 정치세력으로 발전하는 것을 가로막는 효과도 지니고 있다. 최근 신자유주의 비판 담론은 보수세력에까지 받아들여질 정도로 널리 확산되었지만, 진보가 이 문제를 해결할 수 있는 대안으로 선택되지 않고 있는 것 또한 현실이다.[12]

이러한 경향은 사실 현실사회주의의 붕괴와 변화에 따른 대안의 부재가 초래한 현상이다. 자본주의에 대한 대안으로 삼았던 중앙집권적 계획경제, 생산수단의 사적 소유 폐지에 기초한 경제사회체제를 더이상 전면에 내걸 수 없게 된 것이다. 따라서 진보진영에서는 새로운 대안을 제시하고 이를 실현할 수 있는 능력을 보여주기보다는 일단 신자유주의가 초래한 문제점을 폭로하는 데 초점을 맞추는 실천전략을 채택하는 경우가 많았다. 이러한 전략은 시장이나 지구화와 진보세력의 관계를 매우 모호하게 만들고, 진보적 상상력을 '반시장-반지구화'라는 프레임에 가두는 결과를 초래하고 있다.

그러나 신자유주의 반대가 반드시 '반시장-반지구화'를 의미할 필요는 없다. 신자유주의는 1970년대 중반부터 표면화한 케인즈주의의 위기를 배경으로 사회민주주의와 케인즈주의적 정책하에서 자신의 이윤추구가 사회·정치적으로 제약받을 수밖에 없었던 상위계급이 이러한 제약을 제거하고 자본의 이윤추구 활동에 절대적 자유를 부여하기 위해 채택한 정책패키지이다.[13] 이는 사회와 경제의 구분을 부정하고 시장을 경제문제만이 아니라 사회문제의 해결수단으로 삼는다는 점에서 시장근본주의로 불리기도 한다.[14] 그러나 신자유주의의 더욱 본질적인 특징은 자본과 사회 사이의 힘의 균형을 자본에 기울게 하고, 국가를 자본의 무제한적 이윤추구의 도구로 만드는 것에 있다. 이러한 정책들은 이미 지구적·일국적 차원에서 상위계급으로의 부의 집중과 양극화를 심화시키고, 기업들의 도덕적 해이와 무모한 투자에 따른 경제·금융위기를 주기적으로 발생시켜 오히려 시장경제의 기반을 붕괴시키는 결과를 초래하고 있다.

이러한 신자유주의의 문제점을 정확하게 이해하는 데에는 브로델(Fernand Braudel)의 자본주의에 대한 설명이 매우 유용하다. 브로델은 자본주의는 시장경제와 구분되는 영역이며(그는 여기에 일상생활이라는 영역을 추가한 삼층도식을 제시했다), 자본주의는 (경쟁적이고 투명하고 개방적인 교환영역으로서의) 시장경제에 대한 배제가 실현되는 영역으로 반(反)시장적인 것이며, 따라서 반드시 권력의 위계구조, 국가의 보호를 필요로 하는 것이라고 정의했다.[15] 브로델은 자본주의와 현실사회주의가 모두 창조성과 혁신의 원천인 개인들의 생산과 교역의 자유를 제거하여 자본의 독점이나 국가의 독점을 결과했다고 본다.[16] 월러스틴은 이러한 접근에 대해 "브로델이 말하는 '시장'을 옹호하는 것은 결국 세계의 평등화를 지향하는 일과 통하는 것으로 보인다. (…) 또한 그것은 우리들의 시각을 결국 거꾸로 돌려놓는다. 어쩌면 (브로델이 뜻하는 바) 시장의 승리는 더이상 자본주의체제의 징표가 아니라 세계 사회주의의 징표로 판명날지도 모른다"라고 지적했다.[17]

따라서 신자유주의 반대는 시장을 부정하는 것이 아니라 자본의 독점을 강화하는 정책과 게임의 규칙을 수정하는 데 초점을 맞춰야 한다. 즉 독점화 경향을 통제하기 위한 정치적·사회적 제도와 시장경제를 결합하는 사회경제모델이 신자유주의적 모델이나 현실사회주의의 경제모델의 문제점을 극복할 수 있는, 브로델적 의미의 시장경제를 강화할 수 있는 대안이 될 것이다. 이것이 조정시장경제(coordinated market economy, CME)나 사회적 시장경제에 대한 모색이 계속되고 있는 그리고 앞으로도 필요한 이유이다.

지구화의 경우는 더욱 복잡한 측면이 있지만 역시 같은 맥락에서 해석할 수 있다. 현재 지구화에 신자유주의적 기획이 중요한 동력이 되고 있다. 그런데 지구화는 신자유주의와 동일한 것은 아니다. 헬드(David Held) 등은 지구화를 각 지역의 인간들 사이에 상호연결성이 증대되는 과정을 지칭하는 것으로 규정한 후, 신자유주의적 지구화는 열성적인 지지자 또는 비판자 들이 흔히 시사하듯 그렇게 확고한 실체가 아니며, 지구화는 신자유주의적 프로젝트의 한계 및 그에 대한 반발이 점점 명확해지는 과정이기도 하다고 지적했다.[18]

사실 지구화에 내재한 이러한 모순적 요인들로 인해 신자유주의적 지구화는 자신을 위협할 수 있는 지구화 추세를 강력히 통제하면서 진행될 수밖에 없다. 우선 신자유주의는 독점적 이윤을 뒷받침하는 정치·군사적 기초로서 미국 패권에 의존하고 있는데, 이러한 패권체제의 동요는 곧 신자유주의의 위기로 이어질 것이다. 또한 이민문제도 신자유주의적 기획을 위협하는 매우 중요한 요소이며, 이에 대한 강력한 통제·관리체제가 작동하지 않을 경우 중심부의 축적구조도 위기에 직면할 가능성이 크다. 따라서 신자유주의적 기획은 독점적 국가권력을 더욱 적극적으로 동원해야 하는 운명을 지

니고 있다. 그런데 최근 이라크전쟁을 전후로 미국 패권의 위기가
심화되고 있는 것과 불법 이민문제가 미국사회의 매우 중요한 이슈
중 하나로 부상하는 것 등은 이러한 기획의 운명이 그리 순탄치만은
않음을 보여준다. 지구화 내에 존재하는 신자유주의적 동력과 이에
대한 억제력 사이의 모순관계를 어떻게 활용하는가에 따라서, 지구
화는 단순히 신자유주의적 기획의 전지구적 확산이 아니라 인류사
회를 더욱 인간적인 사회로 만드는 동시에 탈근대의 전망을 확장하
는 매개가 될 수 있는 것이다.

따라서 시장과 지구화가 진보적 가치와 양립할 수 없다는 프레임
에서 벗어날 필요가 있으며, 신자유주의 반대운동은 시장과 지구화
에 더 인간다운 사회를 만들어가는 동력, 근대와 근대극복이라는 이
중과제를 추구하는 동력이라는 적극적인 의미를 부여하고 대안을
만들어가야 한다.

5. 전지구적 자본주의와 변혁적 중도주의

시장과 지구화의 적극적인 측면을 활용하여 신자유주의의 공세
에 대응하는 것은 '제3의 길' 구상의 핵심적 내용이다. '제3의 길'의
구체적 내용들에 대해 적지않은 비판이 제기됐으나, 이러한 접근법
자체를 부정하기는 쉽지 않다. 예컨대 '제3의 길', 특히 블레어의 정
책을 강력하게 비판했던 홀(Stuart Hall)도 시장과 공공선, 개인과 공

동체의 관계를 재조정하는 데에서 '제3의 길'과 공유할 수 있는 부분이 많다고 인정했다.[19] 한국에서 '제3의 길'이 정치적 수사로 많이 사용되는 것도 이러한 접근법이 갖는 매력을 보여준다.

문제는 이들이 주장하는 제3의 길이 어떤 철학적 기초를 지니는지 불분명하며, 단지 과거의 진보와 자신을 구별하기 위한 수사로만 활용되는 경우가 많다는 점이다. 특히 이러한 수사가 실용주의와 결합될 경우 문제가 더욱 분명해진다. 실용주의의 적극적인 의미는 목표를 효과적으로 달성할 수 있는 수단을 발견하기 위한 방법론에 있는데, 지향과 목표가 분명하지 않은 상태에서 실용주의만 강조하는 것은 진보적 정체성의 상실로 귀결될 것이기 때문이다.

다른 국가들에서 바람직한 모델을 찾고 우리 사회에 적용가능성을 탐색하는 것은 필요한 일이다. 그렇지만 다른 나라의 경험이 그대로 한국에서도 실현가능하다는 교조적 태도에서는 벗어나야 한다. 사실 우리가 비교적 바람직하다고 보는 모델들도 이념적 지향, 가치와 현실을 결합시키고자 하는 혁신적이고 창의적 실천의 결과라는 사실은 사회민주주의 노선에 대한 맑스-레닌주의 등의 혁명적 사회주의 노선들의 격렬한 비판을 떠올리면 쉽게 이해할 수 있을 것이다. 이러한 사정을 고려하면 현재 사회민주주의가 사회주의라는 가치를 보존하는 교두보가 되고 있는 것은 일종의 아이러니라고 할 수 있다. 따라서 '제3의 길'이나 혹은 다른 유럽의 사회모델을 당장 한국에 적용하려고 서두를 것이 아니라 이러한 모델들이 지니는 가치를 적극적으로 인정하되 이를 한국의 현실과 어떻게 결합할 것인가에 대해 더 많이 고민할 필요가 있다.

우선, '제3의 길'은 강력한 복지국가 혹은 사회민주주의 씨스템이 구축된 상황에서 복지국가 씨스템의 경직성을 타파하고 경제의 활력을 강화하려는 기획이다. 그런데 한국은 이제 성장지상주의 발전국가모델에서 벗어나 복지체제를 만들어가는 단계이며 심각한 양극화문제가 빚어지고 있기 때문에, 다른 접근이 필요하다. 복지 강화, 질적인 측면만이 아니라 양적인 측면의 복지써비스 증대와 소득분배구조 개선이 우선적이고 분명한 정책목표로 제시되어야 한다.

그러나 동시에 복지체제 강화를 위한 조세부담률 증가를 어떻게 달성할 수 있는가라는 문제에 대해 현실적 대안을 제시하지 않고서는 이러한 목표를 달성할 수 없다는 점도 인정해야 한다. 이는 전통적 사회민주주의모델을 그대로 도입한다고 해결될 수 있는 문제도 아니다. 최근 몇년간 '증세론'이 본격적으로 논의되기도 전에 좌초된 상황에서 알 수 있듯이, 조세저항 심리가 강한 상황에서 이는 결코 구호로 해결될 수 있는 문제가 아니다. 이러한 딜레마를 극복하기 위해 재정을 먼저 투입하여 복지혜택을 증가시킨 후 증세를 추구하는 역발상도 제기됐다.[20]

그러나 이는 적어도 다음 두가지 문제에 대한 구체적인 해법과 함께 제출되지 않을 경우, 무책임한 대안으로 간주될 가능성이 높다. 첫째, 복지에 대한 강조가 성장이나 혁신과 대립하는 것이 아니라는 점을 설득할 수 있어야 한다. 사실 복지와 성장, 혁신이라는 목표가 대립하는 것이 아니라는 점은 북유럽 국가의 사례들에서 확인할 수 있다.[21] 그런데도 이들이 서로 대립된다는 인상을 주는 것은 객관적 능력을 넘어서는 무리한 목표설정이나 시장에 대한 규제만을 강조하는 접근이 초래한 결과이기도 하지만, 더 근본적으로는 어떻게 양자를 결합할 것인가에 대한 진지한 대안들이 논의되거나 검토되지 못한 데 원인이 있다. 둘째, 예산의 증가가 곧 써비스의 질을 보장하는 것이 아니라는 점에서 수요자의 요구를 만족시킬 수 있는 복지써비스 체제를 만들어야 한다. 예컨대 수요자가 자신에게 써비스를 제공하는 기관(민간기관 포함)을 선택할 수 있게 하는 바우처(voucher)제도의 도입이 복지써비스의 시장화로 귀결되고 여러 부작용이 초래될 가능성이 크다는 점에서 논란을 불러일으키고 있지만, 복지체제 강화와 결합될 수 있다면 무조건적 반대로 일관할 일은 아니다. 이는 단순히 보수세력과의 타협 가능성만이 아니라 복지 수요자에게도 선택권을 준다는 시각에서 접근할 필요가 있다.

또한 한국에서 새로운 진보노선의 모색은 반드시 분단체제라는 프리즘을 통과해야 한다. 분단체제는 진보적이고 실현가능한 정책들을 만드는 데 반드시 고려되어야 할 변수이다. 고용정책, 복지정책 등이 분단체제라는 상황과 연관 없이 논의되기는 어렵다. 예컨대 현재 이주노동자 50만 시대가 고용구조에 커다란 영향을 미치고 있는데, 앞으로 북한 노동력이라는 변수를 고려하지 않고는 한국의 고용정책을 수립하기 어려울 것이다. 그리고 복지의 목표를 정하는 데서도 북한과의 사회통합의 수준과 경로를 고려할 필요가 있다.[22]

그럼에도 불구하고 분단체제를 고려하지 않고 남한만이 서구식 사회민주주의적 모델을 수용하거나 혹은 선진화할 수 있다는 인식이 널리 확산되어 있는 것이 현실이다. 여기에는 여러 원인이 있다.

분단체제를 극복하는 것이 언제 가능할지 모르는 일이라고 생각하게 되면 우선 남한만이라도 더 발전되고 좋은 사회로 만들어야 한다는 논리를 쉽게 받아들일 수 있다. 그러나 이명박정부의 출범 이후 지난 수십년간 점진적으로 자리잡아온 민주적 규범과 가치들이 소수 기득권집단들의 효율과 수를 앞세운 논리와 강압에 의해 한순간에 부정당하는 현실은 분단체제의 규정력을 고려하지 않고서는 이해하기 어려운 것이다. 따라서 분단체제의 부정적 규정력을 약화시키지 않고서, 그리고 한반도 차원에서의 새로운 질서를 만들어가지 않고 남한만이 '비약적' 사회적 진보나 발전을 이룩하기는 어려운 것이 현실이다. 그렇다고 우리 앞에 비관적 길만이 놓여 있는 것은 아니다. 남북관계의 발전이 굴곡을 피하기는 어렵지만 여전히 한반도에는 분단체제를 극복하는 데 유리한 환경들이 만들어져 있기 때문이다. 국제적으로 보면 6자회담처럼 한반도의 평화와 안정을 유지하기 위한 협력이 유지되고 있으며, 동시에 한반도 내부에서도 개성공단, 남북협력과 관련한 합의 등 상호불신을 해결할 수 있다면 협력수준을 증진할 수 있는 발판들은 적지 않다. 통일에 대해 경직된 접근을 하지 않는다면, 현재 분단체제의 부정적 규정력을 약화시키고 남과 북이 더 발전되고 좋은 사회로 나아가는 데 도움을 줄 수 있는 통일의 형식을 만들어가는 것이 어려운 일만은 아니다. 구체적인 방안에 대해서는 '복합국가론' '어물어물 통일론' 등이 제

기되고 있는데 여기서는 자세한 논의를 피할 것이다.[23]

또한 북한과의 통일을 부담스럽게 여기게 될 경우에도 남한만을 실천적 단위로 생각하는 편향에 빠지게 된다. 이는 상당부분 통일에 대한 경직된 이해에서 비롯되는 문제이기도 하다.

그리고 분단체제의 극복이 한반도에 새로운 기회를 가져다준다는 점도 결코 무시할 수 없다. 우선, 성장전략과 관련하여 갖는 의미이다. 앞에서 말한 것처럼 진보가 반성장주의가 되어서는 안되며 한국 내에서 어떻게 새로운 성장동력을 찾아낼 것인가에 대한 나름의 대안을 제시해야 한다. 이와 관련하여 북한과의 경제협력은 새로운 가능성을 제공해주고 있으며, 이에 대해 진보진영 내에서 더욱 적극적인 논의가 필요하다. 특히 현재 세계경제위기 속에서 지나친 해외의존이 초래하는 문제점들이 분명해지고 내수의 비중을 높이는 방향으로 성장모델을 전환할 필요성이 높아지고 있다. 여기에는 분배문제도 중요하지만 한반도 차원에서의 경제공동체를 형성해갈 수 있다면 이러한 전환을 더욱 빠른 속도로 촉진할 수 있을 것이다.

또한, 분단체제의 극복은 신자유주의에 대한 적극적인 대응으로서 변혁적 지평을 넓히는 계기를 제공해준다. 특히 신자유주의의 정치·군사적 기초인 미국 패권주의에 새로운 균열을 만들어내고 변혁적 지평을 넓힐 수 있을 것이다. 그리고 현재 동북아시아 국가들 사이의 치열한 경쟁은 동북아시아에서 신자유주의적 담론이 빠르게 확산되는 중요한 원인으로 작용하고 있는데, 만약 분단체제의 극복이 동북아 내에서 화해와 협력의 기반을 넓힐 수 있다면, 신자유주의에 대한 더욱 적극적인 대응의 기반을 만드는 데 유리할 것이다.

즉 어떤 선험적인 모델을 한국사회에 그대로 적용하는 것이 아니라 지구적 자본주의, 분단체제, 그리고 한국내 정치사회적 지형 사이의 상호작용을 고려하면서 새로운 진보노선을 만들어가야 하는 것이다. 이와 관련해 백낙청은 분단체제를 극복할 수 있는, 그리고 이를 통해 신자유주의의 공세에 대응할 수 있는 방안으로 민중주의 세력, 민족해방세력 그리고 자유주의적 개혁세력의 3자결합을 가능하게 만드는 '변혁적 중도주의'를 제안했다. 3자결합만이 이러한 목표를 실현할 수 있는 동력을 형성할 수 있으며, 어느 한 세력이나 양자결합만으로는 이 과제를 해결할 수 없다는 것이다.[24] 실제로 한국적 상황에 부합하는 진보노선이 단순히 바람직한 사회에 대한 설계가 아니라 현실을 변화시킬 수 있는 수단이 되기 위해서는 폭넓은 세력의 연합을 필요로 한다는 점은 너무도 분명하다. 기든스(A. Giddens)도 제3의 길을 설명하며 '급진적 중도'(radical middle)라는 접근법을 제시한 바 있다.[25]

중도 앞에 어떤 수식어가 붙는지에 따라 약간의 의미 차이가 발생하기는 한다. 기든스의 급진적 중도에서 급진이라는 표현이 좌파적 가치와의 연속성을 강조하는 개념이라고 본다면, 변혁적 중도주의에서 변혁성은 단순히 좌파적 가치와의 연속성이 아니라 분단체제에서 한국의 중도주의가 가질 수 있는 역동적 작용을 강조하는 것이다. 하지만 중도에 관심을 갖는 사람들이 공유하는 것은 중도가 절충을 통해 다양한 사람들의 입맛을 맞추고자 하는 것이 아니라, 이것이야말로 실질적인 변화를 촉진할 수 있는 전략이라는 판단에 따른 것이다. 즉 진보를 포기한 추수에 대해서는 언급할 필요가 없을 것이나 근대로부터 벗어나고자 하는 소수의 선도적·실험적 실천들도 사회적 변화 사이와의 거리를 좁힐 수 없다면 큰 의미를 갖기 어려울 것이다. 그리고 그 거리를 좁히기 위해서는 중도의 길 속에서 자신의 위치와 역할을 찾아야 할 것이다.

6. 이명박정부의 등장과 진보세력

대선에서의 패배 이후 진보진영의 진로 모색과 관련한 토론에서 '창조적' 분화의 필요성이 제기된 바 있다. 자유주의적 개혁세력과의 차별성을 강화해야만 진보진영의 발전이 가능하다는 판단에 기초하고 있는 것으로 보인다. 노무현정부의 실패가 진보의 실패로 규정되는 상황에 대한 반응이라고도 볼 수 있다.

이러한 논리가 제도권 내 자유주의적 개혁세력이 한미FTA 등 신자유주의적 경향에 투항적 태도를 보이는 것이나 지역주의·연고주의적 정치행태를 보이는 것에 대한 비판으로 사용된다면 긍정적인 의미가 있을 것이다. 그러나 창조적 분화가 중도의 지혜를 포기하는 방향으로 간다면 이는 발전이 아니라 퇴보를 부를 것이다. 진보에 필요한 것은 세력의 분화와 분열을 가속화하는 것이 아니라 더욱 많은 사람들을 자신의 주위에 결집시킬 수 있는 노선을 정립하는 것이다.

사실 지금까지 창조적 분화론이 선을 긋고자 하는 대상인 자유주의적 개혁세력과 진보 사이에 구분이 없었던 것이 아니다. 제도권 내에서만 보아도 2007년 대선시기 통합신당과 민주노동당의 구분이 존재해왔으며 선거에서의 국민들의 정치적 선택도 이러한 차이를 고려하여 이루어진 것이다. 문제는 2008년 총선 결과가 보여주는 것처럼 민주당 등 자유주의적 개혁세력에 실망한 국민들이 그렇다고 해서 민주노동당이나 진보신당 같은 진보세력의 지지로 가지 않는다는 점이다. 더 진보적인 의제의 부재, 진보와 자유주의적 개혁세력의 미분화가 문제가 아니라, 진보세력이든 자유주의적 개혁세력이든 신자유주의에 효과적으로 대응할 수 있는 대안이 부족했던 것이 문제이다. 다만 이러한 실패는 민주당, 민주노동당, 진보신당 그리고 다른 정치세력들 사이에 새로운 진보를 주도하기 위한 경쟁이 그 어느 때보다 활발하게 진행될 수 있는 정치적 환경을 만들었다.

그러나 정치세력간의 경쟁은 필요한 일이지만 이러한 정치적 환경에 어떤 긍정적인 결과를 낳기 위해서는 그 경쟁이 선명성 경쟁이 아니라 진보적 변화를 원하고 있는 다수를 결집시킬 수 있는 대안을 둘러싼 경쟁이 되어야 한다. 이러한 변화가 발생할 때만 진보적 가치에 대한 지지와 진보적 세력에 대한 지지가 괴리된 현실에서 벗어날 수 있을 것이다.

결론적으로 진보세력은 시장과 개방이 진보적 가치와 충돌한다는 자신들에게 내재하는 선입관을 극복하는 동시에, 분배, 복지, 분단체제 극복 등이 성장 및 혁신과 충돌한다는 보수적 프레임을 깨는 두가지 방향으로 진보이념을 재구성하고, 이를 위해 단결 가능한 모든 세력과의 연대를 추구해야 한다. 물론 그 안에서 여러 목표들 사이의 충돌을 피하기 어렵고, 또한 이러한 노력이 얼마나 근본적으로 세상을 바꿀 수 있는가라는 의문에서도 자유롭지 못할 수 있다. 그러나 중도란 이러한 긴장을 견디며 나아갈 것을 요구하는 것이다. 이는 과거 유토피아를 지금 이곳에 실현하고자 했던 실천이 신자유주의라는 더욱 극악한 형태의 자본주의 출현의 길을 열었던 것과는 반대로, 중도의 길이 오히려 장기적으로 근대극복의 토대를 만들어나가는 데 더욱 긍정적인 역할을 할 수 있을 것이라는 믿음에 기초한 것이다.*

* 이 글은 계간 『창작과비평』 2008년 봄호에 발표된 원고를 이 책에 싣기 위해 현재의 시점에서 수정·보완한 것이다.

동아시아론과 근대적응·근대극복의 이중과제

백영서 • 연세대 사학과 교수

1. 한국발 동아시아론 돌아보기

한국과 일본에서는 말할 것도 없고 동아시아적 시각이 결여되었다고 비판받아온 중국대륙에서조차 요즘 동아시아담론이 활기를 띠고 있다. 쑨 꺼(孫歌)의 말을 빌리면, "우리는 전에 없던 동아시아담론의 풍작시대"[1]를 살고 있는 셈이다. 특히 한국에서는 지금 '동아시아담론'이 흥기하여 "한국사회의 주류담론인 민족담론과 통일담론에 비견할 새로운 지적 공론(公論)으로서 담론권력을 얻고 있다"고 평가될 정도이다.[2]

필자는 1990년대 초부터 동아시아적 시각의 중요성을 주창하면서 동아시아담론의 확산에 일역을 담당했는데 그 이론적·실천적 작업은 한국을 비롯한 동아시아 지식인사회에서 얼마간 관심을 끌었다.[3] 그리고 그간의 작업에 대해 '맑스주의와 민족주의에 대한 반성'에서 나온 '변혁이론으로서의 동아시아'라든가, '민족주의와 민족담론, 통일운동의 후속물로 출현한 성찰적 동아시아론' '실천과제로서의 동아시아' '비판적 지역주의' 또는 '온건한 색깔의 동아시아'라는 식으로 평가받기도 했다.[4]

그런데 쑨 꺼는 유행 풍조에 휩쓸려 상투화되기 쉬운 관념적 동아시아론을 내재적으로 '부정'하려는 의도에서 '포스트 동아시아'란 용어를 제기하면서 "역사의 유동성 속에서 살아 있는 동아시아의 윤곽"을 파악할 것을 제안한 바 있다.[5] 그녀의 문제제기 그리고 필자의 작업에 대한 여러 논평들에 섞여 있는 비판을 보면서 필자의 동아시아론을 돌아볼 필요를 느끼던 차였다. 그래서 이 글을 기회 삼아 동아시아담론의 주요 쟁점을 중심으로 필자의 문제의식을 가다듬어보고자 한다.

먼저 이 글에서 강조하고 싶은 것은 인문학과 사회과학을 통합한 접근방식이다. 되돌아보면, 1990년대초 한국에서 처음 동아시아적 시각을 중시한 사람들은 주로 인문학자들이었다. 그들은 1989년 이후 변화한 나라 안팎의 상황, 즉 국내의 민주화 진전과 세계적인 탈냉전의 상황에 맞춰 새로운 이념을 모색하는 과정에서 '동아시아'를 사실상 발견하고, 그것에서 새로운 이념과 문명적 가능성을 찾고자 했다. 물론 90년대 초부터 일부 사회과학자들이 동아시아의 신흥발전국가들(NICs)을 설명하기 위해 '발전국가'(developmental state)론을 원용하고 유교자본주의론을 들고 나와 동아시아담론의 한 갈래를 형성했다. 그후 아시아가 경제위기를 겪고 1997년 'ASEAN+3' 체제가 출현하자 더 많은 사회과학 연구자들이 이 주제에 달려들어 정치·경제영역에서 국가간 협력체를 구축하는 데 관심을 갖기 시작해, 동아시아담론은 한층 구체화되고 풍성해졌다.

그런데 양측의 논의는 대체로 평행선을 달리다가 가끔 교차할 뿐이었다. 인문학자들은 주로 문화나 가치 영역에 관심을 기울이거나, 동아시아공동체에 관해 말한다 해도 그것을 동아시아 시민이 자발적으로 추진하는 인격적 유대·결합의 유토피아로서 상상하고 그 실천의 길을 모색하는 경향이 있다. 인격적인 개인들의 자발적 결합체인 공동체(community)는 전근대 시기에 소규모 형태로 존재했는데, 그것이 해체된 근대사회에서도 공동체적 인간관계의 재구축을 추구하는 움직임 속에서 종종 재해석된다. 공동체 이념을 국가를 넘어선 지역 차원에서 구현하려는 것이 넓은 의미의 또는 인문학적 의미의 동아시아공동체라 하겠다. 이에 비해 사회과학자들은 좁은 의미의 또는 정책학적 의미의 동아시아공동체에 주목한다. 그들은 국가나 자본이 주도하고 정치·경제영역에서 날로 긴밀하게 상호의존하는 지역적 현실(곧 지역화)과 그것에 기반한 지역협력체제의 제도화(지역주의)를 분석하는 데 치중하는 경향이 있다. 따라서 앞으로의 동아시아담론은 이런 분기(分岐)현상을 지양한 통합적 시각을 견지해야 할 것이다. 그래야만 지역화와 지역주의의 구체적 현실에 효과적으로 개입하면서, 그것이 인간다움을 좀더 충실히 구현하는 지역적 공생사회, 곧 진정한 의미의 동아시아공동체로 향하

고 있는지 비판적으로 점검하는 일도 제대로 해낼 수 있지 않을까 한다.[6]

이와 더불어 이 글을 관통하는 또다른 문제의식은 '근대적응과 근대극복의 이중과제론'(이하 이중과제론)과 동아시아론을 연결하는 것이다. 90년대초 최원식이 '맹목적 근대추구와 낭만적 근대부정'을 함께 넘어서기 위해 동아시아적 시각을 제기한 바 있듯이,[7] 근대에 대한 발본적 문제제기는 처음부터 동아시아론의 핵심을 이룬다. 그것은 7, 80년대 민족민중문화론이 자기반성과 새로운 모색을 꾀하던 중, 민중의 입장에서 당면한 과제가 바로 전세계의 과제임을 깨닫는 제3세계적 시각[8]과 만났기에 가능했던 일이다.

이중과제론은 지금 우리 논단에서 조금씩 공감을 불러일으키는 중이다.[9] 그러나 근대적응과 근대극복이 두가지 성격의 단일과제임을 분명히한 이중과제론[10]은 근대와 탈근대의 단순한 이분법을 넘어서 양자를 동시적인 과제로 삼자는 문제의식에 머무는 것이 아니라, 세계사적 근대에 대한 냉정한 인식과 분단체제 극복이라는 실천적 지향이 결합된 좀더 복합적인 사고라 할 수 있다.

필자는 이중과제론이 안고 있는 듯 보이는 이율배반성이라든가 추상성의 문제를 넘어서기 위해서는 시공간에 대한 다층적 인식이 요구됨을 강조하고자 한다. 지구적 규모의 장기적인 시간대에 걸친 논의와 중·소규모의 지역, 중·단기의 과제를 동시에 사고하면서 일관된 실천으로 연결시키는 작업이 바로 그것이다. 바로 여기서 동아시아론이 이중과제론과 만나고, 이를 통해 지역주의적이면서도 세계사적 차원의 보편적 지향을 견지할 수 있게 된다.

2. 타께우찌의 '근대초극'론에서 건져낼 수 있는 것

이중과제에 대해 궁구할 때 먼저 참조할 만한 동아시아의 사상적 자원목록에 일본의 '근대초극'론이 있다. 90년대초 최원식은 동아시아적 시각을 제기하면서 근대초극론에 주목하여 전쟁이데올로기로 전락한 면과 동시에 "서구적 근대를 넘어설 새로운 세계형성의 원리를 모색하고자 한 문제의식"의 양면성을 읽어낸 적이 있다.[11] 타께우찌 요시미(竹內好, 1910~77)는 근대초극론에는 "풀릴 듯하면서도 풀리지 않는 모호한 무언가가 들어 있다"고 했다. 그가 말한 "그 모호함으로부터 발휘된 마술적 효력"[12]에서 과연 지금 우리는 무엇을 얻을 수 있을까.

'근대의 초극(近代の超克)'은 본래 1942년 잡지 『붕가꾸까이(文學界)』 9-10월호에 실린 심포지엄의 문제의식을 가리키지만, 넓은 의미에서는 비슷한 시기 이른바 쿄오또(京都)학파에 의해 『추우오오코오론(中央公論)』에서 진행된 세차례의 좌담(1941~42)인 '세계사의 철학'까지 포함한다. 그것은 구체적인 사상으로서의 체계를 갖추지 못한 채 거대한 문제의식을 표출시킨 데 그친 추상적 담론이었지만, 굳이 요약하자면 일본이 이미 근대화를 달성했다고 전제하고 그 모델인 서구적 근대와 그 변종인 소련 공산주의를 모두 넘어서는 새로운 세계사의 원리를 찾는 이론적·실천적 작업이었다. 토론의 참여자들은 논의과정에서 동양적인 것, 특히 일본적인 것 속에서 이상형을 발견했고, 일본적인 것을 단순히 이상적인 과거가 아니라 현실의 천황제 국체(國體)와 동일시한 특징이 있다.[13] 태평양전쟁 초반 구미에 대해 거둔 승리에 취하고 전쟁승리 후의 세계경영을 생각하던 지식층에게 근대초극은 "세계제패라는 논의의 차원보다 훨씬 높고 고상한 이념과 관련된" 지향성의 상징으로서 공감을 불러일으켰기에, 지식인은 물론 '대중을 사상적으로 사로잡았다'고 한다.[14]

패전 직후 한동안 이 논의는 일본제국주의의 전쟁이데올로기로서 기피대상이었다. 그 유산을 복권하려 한 사람이 타께우찌 요시미다. 그는 근대성에 대한 논쟁인 근대초극론을 "일본 근대의 아포리아"가 태평양전쟁에서 일거에 문제로 폭발한 것이라고 보았다. 즉 메이지유신 이래의 복고와 유신, 존왕(尊王)과 양이(洋夷), 쇄국과 개국, 국체보존과 문명개화 등 해결을 요하는 수많은 이항대립의 '응결'이 아시아에 대한 식민지 침략전쟁이자 구미에 대립하는 제국주의간의 전쟁이라는 이중성을 갖는 미국과의 전쟁으로 표출된 것이다. 그렇기 때문에 심포지엄에서의 문제제기는 시기상 정당했고 그런만큼 지식인들의 관심도 끌 수 있었지만, 아포리아 자체를 정면에서 논의하는 데 실패함으로써 아포리아는 마치 "안개처럼 사라지고" 근대초극론은 전쟁이데올로기로 전락했다고 진단했다.[15] 그가 시도한 것은 그 심포지엄이 결과적으로 조성한 이데올로기에서 사상을 추출해내는 작업이었다. 전쟁으로 오염되어 이데올로기로 간주된 논쟁으로부터 일본의 근대성에 대한 비판적 담론을 분리해내겠다는 것은 전후 사상계 조류에 비춰볼 때 위태로운 행위, 그야말로 "밤을 건져내기 위해 불 속으로 뛰어든" 것이나 다름없었다.

그가 이런 사상사 다시 쓰기 작업을 감행한 이유는, 한국전쟁에서 드러나듯이 전쟁의 위험이 상존하는 1950년대와 60년대 초의 냉전질서 속에서 미국의 영향 아래 근대화를 가속적으로 추진하고 있던 전후 일본을 비판하기 위해서였다. 특히 1960년 미일안보협정 체결에 반대하는 투쟁에 참여하면서 전쟁에 대한 불감증과 전쟁책임에 무관심해지는 당시 일본을 추궁하기 위해 근본적인 물음을 던질 필요를 느꼈던 것이다. 그렇다면 근대초극론을 비판적으로 검토하기 위해 그 아포리아를 핵심적 과제로 삼은 그가 해결책으로 찾아낸 길은 무엇이었을까. 그 길은 근대 일본에서 아시아적인 원리를 지향하는 '전통'(즉 아시아주의)을 새롭게 구성하는 것이다. 이처럼 원리라든가 전통이 실체로서 현존하는 것은 아니었기에, '방법으로서의 아시아'란 발상이 출현한다. 아시아를 실체화하지 않은 덕분에 널리 공감을 얻고 있는[16] 이 용어와 관련된 대목은 다음과 같다.

서구의 우수한 문화 가치를 보다 대규모적으로 실현하기 위해 서양을 한번 더 동양에 의해 다시 싸안아서 역으로 서양 자신을 이쪽에서 변혁한다는 이 문화적인 되감기 또는 가치상의 되감기에 의해 보편성을 이루어냅니다. 동양의 힘이 서양이 만들어낸 보편적인 가치를 보다 높이기 위해 서양을 변혁합니다. 이것이 동과 서의 오늘날의 문제점이 되었습니다. (…) 그 되감기를 할 때 자신 속에 독자적인 것이 없으면 안됩니다. 그것이 무엇인가 하면—그러한 것이 실제로 존재한다고 생각하지는 않지만—방법으로서는, 다시 말해 주체형성의 과정으로서는 있지 않겠는가라고 생각합니다. 때문에 '방법으로서의 아시아'라는 제목을 붙이는 것이지만, 그것을 명확히 규정하는 것은 저로서도 불가능한 일입니다.[17]

그에게 근대극복의 길인 '방법으로서의 아시아'란 일본이 근대화하는 동안 억압되었던 민중의 실천과 사상을 재통합하는 길, 곧 저항하는 주체의 형성이다. 그 모델이 이미 중국혁명에서 실례로 나타났던 것이다. 이에 비해 서양 부르주아사회가 만들어놓은 문화규범을 무비판적으로 수용한 일본의 근대는 '노예의 진보'일 뿐이고, 이것이 유럽과 더불어 일본을 식민지주의와 침략전쟁으로 몰고 갔음에도 불구하고 전후에도 계속해서 압도적인 지배력을 누렸던 것이다. 이렇듯 그는 근대의 '진보'가 안고 있는 지배성과 폭력성이 피하기 어려운 것임을 명확하게 꿰뚫어 읽고, 그렇기 때문에 '길 없는 길을 가는' 것을 각오하지 않으면 안되는 이 근대에 대한 저항만이 일본이 가해책임을 받아들이는 길이라고 인식했다.

어찌 보면, 그의 작업은 "막 사라져가고 있던 일본혁명을 일으키기 위한 행동"이었을 수 있다. 그러나 그 시도는, 1940년대 심포지엄의 근대초극 비전이 전쟁으로 좌절됐듯이, 1960년대 이후 일본의 고도성장에 의해 패배하고 말았다.[18] 그런데 요즈음 전세계적으로 타께우찌 요시미에 대한 적극적 평가가 조용히 번져가고 있다. 그가 제기한 근대주의 비판이 근대 일본의 존재양식에 대해 근본적인 질문을 던지는 하나의 자세로서 일본 내에서 주목되는 데 그치지 않고, 중국을 비롯한 동아시아와 구미에서도 일원적 진보주의의 근대관을 벗어나게 하는 사상적 자원으로 검토되기 시작한 것이다.[19]

우리 논단에서는 주로 인문학자들이 그에 주목하고 있다. 그런데 타께우찌를 재해석한 쑨 꺼의 시각을 통해 그의 사상에 접근하는 경향이 엿보인다. 이정훈(李政勳)이 비판적 지식담론을 재구성하기 위해 지식인의 '자기비판' 또는 '주체의 내재적 자기부정이라는 원리'를 타께우찌로부터 건져내려 한 것이 그 한 예이다.[20] 이같은 쑨 꺼의 타께우찌 다시 읽기에 대해, 백지운(白池雲)은 타께우찌가 주체형성을 위해 일본 내셔널리즘과 아시아 사이에서 아슬아슬한 곡예를 했던 데 비해 쑨 꺼는 타께우찌의 작업에 드러난 이 위태로움의 계기들을 뛰어넘은 게 아닌가 추궁한다. 쑨 꺼가 '자기부정〔挣扎〕'이라는 루 쉰의 모티프를 주로 활용해 타께우찌의 사상을 "탈근대적 '동아시아사상'이라는 안전지대로 운반"하는 편향을 보인다고 백지운이 꼬집은 것은 경청해야 할 대목이다. 요컨대 타께우찌의 사상을 그렇게 "추상적인 역사철학으로 보편화하는 것"은 다시 생각해봐야 한다는 뜻이다.[21] 타께우찌의 글이 대체로 현실에 직접 대응하여 나온 상황성이 강한 글임을 우리가 잊어서는 안된다. 필자는 여기서 자기부정이 곧 타께우찌가 말하는 '저항'인데 그에 매개된 것이 "상대를 변혁하고 자신도 변화하는 것"인 '운동'[22]임을 떠올리게 된다.

　또한 타께우찌를 읽노라면 필자의 동아시아론의 한 요소인 '이중적 주변의 시각'[23]도 다시 생각해보게 된다. 타께우찌가 근대극복을 위해 '저항하는 아시아'를 탈중심적 주체로 설정한 문제의식은 탈냉전기의 상황에서 제기된 '이중적 주변의 시각'과 상호보완적일 수 있지 않을까. 그것은 서구중심의 세계사 전개에서 비주체화의 길을 강요당한 동아시아라는 주변의 눈과, 동아시아 내부의 위계질서에서 억눌린 주변의 눈이 동시에 필요하다는 문제의식이다. 필자가 말하는 중앙과 주변은 단순히 지리적인 위치를 가리키지 않고, 자신이 주변이면서도 한층 더 주변적인 부분에 대해서 중앙이 되어 그 주변을 차별하고 억압하는 식으로 양자가 끝없이 연쇄고리를 만들어가면서 억압을 이양(移讓)하는 가치론적 차원의 관계를 뜻한다. 이 시각에서 보면, "중앙과 주변의 관계에서 차별과 억압이 무한연쇄를 이루고 있고, 그 속에서 자신의 위치를 발견하고 중앙과 주변의 시각을 확립하는 것은 그 연쇄가 무한인 이상 무한의 노력을 요구한다. 그런 의미에서 주변의 시각을 갖는다는 것은 곧 지배관계에 대한 영원한 도전이요 투쟁이다."[24] 이 점에서 '이중적 주변의 시각'이 타께우찌의 '저항'—쑨 꺼가 타께우찌에 대해 사용한 말로 바꾸면 '자기부정'—과도 통한다 하겠다. 동아시아에서 역사적으로 형성된 탈중심적(필자의 '주변적') 주체의 내재적 비판성을 발굴하여 근대를 극복할 동력을 확보하려 한다는 점에서는 서로 일치한다. 단지 주변을 특권화하는 위험에서 벗어나기 위해 중심과 주변

의 관계를 탈역사화하지 않고 역사적 맥락(특히 세계체제의 위계질
서) 속에 위치시켜 근대세계를 총체적으로 다시 본다는 점, 그리고
이를 통해 근대적응과 근대극복의 이중과제를 감당하려 한다는 점
에서 차이가 있다.

3. 동아시아공동체: 중단기적 효과와 장기적 전망

바로 앞에서 '이중적 주변의 시각'을 제안하면서 중심과 주변의
관계를 역사적 맥락, 특히 세계체제의 위계질서 속에서 구체적으로
분석해야 함을 강조했다. 그런데 그 설명력을 제고하기 위해서는
복합적이고 중층적인 시공간에 대한 인식이 필요하다.

먼저 국민국가 중심적 사고를 극복하기 위해 역사적 시공간 개념
의 유용성에 주목한 박명규(朴明圭)의 논점을 검토해보겠다. 그는
우리의 사고를 지배하는 국민국가적 시공간을 절대화하지 않으면
서도 곧바로 '장기적-지구적' 시공간으로 옮겨가지 않는 중간적 시
공간, 곧 '국면적-지역적' 시공간으로서의 동아시아의 중요성을 부
각시킨다. 그것은 "국민국가를 넘어선 지역질서의 공간과 수십년
의 중기적 시간대가 만나는 범주"로서 "복수의 국민국가들이 독자
적인 지정학적·문명론적 조건을 공유하고 상호 영향을 주고받으면
서 존속해온 시공간"이다.[25]

이같은 '국면적-지역적' 시공간 범주를 통해 필자의 동아시아론

이 잘 설명될 수 있을 듯싶다. 국민국가 중심적 시간관의 한계를 넘어설 뿐만 아니라 국민국가 형성과정에서 주변적 존재로 무시되어 온 주체들을 새롭게 발견할 수 있는 공간관이 가능해진다. 그런데 여기서 주의할 점이 있다. 그것은 공간의 대·중·소와 시간의 장·중·단이 반드시 일치하지는 않을 수 있다는 사실이다. 동아시아란 지역적 범주 자체만 해도 그 대상 범위를 둘러싸고 자주 논란이 될 뿐만 아니라, 이 지역이 세계와 한반도 사이의 중간규모에 해당하지만 그렇다고 해서 이것을 단위로 하는 작업이 한반도와 세계체제 차원의 과제 사이에서 '중기적 과제'로만 위치지어지지도 않기 때문이다. 따라서 정말 우리에게 요긴한 것은, 복합적이고 중층적인 시공간에 대한 분별이 그 각각에 따른 과제를 따로 분리하는 것이 아니라, "정반대로 동시에 수행해야 할 다양한 차원의 과제들이 단기·중기·장기에 걸쳐 각기 달리 성취될 성격임을 제대로 인식하고 식별해서, 그 과제들을 해결하려는 우리의 노력이 상충하지 않고 이론적인 통일성과 현실적 대응력이 높아지게 하려는" 태도이다.[26] 요컨대 지구적 규모의 장기적인 시간대에 걸친 전망과 중·소규모의 지역, 중·단기의 과제를 동시에 사고하면서 일관된 실천으로 연결시켜야 한다는 것이다.

필자는 한·중·일 3국에서 현재 진행중인 동아시아공동체 논의를 비교하면서, "그것을 추구하는 사람들의 기대대로 평화의 공동체로서 실현되려면, 이 지역을 구성하는 국민국가의 밖에서 이뤄지는 국가간 통합과정과 국가 안에서 구성원 개개인의 참여를 극대화하는 방향으로의 내부개혁 과정이 쌍방향적으로 추동하고 있는지"
를 기준으로 각각을 따져본 적이 있다.[27] 말하자면 중·소규모의 지
역, 중·단기의 과제를 동시에 사유하면서 일관된 실천으로 연결시
키겠다는 뜻에서 시도한 일인데, 사실상 이 의도가 충분히 구체화되
지 못했을 뿐 아니라 지구적 규모의 장기적인 시간대와의 관련에 대
해서는 거의 주의를 기울이지 못했다. 이 글에서 동아시아공동체를
둘러싼 이론적·실천적 작업의 몇가지 논점을 다시 보고자 한다.

지금 동아시아 정부들이 주도하는 (필자가 앞서 말한) 좁은 의미
의 동아시아공동체에 대한 논의와 실천 들에서 드러난 첫번째 공통
점은 경제통합이 추동력으로 작동한다는 점이다. 또다른 공통점은,
대체로 미국과의 관계를 우선시하면서도 그런 구조적 제약 안에서
동아시아의 상대적 자율성을 확보하기 위해 다자주의를 중시하는
열린 지역주의와 중층적 지역질서를 추구한다는 것이다. 이러한 공
통점은 동아시아가 냉전시기의 분열된 지역에서 벗어나 통합된 지
역을 스스로 만들어나감으로써 평화와 번영을 이룩하겠다는 노력
의 소산이다. 1990년대 들어 진영간 대립이 종식됨에 따라 각 진영
의 내부결속이 이완되고 있는 동아시아의 변화된 상황이 그러한 방
향성을 허용하고 요구하는 것이다.

그런데 이와같은 공통점의 이면에는 지역공동체를 추진함에 있
어서 각 국가가 어떤 역할을 수행할 것인가를 두고 차이도 분명히
존재한다. 이것은 정부 차원의 지역통합이 주도권의 유혹으로부터
자유롭지 않기 때문에 불가피할지도 모른다. 각 정부로서는 지역이

익과 국가이익이 충돌할 경우 국가이익의 관점을 선택할 가능성이 높다. 더욱이 동아시아에서는 국가들간의 국력에 커다란 차이가 있기 때문에, 갈등의 여지가 그만큼 더 크고 평화의 가능성은 그만큼 더 적어질 수 있다.

이런 동아시아공동체의 진행상황을 두고 강내희(姜來熙)식으로 "동아시아라는 시야가 국가와 엘리뜨에 의해 독점되고 있는 상황에서는 동아시아에 연대(곧 지역공동체 — 인용자)가 일어난다고 하더라도 해방보다는 지배의 효과를 낳을 공산이 크다"[28]고 중장기적으로 비관적인 전망을 품게 될 수도 있다. 그러나 그 견해는, 'ASEAN+3'국의 동아시아협력체 추진이 비록 전형적인 세력균형의 사고방식에서 나왔다 하더라도 세계질서에서의 강대국 지배를 견제하자는 취지에서 출발한 것임을 홀시하고 있다. 필자는 좁은 의미의 동아시아공동체가 형성되기만 해도 중·단기적으로 동아시아에서 수직적 지역질서가 수평적 지역질서로 바뀌고 미국 패권주의에 균열을 가져오는 데 효력을 발휘할 것으로 예상한다. 이 점은 '신냉전질서'가 도래하고 있다고 현실을 진단하는 일본의 보수파가 동아시아공동체 같은 '아시아의 공생'이나 '지역의 평화'를 주창하는 노력을 '일미(日美)동맹'에서 '일미분단'으로 유도하려는 '공작'으로 경계하면서 '21세기형의 새로운 보수세력의 연휴(連携)'[29]를 부르짖는 데서 반증되지 않는가.

물론 강내희의 강조점은 국가와 엘리뜨에 의한 동아시아가 아닌 아래로부터의 동아시아, 곧 '민중적 국제연대'에 의한 동아시아이

다. 박노자(朴露子)도 '급진적·계급적 해결 전망'에 역점을 두어 '아
래로부터의 연대'를 제안한다. 필자 역시 지역형성의 행위자로 국
가만을 염두에 두지 않고 다양한 민간세력도 중시하면서, 특히 정부
차원의 국제적 협력과 시민사회 차원의 국경횡단적 연대라는 두개
의 층을 '민주적인 책임'(accountability)을 매개로 해서 연결하는 데
주안점을 두어왔다.[30] 국가의 역할을 배제한 채 여러 영역에서 교류
가 누적되면 공동체가 형성될 것으로 믿는 기능주의적 발상이나, 국
가는 바람직한 역할을 수행할 수 없다면서 민중연대만에 의존하는
근본주의적 관점과 거리를 두기 위해서이다.

이 글에서는 '민주적 책임'을 강조하는 데 그치지 않고, 공치(共治
또는 協治, governance)란 발상을 도입해 진정한 의미의 동아시아공
동체를 이룩할 길을 탐색하자고 제의하고 싶다. 국가, 시장, 시민단
체 같은 행위주체들이 협력적 네트워크를 구성하여 공동의 목표를
달성하기 위해 파트너십을 형성하는 과정과 그 제도화를 일컫는 공
치란 개념은, 동아시아 지역형성의 행위주체들에 대한 좀더 유연한
사고를 가능케 할 것으로 기대된다.

또다른 논점은, 진정한 의미의 동아시아공동체 형성이 지구적 규
모의 장기적 시간대의 현단계인 신자유주의시대에 어떤 영향을 미
칠 것인가이다. 이 물음과 관련하여 동아시아공동체 같은 지역단위
의 구상 자체에 대해 회의적인 시각들도 만만치 않다. 국경 없는 세
계를 주장하는 신자유주의 진영은 제쳐두더라도, 반신자유주의 진
영이나 탈민족주의 진영도 이 점에서는 의견을 같이하는 편이다.

전반적으로 전자가 민중주체를 근거로 신자유주의를 비판한다면 후자는 민족·국민이라는 코드 속에 내장된 권력의 메커니즘을 고발하는 데 머무르고 있다. 유재건(柳在建)은 그들이 세계체제 변혁의 동력과 주체를 단순화하고 있다고 비판한다. 그 근거는 세계의 지정학적 분열에 대한 인식이다. 미국·유럽·동아시아라는 독자적인 동력을 지니는 세가지의 지정학적 분열을 통해 통합적으로 작동하는 세계에서 동아시아가 아직 유동적인 상태에 있으나 "모종의 대안적 공동체를 제대로 형성할 때 갖게 될 세계체제 변화의 잠재력은 상상외로 크다"고 그는 전망한다.[31] 동아시아가 이같은 창조적 역할을 성실히 감당한다면 이 지역에서 수직적 지역질서가 수평적 지역질서로 바뀔 뿐만 아니라, 종래의 전형적인 따라잡기형 개발독재체제의 개발주의 패러다임을 넘어서는 대안적 패러다임이 가시화될 것이 분명하다.

그런데 이런 논의가 설득력을 지니려면, 앞에서 지적했듯이 동아시아를 구성하는 국민국가들간의 통합과 연동되어 개별 국가의 내부개혁이 진행되지 않으면 안된다. 통합과정에 적응하기 위해 개별 국민국가의 기능이 제각기 혁신되어야 함은 물론이거니와, 국민국가 내부의 다양한 행위자들의 이해관계를 조정하고 그들의 참여를 보장하는 개혁과정이 잘 진행되면 진행될수록 통합이 그만큼 더 촉진되기 때문이다.

이같은 국민국가 안팎에서의 쌍방향적인 작용과정에서 지역통합이 개별 주민들에게 어떤 의미를 갖는지 일상생활에서 실감으로 깨

닫게 된다. 몇년 전부터 우리 사회의 뜨거운 쟁점이 된 한미FTA 문제는 우리에게 바람직한 지역통합이란 과연 무엇인가를 따져보는 기회를 제공해준다. 필자는 미국과의 포괄적인 FTA 체결이 한국사회를 미국식 기준(즉 금융자본주의와 시장만능주의를 요체로 하는 신자유주의적 세계화)에 맞추도록 강요하여 불균형 압축성장을 초래하는 급격한 통합이라고 보고 그에 반대하는 편이다. 그렇다고 모든 경제통합을 반대하는 것은 아니고, 한국의 양극화 해소와 동반성장에 조응하며 동아시아 경제공동체 실현에 기여하는 '한국형 개방발전모델'을 대안으로 숙고하는 입장을 지지한다. 단, 이 글의 논지와 관련해 강조하고 싶은 점은, FTA를 포함한 경제통합의 여러 유형과 단계 가운데 어느 것이 적합할지를 한반도 전체의 시각에서 따져보되 그 중·단기적 효과와 장기적 전망을 동시에 고려해야 한다는 것이다. 아울러 개방 수준과 사회정책 수준이 합치되는 방향으로 경제통합을 추진하는 것도 매우 중요하다. 여기서 개방과 제도개혁에 따른 갈등 조정능력을 발휘하게 할 공치모델의 확립이 필요하다. 물론 이것은 쉬운 일이 아니다. 그러나 우리가 사안에 따라 그때그때 상황에서 '민'의 국정참여를 확대할 민관공치의 공식·비공식 통로들을 얼마든지 생각해낼 수 있고, 또 그런 사례를 축적해가는 과정에서 새로운 모델을 만들어갈 수 있다.[32] 그리고 그 경험이 동아시아 규모로 확대된다면 역내 공통 현안인 지역내 격차와 국가간 갈등을 해소하고 세계화의 폐해를 최소화하는 지역 차원의 공치모델도 가능해질 것이다.[33]

이렇게 볼 때, 각국에서 진행되는 개혁과정의 실상을 하나하나 구체적으로 점검하고 상호비교하는 일이 긴요하나, 여기서는 한반도에서의 통일과 연계된 총체적 개혁과정에서 부각된 새로운 복합국가 건설의 문제를 검토하는 데 집중하려고 한다. 단순히 필자의 생활터전이 한국이어서 특별하게 관심을 기울이는 것이라기보다, 분단된 한반도는 세계 차원의 패권적 지배체제의 중요한 현장인만큼 이곳에서의 복합국가의 출현은 세계적 차원의 억압체제에 대한 공격이자 자본주의 세계체제 변혁의 촉매가 될 수 있다고 기대하기 때문이다.

4. 분단된 한반도에서의 복합국가론

복합국가에 대해 본격적으로 거론하기 앞서 국민국가의 역할에 대한 필자의 견해를 좀더 분명히해두고 싶다. 요즈음 우리 논단에서 탈근대론이 유행하면서 국민국가에 대한 부정적 시각이 득세하는 듯하다. 이에 비춰볼 때 여성운동진영에서 국가의 역할에 대해 다음과 같이 적극적으로 발언한 점은 돋보인다.

시장이 압도하는 신자유주의적 질서 안에서, 그리고 돌봄의 전면적 파탄 상황에서, 일부의 페미니스트들은 돌봄의 가치를 새롭게 보고, 국가에 대한 인식을 새롭게 하고 있다. 국가를 일방적 권력행사

를 하는 기구가 아니라 여러 행위주체들의 네트워크로 보면서 돌봄
을 바탕으로 한 국가형성에 참여할 준비를 하는 것이다.[34]

국민국가의 역할을 결코 단순히 긍정할 리 없는 탈근대적 성향이
강한 여성운동 쪽에서도 이같이 유연한 입장을 취하고 있는데, 이는
공치 개념을 도입한 이론적 근거와 "우리 사회의 질서를 바꾸는 데
는 보편적인 힘을 발휘할 수 있는 정책적 접근"의 효용을 체득한 실
천적 경험에서 나온 것으로 추론된다.[35]

필자 역시 단순히 국가무용론을 주창하는 것에서 벗어나, 공석
역할을 수행하는 국민국가의 강점을 살리면서 한층 민주화된 국가
구조의 창안으로 나아가야 한다는 입장이다. 이것은 근대의 극복을
진지하게 추구하기 위해서라도 근대에 적응해야 한다는 문제의식
의 한 사례로서, 필자는 '국민국가에의 적응과 극복'이라는 이중적
성격의 단일과제를 수행해야 한다는 식으로 풀어 설명해본 적이 있
다.[36]

필자의 그 구상은 네가지 요소로 이뤄진다. 첫째, 대국주의와 소
국주의의 긴장이란 발상을 견지함으로써 부국강병을 추구하는 패
권주의, 즉 대국주의를 해체하는 것, 둘째, 그 구상을 추진하는 주체
로 한민족공동체의 설정, 셋째, 지향(志向)으로서의 복합국가론, 넷
째, 이것들이 국가의 존재양식과 우리 자신의 생활양식을 바꾸어가
는 과정이기에 문명담론과 연결되어야 한다는 것이다. 이 글에서는
네가지 특징들을 맺어주는 매듭에 해당하는 복합국가론에 대해 좀

더 깊이 생각해보겠다.

복합국가(compound state)는 "단일국가가 아닌 온갖 종류의 국가 결합 형태, 즉 각종 국가연합(confederation)과 연방국가(federation)를 포용하는 가장 외연이 넓은 개념"으로 제기되었는데,[37] 그 개념은 국민국가를 감당하면서도 그것을 극복하는 이중과제를 동시에 수행하는 우리의 실천과정에서 구체화될 터이나, 이를 좀더 정교하게 다듬는 작업은 그 실현을 앞당길 것이다.

사실 국가간의 결합체인 복합국가 자체는 그다지 새로운 것은 아니다. 이미 세계사 속에 연방제와 국가연합 등의 형태로 여러번 등장한 사례가 있지만 근대적인 국민국가간 체제에 충격을 줄 정도로 의미있는 것은 아니었다. 한편 최근 하영선(河英善)은 북한까지 포용한 '한국형 네트워크 지식국가'를 건설하자고 제안하면서 그것을 (탈근대적인) '지식기반 복합국가'로 이름 붙인다. 그러나 이것은 근대의 적응, 특히 전지구적 자본주의의 현단계의 단기적 적응에 불과할 뿐, 중장기적인 근대극복의 지향이 엿보이지 않는다.[38]

이와는 달리 필자와 유사한 문제의식에서 제기된 것이 박명규의 '복합적 정치공동체' 논의이다.[39] 그는 국민국가 안과 밖의 변화에 힘입어 '복합적 정치공동체'가 형성될 것으로 전망한다. 우선 내부적 변화는 국민국가의 결속원리인 경계의 고정성, 권한의 집중성 및 국민통합이 흔들리면서, 그와는 다른 대안적 원리들 즉 경계의 유연성, 권한의 분산성 및 연대의 다층성에 의해 새로운 결합이 이뤄지는 것을 의미한다. 그런 변화는 일차적으로 기존의 국민국가가 민주적이고 관용적인 공동체로 변화하는 데서 시작하는데, 정치적 민주화운동이나 시민세력의 활성화가 그 동력이 된다. 그리고 그 과정이 순조롭게 진행되려면 지역협력을 통해 평화의 질서가 자리잡는 외부적 변화도 이뤄져야 한다.

사실 이 주장만으로는 아무래도 원론적 논의라는 인상을 주기 쉬우나, 이것을 '흔들리는 분단체제'로 인해 남북 국가간의 경계가 유연해진 한반도의 현실에 적용하면 실감이 더해질 것이다. 다층적인 교류의 망이 누적되는 가운데 (한때의 핵위기나 남쪽 정권의 교체에도 불구하고) 개성공단과 금강산관광이 성과를 가져온 점은 복합국가에 대한 우리의 상상력을 북돋워준다. 이같은 남북교류가 다방면으로 확산되며 연대의 다층성을 달성하다가 2000년 6·15선언에 규정된 '낮은 단계의 연방제' 또는 국가연합이 실현되기만 하면, 권한의 분산성까지 현실화되어 한반도에서의 복합국가의 모습은 상당부분 드러날 것이다. 이것이 점진적인 통합과정, 바꿔 말하면 과정으로서의 통일일 터인데, 6자회담의 영향이 단적인 예이듯 지역협력이 활발해지고 그 제도화가 가속되는 등 외부 변화가 수반되면 복합국가로의 진전은 한층 촉진된다.

물론 복합국가로 나아가는 과정은 남북의 통합이 단일한 국민국가로의 통일이 아니라 분단체제 극복에 해당하는 통일, 즉 남북 민중의 생활주도력이 극대화하는 통일을 추구하는 중기적 과제를 수행하는 길이다. 그리고 그에 이르는 동안 한반도에서 진행되는 '남북의 점진적 통합과정과 연계된 총체적 개혁'의 일환인 남쪽의 개혁을 실천하는 일이 단기적 핵심과제가 된다.

단기적 과제로서의 내부개혁이 단지 정부의 정책 차원에서 시행될 뿐 일상생활에서 자리잡지 못한다면 지속적으로 추진될 수 없다. 일상생활의 타성에서 벗어나는 동시에 일상생활로 돌아가 그 현장에 뿌리내리는 긴장을 유지하는 운동만이 지속적인 활력을 얻을 수 있는 법이다. 교육·환경·여성·인권·평화·교육 등 여러 영역의 민간운동은 이미 우리 사회 저변에서 착실히 성과를 축적하고 있다.[40]

이와같이 일상적 실천이면서 전지구적 보편성을 아울러 지닌 일상생활의 개혁이 공공의 쟁점과 결합함으로써 국가개혁으로까지 이어져 분단된 한반도에서의 복합국가 형성에 기여하고, 더 나아가 공생사회로서의 동아시아공동체 건설을 촉진하여 미국 패권주의에 균열을 일으키고 미국적 표준을 넘어설 공간을 확보할 수 있다면, 그 자체로 자본주의 세계체제로부터 이탈할 수는 없지만 그것을 장기적으로 변혁시키는 촉매가 될 터이다. 그럴 때 민중적이면서도 세계사적인 보편성을 획득할 가능성이 열린다.

끝으로, 이같은 다층적 시공간의 과제를 동시에 사유하면서 일관된 실천으로 연결시키는 작업에 추동력을 부여하는 한반도의 복합국가, 동아시아 그리고 세계사의 상호연관에 대해 잠깐 정리해보고자 한다. 국가간의 결합체인 복합국가 자체는 낯설지 않지만 한반도에서 시도되고 있는 복합국가가 그 어느 범주에도 속하지 않는 새로운 것임은 앞에서의 논의로 어느정도 밝혀졌지 싶다. 여기서는 두가지 단상만 덧붙이겠다.

하나는, 그것을 향한 과정이 동아시아공동체의 건설에 커다란 파급효과를 가져올 것이란 점이다. 한국이 남북화해를 자주적으로 주도하여 "한반도에 새로운 가능성을 창조했을 뿐만 아니라 동시에 동북아의 국제정치 생태(生態)를 개혁하고 있다"는 이웃나라 언론매체의 평가도 있듯이,[41] 동아시아 평화의 연동구조가 작동하는 데 미치는 한반도의 역할이 매우 중요함은 긴 말이 필요 없겠다. 단지 복합국가란 틀이 갖는 중요성은 특별히 주목될 가치가 있다. 그 틀 안에 북한을 불러들여 체제안전을 보장해주면서 '남북의 점진적 통합과정과 연계된 총체적 개혁'에 북쪽을 참여시켜 변혁을 이끌어낼 수 있고, 그 덕에 동아시아공동체를 추진할 때 늘상 '목에 가시'로 걸리는 북한(및 한반도) 문제를 해결하는 요령이 되기 때문이다. 이것은 대만과 중국대륙의 이른바 양안(兩岸)문제나 오끼나와 문제를 포함해 일본(의 국민국가론)이 안고 있는 여러 난제를 해결하는 데 유용한 참조물이 될 것이다.[42]

다른 하나는, 동아시아공동체가 '열린 지역주의'를 지향한다고들 하는데 그 의미를 '이중적 주변의 시각'에서 다시 보자는 것이다. '열린 지역주의'는 동아시아의 안과 밖에서 작동하는 중심–주변관계의 끝없는 억압의 이양에 도전하고 저항하는 것이어야 한다. 바로 이렇게 해서 동아시아공동체가 세계자본주의체제의 균열을 가져올 수 있을 때 근대극복과 탈식민[43]의 문제의식은 결합한다.

흔히 '열린 지역주의'는 동아시아의 외부에 대해 배타적이지 않다는 뜻으로 쓰이지만, 문제는 주변으로서의 동아시아에 있어 중심인 미국을 어떻게 위치짓는가이다. 미국의 반발로 지역공동체의 진전이 위협받지 않도록 미국의 이익을 적절히 충족시키면서 어떻게 그 영향력을 제한할 것인지 토론이 필요하다. 그와 더불어 '열린 지역주의'가 동아시아 내부의 구성원 사이에 존재하는 중심-주변관계의 혁파를 의미해야 한다. 동아시아공동체가 지역내 일부 부자나라들의 클럽이 되지 않도록 북한이나 '국가와 비국가의 중간'에 위치한 대만 같은 주변적 존재들을 포용할 장치가 요구된다. 이같은 이중적 의미의 열린 지역주의를 수행할 때라야, 동아시아공동체가 거대한 공룡이 될 위험에서 벗어나는 동시에 동아시아 바깥의 다른 주변적 지역들과 연대하여 세계사의 변혁을 주도할 수 있다.

한반도의 남북이 복합국가의 건설을 통해 이같은 역사의 흐름에 참여하듯이, 동아시아인들이 각자 나름대로 국가개혁과 연동된 동아시아공동체 건설의 길에 더욱 활발히 동참하기를 기대해본다.*

* 이 글은 계간 『창작과비평』 2008년 봄호에 수록된 원고를 이 책에 싣기 위해 부분적으로 손질한 것이다.

대한민국 60년의 안과 밖, 그리고 정체성

홍석률 • 성신여대 사학과 교수

2008년 대한민국은 환갑을 맞이했다. '건국 60주년'을 기념하는 작업이 진행되면서 한국현대사에 대한 논쟁이 다시 점화되고 있다. 대한민국의 역사를 이야기할 때 특징적인 현상 중 하나는 민족적 통합과 근대 국민국가의 건설, 산업화, 민주화 등 근대의 제반 과제들을 분리하여 선후관계로 이야기하는 경향이다. '선건국 후통일론' '선산업화 후민주론' 등이 그것이다.

우리는 왜 근대의 다양한 측면들을 분리하여 선후관계로 정립하는 것에 그토록 익숙한 것일까? 이는 결국 정부수립이 민족의 통합과 함께하지 못하고, 산업화가 민주주의와 같이 가지 못했던 우리의 역사적 현실을 반영하고 있다. 또한 이는 일제 식민지화로 인해 근대적 문물과 제도의 도입이 근대 국민국가와 민주주의의 성립으로 이어지지 못했던 우리의 일그러진 근대가 아직도 현재진행형임을 대변하고 있다. 물론 근대의 여러 과제들을 동시에 완벽하게 성취한 나라는 현실 역사에서 존재하기 어려울 것이다. 그러나 근대의 한 과제를 다른 과제에서 분리하여 선후관계로 정립하고, 특정시기에는 이것만이 가능했다고 하면서 다른 과제를 배제하는, 그래서 '산업화세력'과 '민주화세력'이 여전히 대결하는 우리 사회의 양상은 무언가 성찰의 필요성을 던져주고 있다.

국가의 나이와 인간의 나이를 단순 비교하는 것은 어렵지만, 대한민국은 60갑자를 다 돌아 환갑을 맞이했으니 한 단락을 짓는 성숙함과 완성됨을 기대하게 한다. 이러한 측면에서 대한민국의 안과 밖을 함께 돌아보며 근대의 온전한 성취를 기약하고, 그 과정에서 근대 이후의 가능성도 함께 이야기해보는 것이 필요할 것이다.

1. 대한민국의 간극, 분단과 전쟁의 형성

"오늘은 정부수립 내일은 남북통일." 1948년 8월 15일 대한민국 정부수립 기념행사를 주관했던 '국민축하준비위원회'가 주최한 현상모집에서 1등 없는 2등으로 선정된 표어이다. 대한민국 정부수립을 주도한 세력은 이처럼 정부수립과 민족통합이 함께 이루어지지 못하고, 통일이 미완의 과제로 남았음을 인정했다. 그러나 정부수립은 식민통치와 미군정의 점령통치에서 벗어나 일단 '자주독립'의 과제를 성취한 것으로서 궁극적으로 민족통합을 달성하는 데도 유리한 국면을 조성할 것이라고 했다.[1] 하지만 근대 국민국가의 형성과 민족통합이 분리되었던 그 간극에는 단지 채워지지 못한 부족함만이 남은 것은 아니었다. 여기에는 대폭발을 불러일으킬 수 있는 불꽃이 튀고 있었다.

한반도 분단 위기가 가시화된 1947년 가을부터 많은 사람들이 분단은 곧바로 동족상잔의 전쟁을 유발할 것이라고 우려했다. 한반도에는 오랫동안 통일된 중앙집권적 왕조국가가 존재했고, 식민지가 된 이후에도 분할통치 같은 것은 없었다. 분열의 불씨가 될 심각한 인종·언어·종교적 차이와 갈등도 없었다. 더구나 한국은 독일과 달리 패전국도 아니었다. 정부수립과 민족통합이 분리되는 양상은 불가피하고도 자연스러운 귀결이라기보다 상상조차 힘들었던 최악의 파탄적 상황이었다.

대한민국 정부수립 작업이 진행되던 1948년 7월 남쪽의 지식인 330명은 성명서를 발표하여 "통일과 자주는 둘이 아니라 하나"이며, 이는 "선후(先後)가 있을 리 없다"면서, 양자가 분리되는 상황은 "동포상잔의 참변이 순치(馴致)되는 실태에 직면"할 것이라고 경고했다.[2] 또한 "'전과(戰果)'로 표현되는 제주도의 '토벌(討伐)'"에 대해서도 우려를 피력했다. 제주도 4·3항쟁의 진압과정에서 이미 '동포상잔'의 참변의 조짐이 보였던 것이다.

대한민국의 간극은 정부수립(자주)과 통일 사이에만 존재한 것이 아니었다. 제헌의회가 제정한 헌법은 농지를 농민에게 분배하고,

친일파 처벌을 위한 특별법을 제정할 수 있음을 명시했다. 나아가 헌법의 경제관련 조항들은 사회주의적 색채와 요소들을 많이 포함하고 있었다. 정부수립의 주도세력은 대부분 자본가, 지주, 친일파를 중요 지지기반으로 한 정치집단의 구성원들이었다. 그럼에도 이러한 조항들을 헌법에 삽입한 것은 자신들이 배제한 개혁적·진보적 정치집단의 요구와 밑으로부터의 압력을 의식할 수밖에 없기 때문이었다. 이 점은 또한 국가는 단지 이를 주도하는 집단의 도구로만 존재하는 것이 아니라 여러 정치사회적 집단들이 갈등하는 장이며, 따라서 이들 사이의 관계를 반영한다는 것을 보여준다.

그러나 헌법상에 표방된 민주공화국의 이상과 대한민국의 현실 사이에는 커다란 간극이 존재했다. 정부수립이 민족통합과 분리되던 파행적 과정에서 대한민국의 민주적 합의기반은 대단히 취약할 수밖에 없었다. 좌익과 중간파 정치세력은 물론이고 1947년까지도 대한민국 정부수립 주도세력과 함께 반탁운동을 했던 김구, 임시정부 세력도 정부수립에 참여하지 않았다. 이처럼 대단히 협소한 기반 위에서 탄생한 정부는 민주주의의 실내용을 채워주기 어려웠고, 헌법에 규정된 사회개혁을 제대로 실행하기도 어려웠다. 그 간극에서 또한 불꽃이 발생했다.

물론 불꽃 튀는 상황을 만든 것은 한국인들만이 아니었다. 여기에는 외적 규정력이 크게 작용했다. 해방은 미·소 양군의 분할점령으로 이어졌다. 당시 미국과 소련은 파시스트국가와 맞서 싸우는 동맹국이었지만 점차 패권대립을 벌이는 상태로 돌입했다. 한반도는 그 어떤 지역보다도 냉전이 일찍 시작한 곳이었다. 한국에서의 좌우 이념갈등과 친일잔재 청산 등 민족문제를 둘러싼 갈등은 미·소의 분할점령 및 그들이 한반도에서 추진한 점령정책의 결과와 밀접한 관련이 있었다.[3]

분단과 전쟁의 원인을 이야기할 때 내인(內因)과 외인(外因) 어느 쪽이 더 중요하냐는 논쟁이 있어왔다. 그러나 양자의 구분은 그다지 의미있어 보이지 않는다. 미·소의 분할점령과 점령정책은 한국인들 사이의 갈등을 조장했고, 또한 반탁운동에서 나타나듯 한국인 내부의 갈등은 미·소 대립에도 영향을 미쳤다. 내인과 외인을 구분하고 그 서열을 정하는 것은 해방 직후의 복잡한 상황을 종합적으로 이해하는 데 유용하지 않다. 국가의 역사는 고립되어 독립적으로 존재하는 것이 아니라 국제관계 속에, 나아가 이를 규정하는 세계체제 속에 놓여 있을 수밖에 없다.

민족분단은 대폭발의 가능성을 잠재한 불꽃 튀는 간극을 발생시켰다. 그러나 분단 이후라도 남북 분단국가와 미·소 강대국이 이러한 불꽃을 제어해서 대폭발을 방지하는 방향으로 갔다면 전쟁은 막을 수 있었을 것이다. 그러나 상황은 그렇지 못했다. 남북의 정권 모두 '북벌론(北伐論)'과 '남정론(南征論)'을 공공연하게 이야기하며 각자의 동맹국에 지원을 호소했다. 미국과 소련이 38선을 관리할 때는 주요 도로를 차단하고 초소를 두는 정도였다. 38선 관리권이 남북 두 정부에 넘어가자 양측은 방벽과 참호를 건설하고 고지로 올라가 진지를 구축했다.[4] 38선에서는 크고 작은 전투가 계속되었다.

미·소 냉전은 더욱 격화되었다. 마침내 1950년 6월 25일 북한군의 선제공격으로 한국전쟁이 시작되었다. 많은 사람들이 일찍부터 우려했지만 결코 원하지 않았던 대폭발이 발생한 것이다.

2. 냉전 안보국가와 4·19 민주항쟁

국가와 국민의 형성이 전쟁을 통해 이루어지는 것은 예외적이라기보다 보편적이다. 적과의 목숨을 건 대치국면에서 국민적 정체성은 개인의 몸과 의식에 스며든다. 국가의 형성은 또한 외부의 적뿐 아니라 내부의 적에 대한 배제 속에서 이루어진다.[5] 한국전쟁의 과정에서 보도연맹원 학살을 비롯하여 대한민국의 군과 경찰이 자국의 민간인을 학살하는 사건이 광범위하게 발생했다. 이러한 학살을 불러일으킨 냉전·반공이데올로기는 '빨갱이'라는 용어가 보여주듯 그 자체에 인종주의적 요소를 내장하고 있었다. 빨갱이=비(非)단군혈통=비민족(비국민)의 논리로 연결되는 '좌익사냥'은 냉전·반공이데올로기에 기초한 국민적 정체성을 형성하는 과정 중 하나였다.[6]

그런데 한국전쟁을 거치면서 형성된 대한민국의 국가적 정체성은 '자유진영의 최전선'이라는 냉전진영의 정체성에 의해 압도되고 제약되는 한계가 있었다. 당시 대한민국은 한반도의 공산화를 방지하는 것을 주된 목적으로 하는 미국의 대외원조에 절대적으로 의존하여 생존했다. 이승만 대통령의 북진통일론도 대한민국이 주도하는 통일이라기보다는 자유진영이 공산진영을 격멸하는 과정에서 자연스럽게 통일이 되는 상황을 전제한 것이었다.

이승만정권의 반공논리는 이처럼 '자유진영의 최전선'이라는 냉전진영의 논리에 압도되고 있었기 때문에, 그것과 분리되는 대한민국이라는 독자적인 단위의 정체성과 그 발전방향을 형성하기에는 어려운 측면이 있었다. 또한 극단적 냉전논리에 기반한 반공이데올로기는 극우반공세력 이외의 다른 정치집단의 존재를 허용하지 않았고 다른 가능성을 용납하지 않았으며, 민주적인 정치적 경쟁을 제약했다. 이와같은 상황에서 마침내 1960년 4·19 민주항쟁이 발생하고, 이승만정권은 붕괴되었다.

4·19 민주항쟁은 이승만정권의 몰락과 북진통일론 같은 극단적인 냉전논리의 청산을 가져왔다. 4·19 직후 한국 외교정책에 대한 좌담회에서 한 국제정치학자는 "우리는 무조건하고 자유진영의 광단(光端)적 위치에 있기 때문에 그 운명을 벗어날 수 없는 것이라고 가정해놓고 외교정책을 수립하는 것 같은데 (…) 한국의 순수한 입장에서 한번 생각해볼 필요가 있지 않을까 생각합니다"라고 발언했다.[7] 이렇듯 4·19는 냉전진영의 논리와 구별되는 독자적인 한국사회의 발전방향을 모색하는 계기가 되었다. 4·19 직후 각 정치·사회집단은 나름의 발전 가능성을 제시하며 갈등했다. 이때 쟁점은 주로 통일과 경제건설 문제였다.

4·19 직후 장면정권을 비롯한 보수정치세력은 외국 자본의 도입

을 통한 경제건설을 우선적으로 진행하여, 남한사회의 번영을 달성한 다음 통일을 모색해보자는 '선건설 후통일론'을 주장했다. 4·19 이후 보수정치세력들은 북진통일론을 공식적으로 폐기하여 남북의 공존을 사실상 인정했다. 그러나 극단적 냉전·반공이념 자체는 그대로 남아 있었다. 이들은 남북교류와 협상이 모두 불가능하다고 했다. 이는 결국 북한과의 '적대적 공존' 속에서 '체제경쟁'에서 승리하여 북을 남한체제로 흡수하는 통일을 상정한 것이었다. 그런데 당시 북이 남보다 경제건설의 성과에서 앞서고 있던만큼 경제건설을 우선시할 수밖에 없었다. 이는 과거 '선정부수립 후통일'의 단계론과 일맥상통하는 것이었다. 다만 이제 정부수립은 되었고 냉전대립에서 생존했으니 우선적 과제가 경제건설·산업화로 이동한 것이 특징이었다.

반면 민간 통일운동세력들은 중립화통일론, 남북협상론을 주장했다. 이러한 주장도 경제건설의 전망과 연결되어 있었다. 중립화통일론은 그 내부에 이른바 서구식 복지국가를 모델로 하는 민주사회주의적인 발전지향을 내포하고 있었다. 즉 북한은 공산진영 내에서 독자성을 추구하는 띠또(Tito)식 사회주의 방향으로 가고 남한은 민주사회주의적 발전을 이룩하면서 점차 체제를 수렴해가며, 대외적으로는 스위스 또는 오스트리아 모델의 영세중립화를 통해 한반도 주변 강대국의 타협을 끌어내 통일을 달성한다는 것이었다. 이는 통일과 경제건설의 동시 추진, 타협적·점진적 관점의 통일론이라 할 수 있었다. 반면 남북협상론자들은 반외세·반봉건·반매판의

민족혁명을 주장했으며, 통일이 곧 이러한 민족혁명을 달성하는 것
이라 했다. 이들은 경제건설도 통일＝민족혁명이 달성되어야 가능
하다고 주장했다. "이북 쌀, 이남 전기" "실업자의 일터는 통일에 있
다" 같은 당시 통일운동의 구호는 이러한 차원의 논리를 반영하고
있었다.

4·19 직후 정치사회적 갈등은 주로 통일문제를 둘러싸고 전개되
었지만, 여기에 단지 1민족 1국가를 추구하는 논리만 있었던 것은
아니었다. 이는 민족통합, 산업화, 민주주의의 성취를 위한 다양한
경로와 가능성을 둘러싼 논의였다.[8] 즉 근대의 성취를 둘러싼 다양
한 가능성의 경합이었던 것이다.

3. 개발독재, 상승하는 국가 대한민국

1961년 5월 16일 쿠데타가 발생하고, 박정희 군사독재정권이 등
장했다. 박정희정권은 4·19 직후 태동한 근대를 성취하려는 다양한
가능성 중에서 '선건설 후통일론'만 남겨놓고, 나머지는 모두 군대
의 폭력을 동원하여 배제했다. 그런만큼 자신들의 논리, 즉 통일 없
이도 경제성장이 가능함을 보여주어야 했다. 밑으로부터의 압력은
4·19를 통해 이미 조성되어 있었다. 또한 북한과의 경쟁도 의식할
수밖에 없었다. 당시 남한은 추격자였다. 나아가 미국은 제3세계 근
대화론을 내세우며 이미 1950년대 후반부터 경제개발을 강조해오

고 있었다. 대한민국 내부, 분단체제·세계체제 모두로부터 압력이 조성되었다.

박정희정권은 경제개발을 위해 '근대화 민족주의'를 내세웠다. 이는 혈통과 문화를 강조하는 유기체적 민족관에다 근대화론, 발전주의를 결합한 것이었다. 대한민국의 국민은 불균등한 세계체제 내에서 지위 상승을 추구하는 유기체적 운명공동체로 묶여갔다. 이같은 민족주의의 맥락은 서구의 근대화론자들이 제3세계의 저항적 민족주의를 경제개발 추진의 동력으로 활용해야 한다고 주장했던 것과 일맥상통하는 것이었다.

박정희정권은 경제성장에 성공했다. 한국경제는 몇번 위기를 맞이하기는 했지만 전두환-노태우정권으로 이어지는 30여년의 군사정권 기간에 빠른 성장을 지속했다. 1950년부터 2000년 사이에 세계 각국의 1인당 GDP 증가는 평균적으로 2배 전후였지만 한국은 같은 기간 18배 증가했다. 1인당 GDP 성장률은 단연 돋보이는 세계 1위였다.[9] 때문에 세계체제론자들도 대한민국을 예외적으로 주변부에서 반(半)주변부로 상승 이동한 나라로 지목하고 있다.[10]

군사정권기 한국의 경제성장은 기본적으로 양면성을 띠고 있었다. 사람들은 이를 박정희 대통령의 공(功)과 과(過)로, 빛과 어둠으로, 얻은 것과 잃은 것으로, 양날의 칼로 나누어 가늠하자고 한다. 그런데 이러한 양면성은 따로 분리되어 저울질할 수 있는 것이 아니다. 서로 합쳐져 있다. 경제성장의 성공 요인은 또한 그것이 발생시킨 문제의 원인이기도 했다.

한국의 경제성장은 국가주도로 이루어졌다. 국가가 기업을 지도하고 시장을 통제하면서 자원과 자본, 노동을 통제하고 계획적으로 배치했다. 강력한 국가는 성공적으로 기능했지만 비대해졌고 모든 것을 독점했다. 그 정점에 있는 지도자도 엄청난 정치·경제적 권력을 누릴 수밖에 없었다. 이로 인해 정치발전은 지체되었을 뿐만 아니라, 유신체제에서 나타나듯 오히려 후퇴의 방향으로 갔다. 그 과정에서 광범위한 정치적 억압과 인권침해가 발생했다.

국가는 내적으로는 시장을 통제했지만, 세계시장 차원에서는 여기에 적극적으로 적응하고 편승했다. 국가는 선택과 집중이라는 시장논리에 따라 국제경쟁력이 있는 부분부터 집중적으로 투자하는 요소공격식 불균등발전을 추구했다. 물론 이러한 정책이 모두 박정희정권의 정책적 판단과 결단 아래 이루어진 것은 아니었다. 1963년 미국이 개입하여 경제개발 5개년계획을 노동집약적 경공업 분야에 주로 투자하는 것으로 수정한 데서 나타나듯, 여기에는 세계체제의 규정력이 직접적으로 작용했다.

요소공격식 불균등발전은 저임금 경쟁력을 바탕으로 한 것으로 노동자, 농민의 희생과 배제를 불러일으켰다. 당시 노동자들은 세계 최장의 노동시간과 저임금, 가혹한 노동통제에 시달려야 했다. 또한 이는 지역간의 엄청난 격차를 불러일으켰고, 서울과 지방의 격차도 크게 벌어졌다.

냉전과 분단 변수의 문제도 마찬가지이다. 한국의 경제성장이 궤도에 진입하는 과정에서 한일회담과 베트남 파병은 중요한 계기가 되었다. 미국의 동북아지역 통합전략하에 이루어진 한일 관계개선은 군사적·경제적 차원에서 모두 동아시아 반공동맹의 강화와 밀접한 관련이 있었다. 베트남전쟁은 일본, 한국, 대만 등 동아시아 자본주의국가 모두에 경제성장의 기회를 제공했다.

폐쇄적인 경제체제도 성장을 불러올 수 없지만 산업화 초기부터 한국정부가 무분별한 개방을 했다면 또한 성장이 어려웠을 것이다. 한국은 미국을 비롯한 선진국시장에 접근하여 수출주도형 성장을 하면서도 내적으로는 보호무역정책을 취하면서 수입대체 산업화를 동시에 추진했다.[11] 미국을 비롯한 선진국이 이를 허용한 것은 자유진영의 진열장이자 북한과 체제경쟁을 하는 남한에 대한 배려를 빼놓고 설명하기 어렵다.

한일회담은 과거사문제에 대한 제대로 된 정리 없이 한·미·일 보수반공세력이 연대하는 방식으로 진행되었다. 이러한 양상은 한반도의 군사적 긴장을 더욱 격화시켰다. 북한은 한일회담 타결을 자신을 포위공격하기 위한 한·미·일 삼각 군사동맹의 구축으로 이해했으며, 베트남 파병으로 더욱 자극받았다. 내부에서 군사모험주의가 대두하고, 1960년대 후반 청와대 습격미수사건(1·21사건), 푸에블로호 나포사건 등이 연달아 발생하면서 한반도에는 군사적 긴장이 심각하게 고조되었다.

남북의 집권층은 이러한 군사적 긴장을 이용하여 각기 유신체제·유일체제를 구축하며 권력을 강화했고, 1971년 남북대화 이후에도 상황은 크게 달라지지 않았다. 냉전·반공이데올로기는 군사독재정권 등장 이후에 부차화되거나 발전주의로 대체되기보다는 오히려 발전주의와 결합하여 재구성되면서 더욱 강력해졌다. 한반도 주민에게 비민주적·비자주적 삶을 강요하는 분단체제는 이 무렵에 더욱 고착되었다.

4. 민주화, 대한민국 정체성의 새로운 가능성

박정희 군사정권은 경제성장에 성공함으로써 단순히 강압에만 의존하는 것이 아니라 일정한 대중적 동의에 기반을 둔 헤게모니적 지배를 구축할 수 있었다. 그러나 이러한 헤게모니는 결코 완벽하거나 도전받지 않는 것이 아니었다. 민주화운동세력은 정치적 억압과 경제성장이 불러일으킨 제반 문제점을 제기하면서 끊임없이 희생을 감당하며 군사정권에 도전했고, 이로 인한 갈등과 정치적 위기가 반복되었다. 박정희 대통령은 집권 18년간 계엄령을 3번, 위수령을 3번, 정치적 억압을 내포한 긴급조치를 5번 발동했다. 전체 집권기간 중 비상조치하에 있던 날이 그렇지 않은 날보다 더 많았다.

민주화운동은 정치적 민주화를 주된 쟁점과 목표로 했지만 1970년 후반부터 산업화과정에서 소외된 기층세력을 대변하는 민중운동, 민족분단을 타파하려는 통일운동, 한국의 경제·군사적 종속성과 이를 강요하는 근대 세계체제의 규정력을 극복하려는 운동 들과 결합되어갔다. 민주화운동이 제기한 과제는 근대적인 것임과 동시에 또한 그것을 넘어서려는 지향을 내포하고 있었다. 개발독재정권과 민주화운동세력의 쟁투는 1980년 5·18 광주민주화항쟁의 무력진압을 계기로 더욱 첨예화되었다. 마침내 1987년 6월 민주화항쟁이 발생하고, 이를 전환점으로 하여 점차 민주화가 이루어지는 양상을 보였다.

1987년 이후 한국의 민주화는 민주화운동세력이 개발독재세력을 제압하고 기존 체제를 청산하는 방향이 아니라 양자의 타협적 재편, 점진적 이행으로 나아갔다. 때문에 내부적으로는 양 세력의 팽팽한 헤게모니 대립이 진행되면서 정치적 민주화, 남북관계의 개선 등이 점진적으로 때로는 질척거리며 진행되었다.

민주화가 진행되면서 대한민국 국민의 정체성도 단지 국가권력이 주조하는 대로 강요되는 것이 아니라 밑으로부터 자발적으로 형성되는 모습을 보였다. 이러한 양상은 2002년 월드컵에서 거리를 뒤덮은 응원단이 "대한민국"을 연호하는 모습에서 확인되었다. 이때 나타난 정체성은 경제성장과 민주화의 경험에서 나타난 독특한 형태로, 대한민국을 중심으로 형성된 자부심과 정체성에 바탕을 두었다. 그렇다고 해서 이것이 반북이데올로기나 통일에 반대하는 정서를 유발하는 것은 아니었다. 또한 월드컵 응원열기에 뒤이은 반미시위에서 나타나듯, 외적 규정력으로부터 대한민국의 독자성·자주성을 추구하는 정서와도 연결되어 있었다.[12]

그러나 김대중-노무현정권 10년 동안 과거 민주화운동을 했던 일부 인사들이 권력을 잡았지만 민주화는 기대한 것만큼 진척되지 못했다. 정치적 민주화는 일정한 성과를 얻었지만, 사회주의권의 몰락과 신자유주의 지구화의 높은 파고 속에서 사회경제적 민주화로 좀처럼 확장되지 못했다. 세계체제의 규정력은 'IMF위기' 속에서 여전히 강력하게 대한민국을 압도했다. 한국의 민주화는 남북관계 개선으로 연결되었고 남북정상회담이 두번이나 개최되는 등 획기적인 변화가 있었지만, 아직도 북한 핵문제는 완전히 해결되지 않고 있고 휴전상태가 지속되고 있다. 냉전·반공이데올로기를 규율하는 핵심적인 수단이던 국가보안법도 여전히 남아 있다.

이같은 상황에서 국민에 의해 자발적으로 호명되는 대한민국의 정체성도 동요하고 있다. 2007년 대통령선거에서 나타나듯 과거 개발독재시기의 근대화·발전주의 담론을 계승한 '선진화' 담론이 강력하게 대두했다. 여기에 맞선 세력은 '민주·평화' 담론을 제시했지만 과거 논리에서 획기적으로 진전된 모습을 보여주지 못했다. 결국 선거결과는 선진화 담론을 주장했던 세력의 승리로 귀결되었다.

5. 단계론적 대한민국 성공스토리의 위험성

선진화 담론의 주창자들은 결정론적인 단계론에 입각해서 대한민국이 걸어온 길을 이야기하고 있다. 해방 직후 대한민국은 공산화의 위기와 북한의 침략을 이겨내고 '건국'을 달성했고, 이를 토대로 눈부신 경제성장을 이룩했으며, 그 결과 민주주의의 물적 토대가 마련되고 중산층이 성장하여 민주화도 성취되었다는 것이다. 그리고 이제는 이러한 성과를 바탕으로 선진국 진입이라는 계단을 올라야 한다는 것이다. 통일문제에 대해서도 역시 단계론적 논리를 내세워 '선선진화 후통일'을 주장하기도 한다.[13]

이같은 단계론의 문제점은 그것이 일단 강력한 배제의 논리를 내장하고 있다는 점이다. 역사는 기본적으로 불가피하게 결정되고 미리 정해진 단계를 지나가는 것이 아니라, 다양한 가능성을 두고 각 정치사회집단이 갈등하는 과정에서 형성된다. 다양한 가능성의 갈등과 그 역관계 속에서 어느 한 가능성이 현실화되었다는 것은 다른 가능성들이 희생되었음을 의미한다. 희생된 가능성들과 그로 인한 갈등을 애초부터 실현 가능성이 없는 무의미한 것으로 치부하고 결정된 가능성만으로 기계적인 단계론을 적용해서 역사를 인식하는 것은, 과거를 현재에 종속시키는 것으로서 역사인식의 협소화를 가져온다.[14]

실현되지 못한 가능성과 갈등들은 역사에서 무의미한 것이 아니다. 희생된 가능성들은 계속해서 정치·사회적 압력으로 작용하고, 저항운동을 통해 표출되기도 한다. 권력을 잡은 집단은 자신들이 주장했던 가능성을 현실로 실현했지만, 이러한 압력을 완벽하게 배제하기는 어렵고 일정부분 수용할 수밖에 없다. 때문에 역사에서 현실화되지 못한 가능성도 역사발전에 영향을 미친다. 대한민국 60년은 이같은 다양한 가능성의 갈등 속에서 주조된 것이었다. 그리고 이러한 갈등이 존재했기 때문에, 그 어느 나라 역사보다도 역동성을 보였고 많은 성과를 거둘 수 있었다.

결정론적·진화론적 단계론에 입각한 역사인식의 또다른 문제점은 근대의 과제로 상호 연결되는 국민국가, 산업화, 민주화를 분리하여 여기에 선후관계를 부여하며, 어느 하나를 다른 하나의 전제조건으로 삼는다는 것이다.[15] 상호 연결성을 갖는 것을 분리해서 서열화하고 선후관계를 확정하는 것은 정치투쟁을 위한 레토릭으로는 효과적일지 몰라도 역사를 인식하는 데는 바람직하지 않다.

이같은 문제점은 민주화운동 과정에서 나타난 '선통일 후민주론' '선민주 후통일론'에도 동일하게 지적될 수 있다. 또한 1980년대 급진적 민주화운동의 양대 조류였던 NL(민족해방)론과 PD(민중민주)론의 대립도 마찬가지이다. 민족해방과 민중해방은 상호 연결성을 가질 수밖에 없다. NL-PD논쟁에서도 두 과제가 상호 연계성을 잃고 분리되는 양상이 있었다.[16] 또한 이러한 논쟁들은 사회주의권의 붕괴와 신자유주의 지구화의 과정에서 현실에 대처하는 구체적 실천대안으로 발전되기보다는 급속히 해체되었고, 최근에는 다만 정파적 대립의 근거가 되고 있는 양상이다.

최근 논쟁이 되고 있는 근대와 탈근대의 문제도 마찬가지이다. 탈근대의 문제는 근대를 완성한 이후에나 생각하자는 논리도 문제이지만, 근대를 온전하게 성취하고자 하는 노력 자체를 근대에 매몰되는 것으로 이야기하는 것도 문제이다. 온전한 근대를 성취하는 작업과 탈근대의 과제는 기본적으로 분리될 수 없다.

이는 분단극복 문제를 생각해보면 잘 드러난다. 남북 어느 한쪽이 무력이나 경제력으로 한 지역의 영토를 다른 지역에까지 확장하는 방식이 아니라 평화적이고 타협적인 방식으로 통일한다면, 국가연합이든 체제를 달리하는 지역간의 연방제이든 최소한 기존 국민국가체제의 변형이 요구된다.[17] 이 문제는 근대적 문제이지만 또한 국민국가를 넘어 새로운 정치공동체를 지향하려는 탈근대적 사고가 없으면 풀리지 않는다. 민주화운동도 같은 맥락이다. 한국의 민주화운동은 일찍부터 민중운동과 결합해왔고, 단지 정치적 민주화만이 아니라 사회·경제적 민주화로 확산되는 것을 지향했으며, 나아가 종속·예속문제를 제기하며 불균등한 세계체제의 규정력에 도전했다. 이는 근대적 과제이자 또한 이것을 뛰어넘는 과제일 수밖에 없다.

근대의 온전한 내용을 성취하며 여기에 적응하는 것과 근대를 극복하는 작업은 양면적 성격을 갖고 있지만 선후관계로 분리할 수 없는 단일과제가 될 수밖에 없다.[18] 국민국가, 산업화, 민주화 등 근대의 과제들이 서로 분리된 채 선후관계를 형성하여 상호 배제하고 근대의 온전한 성취와 탈근대론이 서로를 배제하는 사고가 아직 우리 사회에서 극복되지 못하고 있다. 대한민국의 간극이 아직도 우리의 현실과 의식 속에 살아 있는 것이다.

대한민국의 60주년이 건국, 부국(富國), 민주국가, 선진국으로 이어지는 단계론적 관점의 성공스토리만으로 기념되는 것은 유감스러운 일이다. 환갑을 맞이하여 그동안 걸어온 길의 안과 밖을 함께

돌아보고, 실현된 것과 희생된 것들, 그리고 미래의 역사를 향한 다
양한 가능성들이 함께 이야기되기를 기대한다.*

* 이 글은 계간 『창작과비평』 2008년 봄호에 발표된 원고를 이 책에 싣기 위해 부분적
  으로 손질한 것이다.

페미니즘과 근대성
이중과제론을 위한 점검

김영희 • KAIST 교수, 영문학

1. 들어가는 말

얼핏 보아 여성과 근대는 각각 뜻이 분명한 단어로 여겨진다. '여성'은 해부학적으로 남성과 구분되는 집단을 가리킨다. 물론 남녀의 성징을 한몸에 모두 지닌 경우를 포함해 이같은 범주화에 틈새가 없는 것은 아니지만, 식물과 동물의 경계에 있는 생물체가 있다고 해서 그 구분 자체가 해소되는 것은 아니듯 남녀의 해부학적 구분 자체가 통째 흔들리는 것은 아니다. '근대'의 경우도 그렇다. 근대라는 시대, 혹은 그 지배적 특성인 '근대성'을 이해하는 다양한 방식들이 있지만 '근대'가 기본적으로 자본주의시대라는 점을 외면하고는 설득력있는 정의나 시대구분이 불가능할 것이다.

그러나 여성은 단순히 생물학적 범주만이 아니라, 사회적·문화적·심리적 범주이기도 하다. 그럴 때 여성을 여성이게끔 하는 특성이 무엇인가에 대해서는 페미니스트 사이에서도 의견이 엇갈리고 있다. 근대의 경우에도 사정은 마찬가지다. 자본주의시대를 '근대'라고 부르는 것부터가 이 시대만의 독특한 역사의식을 담은 명명법인 셈이니, 자신의 시대를 '낡은' 과거와 질적으로 다른 '현대적'인 시기로 보는 인식이 들어 있다.[1] 이같은 시대 인식 자체에 대해, 그리고 이 '새로움'을 구성하는 것이 무엇인가에 대해, 그야말로 다양하고 때로는 상호모순적인 입장들이 제출되어온 것이다.

이처럼 여성과 근대, 혹은 여성성과 근대성은 명료한 듯 보이면서도 간단치 않은 개념이다. 그리고 서로 다른 규정들의 공존과 각축은 근대에 대한 페미니즘의 대응방식의 다양성을 불러오는 중요한 요인이다. 그런만큼 여기서는 이 개념들의 함의를 미리 규정하기보다는, 페미니즘에서 여성과 근대의 관계를 어떻게 이해해왔는지를 살피는 가운데 그 내용을 채워나가는 방식을 취하기로 한다.

페미니즘에서 근대 혹은 근대성이라는 주제가 부각된 계기는 아무래도 포스트모더니즘(postmodernism, 탈근대주의)의 문제제기라고 할 수 있겠다. 그렇지만 근대성 자체는 페미니즘이 출범할 때부터 그 근거나 방향과 관련된 핵심적인 논제였다. 일정한 사회적 기반을 갖춘 집단적 운동으로서 페미니즘이 발흥하게 되는 것은, 지역적·시간적 차이는 있지만 해당 사회가 근대 자본주의적 성격을 띠게 되면서부터이며, 페미니즘은 발생부터 근대의 사회적·사상적 변화에 한편으로 의존하면서 한편으로 반발하는 양면성을 보였다.

　다른 사회운동도 마찬가지지만, 페미니즘에도 근대에 대한 옹호와 비판이 공존한다. 근대성을 확대·강화함으로써 여성의 평등과 해방을 이룩할 수 있다는 근대긍정과, 근대와 함께 성립된 사회적·문화적 체제의 반여성성을 문제삼는 근대부정의 두가지 충동이 페미니즘에 함께 들어 있는 것이다. 각각을 어떻게 이해하고 어느 쪽에 더 비중을 두느냐, 나아가 양자의 관계를 어떻게 바라보느냐에 따라 근대에 대한 페미니즘의 입장들은 근대주의에서 탈근대주의에 이르기까지 폭넓은 스펙트럼을 이룬다. 동시에 근대비판의 충동이 아예 없는 '순수한' 근대주의나 근대긍정의 충동을 전부 배제한 '순수한' 탈근대주의가 오히려 드문 것이 페미니즘의 특징이기도 하다. 가령, 계몽주의와 휴머니즘의 가치에 의존하여 여성의 평등을 이룩하려 한 자유주의 페미니즘도 근대에 들어와 여성들의 삶에 일어난 여러가지 후퇴에 대해서는 비판적일 수밖에 없었고, 탈근대주의를 적극 수용하는 경우에도 해방이나 주체 등 일체의 '근대적' 개념들을 다 버리기보다 근대적 가치를 부분적으로 활용하고자 하는 경우가 더 일반적이다. 페미니즘이 드러내는 이같은 양가적, 혹은 이중적 반응은 근대가 여성에게 근본적으로 해방과 억압의 양면성을 동시에 지니고 있었기 때문이라는 것이 이 글의 입장인데, 이같은 양면성의 표출에 초점을 맞추어 페미니즘의 이론적 모색들을 점검해보고자 한다.

2. 여성과 근대의 변증법

근대 자본주의는 신분 및 토지의 속박에서 벗어난 '자유로운' 개인을 탄생시키는데, 이같은 변화는 가족구조의 재편과정을 매개로 여성들의 삶에 느리지만 거대한 지각변동과도 같은 영향을 미쳤다. 전근대 봉건사회에서는 가장이 연소자 남성, 여성 및 기타 식솔에 대해 형식적·실질적 결정권을 지니는, 좁은 의미의 '가부장적' 확대가족이 생산과 소비의 기본단위였다면, 근대가 도래하면서 가족은 생산이 아니라 소비만을 담당하는 주체로 재편되어나간다. 가정은 경제나 정치, 사회 등 '공적' 영역과 분리된 '사적' 공간으로 구축되며, 전근대의 친족제도 대신 부부와 자녀로 구성된 핵가족이 이념적 모델로 자리잡기 시작한다. 이와 함께 여성의 역할에도 근본적인 변화가 일어나니, 공사(公私) 영역의 구분 및 각 영역의 작동방식에 성별분업의 논리가 개입되면서[2] 여성은 가정 내 소비의 전담자가 되는 동시에 가정 밖 생산에 일부 참여하기도 했다. 가정 안팎에서 이루어진 이같은 변화가 여성들에게 주는 의미는 남성의 경우보다 더 착잡하다. 여성의 가정주부화는 여성을 '사적' 존재로 사회에서 격리시켰지만, 동시에 가족에서 생산기능이 소거됨에 따라 가부장의 전통적 권위의 기반도 약화되어갔다. 생산노동에의 참여 역시 여성들에게 가족의 속박에서 벗어날 기회를 제공하는 한편, 성별 이데올로기를 재연하는 구실을 하기도 했다. 가정이 여성의 본령이라는 관념은 노동자로서의 여성을 여러모로 부차적인 존재로 만들었으니, 생산의 장에서 각종 차별에 맞닥뜨릴 뿐 아니라 온전한 '개인' 노동자로서보다는 딸이나 어머니 역할의 연장인 경우가 일반적이었던 것이다.[3]

근대로의 변화가 과연 여성에게 질곡에서 해방되는 진보였는지 오히려 제반 권한이 후퇴하는 퇴보였는지 계속 논란이 되는 것도 이런 사정에서다.[4] 이는 사실 간단한 문제가 아닌 것이, 서로 다른 시대를 어떤 공통된 기준으로 비교할지, 애당초 동일한 '기준'이라는 것이 성립하는지부터가 문제되기 때문이다. 분명한 것은 여성의 입장에서 근대로의 진입이 간단하게 양단하기 힘든 복합적 함의를 지닌다는 점이며, 여성현실을 바꾸려는 노력들에는 근대적인 변화에 대한 동참과 저항이 뒤섞일 수밖에 없었다. 여성이 성별에 관계없이 당당한 '근대인'으로 설 수 있도록 일체의 법적·제도적·관습적 차별을 종식하려 노력하는 한편, 차별을 근본적으로 내장하고 있는 근대적 구조 자체에 근본적인 비판을 제기해온 것이다.

자본주의 근대는 모든 인간을 이성을 본성으로 하는 추상적 개인으로 설정함으로써 한편으로는 성별, 인종, 종족, 신분 등을 넘어서는 보편주의, 평등주의를 추동해나가지만, 노동력 착취를 통해 끝없는 이윤 확대를 추구하는 자본주의 메커니즘은 가진 자와 못 가진 자의 불평등을 기본으로 한 다양한 차별을 구조적으로 양산한다. 이같은 모순은 차별을 정당화하는 이념과 관행들로써 은폐되고 정당화된다. 이성적 존재로서 모든 개인이 동등하다고 보는 평등 논리와 이성의 모범적 담지자를 부르주아지, 백인, 남성으로 보는 차이 내지 차별의 논리가 상호 보충적으로 작동하는 것이 곧 근대의 변증법인 것이다. 성별 이데올로기 및 성차별적 관행들은 이런 점에서 전근대적 유제(遺制)라기보다 근대 자본주의의 구조적 일부이다. 근대가 보편주의와 특수주의의 결합으로 작동한다는 월러스틴의 지적도 이를 짚는다.[5]

그렇다면 보편주의는 해방적이고 특수주의는 억압적이라고 규정해도 좋을까? 이런 식의 가름은 근대의 보편주의 자체가 특수주의를 요청한다는 월러스틴의 발상에 비추어서도 안이한 해석이 되겠지만, 여성의 시각에서 볼 때에는 더욱 그렇다. 근대 보편주의 자체가 일면에서는 여성을 억압하고 배제하는 가장 위력적인 기제로 작동해온 것이다. 이성의 담지자로서의 개인이라는 설정부터가 그러한데, 여기서 이성은 감정과 분리되며 정신과 육체의 이분법과도 맞물린다. 그런데 문제는 정신노동과 육체노동, 남성과 여성의 분리 및 서구의 제국주의적 세계 지배를 특징으로 하는 근대에서 이성적 주체로서의 개인은 과연 누구인가 하는 점이다. 결국 이때의 개인이란 모든 감정적·육체적 활동을 타인에게 전가하고 홀가분하게 자유로워진 백인 부르주아 남성을 뜻한다. 근대의 추상화된 이성은 여성을 포함한 비(非)백인, 비부르주아 주체들을 전근대적이거나 비근대적인 타자로 설정하니 일견 중립적으로 보이는 근대의 보편주의 및 이성 개념 자체가 성별·인종의 맥락에서 보면 그 특수성을 드러내는 것이다. 다시 말해 근대 이성은 가부장적·제국주의적 근대체제의 산물이자 그것을 합리화하는 위력을 행사해온 것이다.[6] 역으로 남녀의 차이를 강조하는 성별 특수주의는 여성 억압을 정당화하는 이데올로기로 기능해온 것이 분명하지만, 감성이나 돌봄, 공동체적 특성 등 근대의 지배적 이념들에서 억압되거나 은폐된 가치들이 부차화된 형태로나마 담겨 있어, 근대와는 다른 세계를 구상하는 데 필요한 자원을 내장하고 있기도 하다.

3. 페미니즘의 대응

페미니즘에서 평등과 차이의 충동이 각축과 교차를 거듭해온 것도 보편주의와 특수주의의 이같은 착잡한 얽힘과 관련된다. 특수주의의 허구성을 지적하며 보편주의의 확대를 통한 여성 지위의 향상을 시도하는 것이 평등의 충동이라면, 근대의 남성적 가치를 비판하며 '여성적' 특성에서 대안을 모색하는 차이의 충동은 보편주의에 기대기보다 특수주의를 전도시켜 전복적으로 재구성하려 한다. 이들이 페미니즘의 두 축을 이루는 가운데, 근자에는 이 두 충동 모두 근대적 이분법—이성과 감정, 정신과 육체, 공과 사, 남성과 여성, 주체와 객체 등—을 넘어서지 못하며 이분법 자체의 해체를 통해서만 근대 넘어서기가 가능하다는 입장이 포스트모더니즘의 부상과 함께 페미니즘에서도 더욱 힘을 얻게 되었다. 그와 동시에 이같은 근대해체의 시도 역시 근대이해에 있어 근대주의에 매여 있다고 보고 근대의 양면성 내지 복합성을 강조하는 탈근대론 비판도 함께 제기되었다. 이처럼 어떤 입장에서든 비판과 극복의 대상으로 설정되는 것이 근대이지만, 근대적 발상을 넘어서는 데는 복잡한 운산과 전망이 요구된다는 것이 입장들의 엇갈림과 상호비판에서도 드러난다.

여기서는 이같은 다양한 입장들을 각 입장 자체에 포함된 양가적 충동에 주안점을 두어 간단히 살펴보고자 한다. 다만 페미니즘 이론에서 일반화된 역사서술, 즉 관심의 축이 평등에서 차이로, 그리고 다시 해체로 이농해왔다는 일송의 단계론에는 농의하지 않는다는 점은 분명히 해야겠다. 그보다는 이들을 페미니즘의 문제의식에 내장된 다양한 측면으로 이해하는 편이 더 타당하겠고, 이 글에서 '충동'이라는 말을 사용해온 것도 이런 취지에서다. 예의 단계론은 애당초 해체를 주장하는 시각에서 제시된 것으로 '해체'가 시기적으로나 이론적으로 가장 진전된 입장이라는 진화론적 진보의 틀을 구축해내려는 혐의가 짙다. 그러나 이같은 페미니즘 역사 읽기는 실제에도 부합하지 않을 뿐더러,[7] 이처럼 배타적으로 '성별' 문제로 관심을 옮기게 되면, 가령 차이 중에서도 여성들 사이의 계급적·민족적 차이를 중시하는 사회주의나 맑스주의 페미니즘, 혹은 '제3세계' 페미니즘을 주변화하거나 지워버릴 위험이 큰 것이다.

1) 평등과 차이

종교적·신분적 속박으로부터 개인의 해방을 골자로 하는 근대의 평등사상은 페미니즘에도 중요한 자원이 되어왔다. 이 사상을 뒷받침하는 개인관에 따르면 신분이든 인종이든 성차든 개개인이 타고난 차이는 이성이라는 인간 본성 앞에서 원칙적으로 부차적인 것이 되며, 따라서 성차를 빌미로 차별 당하는 여성의 입장에서 이런 사상은 적극적으로 재해석되고 견인될 만하다. 여성차별 철폐와 권리 신장을 주창한 자유주의 여성운동이라든가 성차의 본질주의적 해석을 비판한 초기 급진주의 여성운동에서 차이보다는 평등의 이념을 강조한 것도 이 때문이었다.

그러나 평등을 진지하게 추구할수록 어떤 평등인가, 그리고 어떤 사회에서 평등의 온전한 실현이 가능한가 하는 물음이 뒤따르게 마련이다. 같은 계급, 같은 인종의 남성과의 평등만이 아니라 만인의 평등과 자유라는 이상의 실현을 추구한다면, 이윤의 끊임없는 확대를 속성으로 하며 따라서 차별을 필연적으로 요구하는 근대 자본주의체제의 극복이 과제로 떠오를 수밖에 없다. 같은 계급이나 인종의 남성과의 평등, 좁은 의미의 성별 차원의 평등으로 좁혀도 마찬가지다. 가령 울스턴크래프트(Wollstonecraft) 같은 18세기 영국의 자유주의 페미니스트만 하더라도 여성권리의 온전한 확보를 위해서는 당시의 '온전치 못한'(partial) 유럽문명을 넘어서는 근본적인 사회성격 변화가 필요함을 암시한 바 있으니, 이 점에서만큼은 근대

비판 내지 극복에 대한 일말의 문제의식을 보여주는 것이다.[8]

남녀평등이 근대 자본주의와 양립할 수 있는가 하는 문제는 페미니즘에서 논란거리가 되어왔으며 양립가능성을 주장하는 입장도 제출된 바 있다. 그러나 앞서 본 대로 근대 자본주의가 근본적으로 차별을 내장한 동시에 그것을 자연스러운 차이로 은폐하는 체제인 한, 성별이나 인종 등 집단을 나누는 '자연적' 요소들을 빌미삼은 차별이 자본주의 안에서 완전히 종식될 가능성이란 한낱 꿈에 불과하다.[9] 이런 점에서, 자본주의체제 극복의 전망이 배제된 개량주의적인 여성평등의 요구만으로는 좁은 의미의 성별평능조차 이룩할 수 없을 것이다.

근대가 만들어낸 문제가 더 많은 근대성으로 해결되지 않는다면, 근대 자체에 대한 반발이 페미니즘에서 생겨나는 것은 당연하고, 차이에 주목하며 적극적 재해석을 시도하는 노력도 그중 하나였다. 여성적 특성이 남성적 특성보다 개인적으로나 사회적으로 더 바람직한 가치라는 발상 역시 평등에 대한 주장과 함께 페미니즘의 해묵은 충동인데,[10] 서구에서 근자에 이를 명시적으로 주창한 경우는 후기 급진주의 페미니즘이라 할 수 있다. 이들은 모성이나 돌봄, 관계지향성 등의 여성적 차이들, 즉 여성적 문화에 관심을 집중하며 그래서 '문화론적'(cultural) 페미니즘이라고 불리기도 한다.

위계적인 남녀이분법을 뒤집어 하찮거나 부정적인 것으로 여겨지던 '여성적' 가치들을 긍정적으로 재평가하는 노력은 근대라는 틀의 위력과 위험에 대한 인식을 높이고 페미니즘의 자기성찰을 유도하는 긍정적 효과를 갖는다. 근대적 발상, 특히 남성중심적인 그 지배이념들의 위력이 엄청난 만큼이나 이를 전복하는 발상이 지니는 실천적 의의는 작지 않다. 또한 이들이 재해석한 여성성은 근대를 넘어선 사회체제, 문명의 모색에 중요한 자원이 될 수 있다.

평등 요구에 차이에 대한 배려가 공존할 수 있듯, 차이의 긍정에 평등의 요구가 배어 있기도 하다. 페미니스트들이 여성성을 적극적으로 사고하는 데 큰 영향을 미친 초도로우(Chodorow)만 해도 여성 특유의 관계지향적 정체성이 타고난 본성이 아니라 육아에서의 남녀분업 등 사회씨스템의 소산임을 지적하고 사회구조의 변화와 남녀간의 동등한 일의 분배를 요청한다.[11] 결국 평등과 차이는 배타적 선택지라기보다 서로 갈등하면서도 의존하는 개념이라고 보는 편이 맞겠다. 사실 진정한 평등이란 만인을 똑같이 만드는 것이 아니라 개인적 — 그리고 집단적 — 차이가 존중받고 자유롭게 개화할 수 있는 여건과 관련된 문제다.

그런데 여성성이 사회적 산물이라 말하는 순간, 이들이 말하는 여성성 자체도 남성성 못지않게 근대 성별 분업체계의 산물이라는 점을 인정하는 셈이며, 그렇다면 여성성의 긍정만으로는 근대를 넘어설 수 없음 또한 분명해진다. 일체의 남성적 가치와 대립하는 급진적인 외양을 지녔음에도, 사실 이들이 말하는 성별 차이는 오히려 전통적인 남녀 이미지에 근접하며 따라서 기왕의 성별 역할구분을 재생산할 위험을 안는다. 차이에 대한 인식이 근대극복의 전망과 결합되는 경우, 근대적 사고방식이나 생활방식을 넘어서는 모색에 중요한 현실적 기반을 마련해줄 수 있으나, 그렇지 않을 경우 오히려 근대성의 역상(逆相)에 자족함으로써 근대에 사로잡히는 결과가 될 뿐이다. 남성성에 대한 일방적 부정 역시 근대에 대한 반발은 될지언정 근대를 통과하여 넘어서는 방식이 되기는 힘들 것이다.

2) 근대성의 해체와 반비판

차이와 평등이 서로 '보충적'이라는 관점은 '포스트모던 페미니즘'에서도 마찬가지인데, 다만 이들은 여기서 현실의 모순을 반영하는 상호 얽힘과 갈등을 보기보다는 양자 모두 근대의 동일성(identity) 논리에 매여 있음에 주목한다. 남성적인 자기동일적 주체관을 평등의 틀이 반복한다면 차이 역시 단순한 뒤집기에 불과하다, 그러니 근대의 틀을 넘어서기 위해서는 남성성과 여성성의 이분법 및 자기동일적 주체의 허구성을 드러내고, 여성 집단 내부의, 그리고 개별 정체성 내부의 간극과 차이들에 주목해야 한다는 것이 이들의 입장이다. 남녀를 상호배타적인 대립물로 설정하는 이분법적 발상이 여성 차별 및 억압의 이념적 기초가 되어온 한 그것은 극복의 대상이 되어 마땅하며, 개인 차원에서든 집단 차원에서든 자기동일적 정체성 또한 역사적·사회적 산물이자 과정으로 '해체'될 필요가 있다. 기성 범주들을 이론적으로 해부하고 해체하려는 포스트모던 페니미즘의 노력은 이런 점에서 페미니즘의 자기성찰의 긴요한 방편이 될 수 있다.

그런데 '탈근대'를 표방한다고 해서 그것이 근대 틀에 대한 진정한 극복이 되느냐는 또다른 문제다. 사실 'post'의 함의부터가 연속인지 탈피인지 애매한데,[12] 경제체제라는 차원에서 보면 더더욱 그렇다. 탈근대사회를 후기산업사회든 정보지식사회든 자본주의사회로 설정하는 경우가 흔한 것이다. 또한 대개 포스트모던 페미니즘에서는 근대성을 남성성과 동일시하며 근대성의 '타자'로서 여성성을 부각하는데, 이 지점에서 논리적·전략적 어려움이 생겨난다. 이들은 문화론적 페미니즘이 '여성성'에 돌봄이나 관계지향성, 감정, 육체성 등의 내용을 부여하는 것에 대해 남성적 이성중심주의의 역상이라고 비판하면서 여성성을 순수한 '차이'의 공간 내지 비유로 형식화하지만, 차이의 담지자로서 여성은 다시 남성과 이분법적으로 대비되며 동질화되는 역설이 빚어진다.[13] 다시 말해 문화론의 '여성성' 못지않게 이들이 말하는 여성의 '타자성' 역시 근대의 산물이 아닌가 하는 되물음이 필요한 것이다. 나아가 '탈근대'라는 자기규정에 자족하기보다, 이들이 탈근대의 징표이자 전략으로 보는 정체성의 해체 내지 유동성 자체가 자본주의 현단계의 특징이라는 지적에 귀기울일 필요가 있겠다.[14] 사실, 일부에서 이야기하는 대로 중심화된 주체가 허상이라면 탈중심화된 주체야말로 근대적 주체의 진면목이 되는 셈이다. 그렇다면 더더욱 탈중심화된 주체를 주장하는 것만으로 근대극복의 가능성이 자동적으로 주어지는 것은 아니지 않겠는가. 근대의 지배적인 전통적 이념들과 가치들에 대한 비판은 후기자본주의의 원활한 작동에 기여할 수도, 근대극복 노력의 자산이 될 수도 있다.

그런데 포스트모던 페미니즘을 표방하는 논자들도 대개 근대적 틀의 완전 폐기가 아니라 일부 계승 및 차용이 필요하다는 점을 인정한다.[15] 사실 이들이 페미니즘의 운동적 성격을 견지하고자 하는 한, 여성이라는 범주나 해방의 기획을 아주 버릴 수만은 없으며, 근대의 보편적 진리담론을 비판하면서도 다원주의나 상대주의를 끝까지 밀고나가기보다 오히려 그를 경계하는 편이다. 이런 점에서 이들은 포스트모더니즘의 기본 발상을 받아들이되 일종의 '제어된 포스트모더니즘'을 만들어내고자 하는 셈인데, 이 역시 근대 넘어서기가 단순한 부정만으로 되는 것은 아님을 증언하는 장면은 아닐까.

그러나 '제어된 포스트모더니즘'이란 일종의 지난한 곡예다. 근대성의 해체와 계승을 동시에 수행하자면, 근대성에 대해서도, 포스트모더니즘의 이론적 전제들에 대해서도, 근본적인 재검토가 필요할 것이다. 이를 원만하게 수행해내기만 한다면, 포스트모더니즘적 회의에 애초부터 무심한 경우보다 한결 뜻깊은 통찰에 이를 수도 있을 것이다. 그러나 이것이 지난한 과업인만큼, 절충이나 봉합에 머무는 경우가 흔한 것도 어쩌면 당연하다. 가령 본질주의 비판은 '여성'이라는 집단적·개인적 정체성까지 허물어 페미니즘운동의 기반을 흔들 이론적 파괴력을 지니는데, '전략적 본질주의'의 필요성을 인정하는 정도로는 이론적 문제를 정치적 필요로 비껴간다는 지적을 면하기 어렵다.[16]

이와 관련해서도 그렇고, 평등과 차이가 갈등과 결합의 변증법적 관계에 있다는 본고의 관점과도 통한다는 점에서도, 해체와 사회주의적 투쟁을 결합하자는 프레이저(Frazer)의 제안은 흥미롭다.[17] 프레이저는 평등과 차이의 요구를 각기 '재분배'(redistribution)와 '인정'(recognition, 차이의 인정)이라는 말로 부르면서, 전자는 근대주의적이고 후자는 탈근대적인 것이 아니라, 각각의 요구를 제도는 그대로 두고 불평등한 결과만 바꾸는 시정(affirmation)의 방향으로 추진하느냐, 아니면 구조 자체를 재구성하는 변혁(transformation)의 방향으로 밀고 나가느냐에 따라 근대와 탈근대가 구별된다고 설명한다. 결국 페미니즘이 진정 근대를 넘어설 길은 변혁적 재분배 투쟁과 변혁적 인정 투쟁을 결합하는 데 있으니, 전자는 복지국가틀에 머무는 것이 아니라 생산관계를 근본적으로 재조정하는 '사회주의'를 향한 투쟁이며, 후자는 다문화주의적인 차이의 인정이 아니라 인정관계 자체를 구조적으로 재조정하는 투쟁, 즉 여성적 가치와 남성적 가치를 본질화하여 대립시키는 이분법적 구조 자체를 해체하는 투쟁이라는 것이다.

개량주의 방식의 한계에 대한 지적에서나, 변혁적 재분배와 변혁적 인정의 길이 서로 공통분모를 지니고 있어[18] 양자의 결합은 단순한 당위가 아니라 현실적 가능성임을 입증해내려는 시도에서나, 그의 주장에는 흥미롭고 공감할 수 있는 관찰들이 많다. 다만 의구심은 남는다. 프레이저가 말하는 '해체'가 남성과 여성이라는 경직된 집단 정체성을 흩뜨리는 데 기여하기는 하지만, 투쟁에 필요한 집단적 주체는 물론이고 개인적 주체의 가능성까지 해소하는 것은 아닌가 하는 의문이다. 이론적으로 보아도, 개인주의적·추상적·보편적·비역사적 주체 모델의 내부 균열을 드러내어 해체할 뿐, 새로운 모델의 모색으로 나아가지 않는다면, 오히려 주체의 개념을 근대적 발상에 고스란히 넘겨주는 형국이 되지 않겠는가? 새로운 모델의 모색은 '해체' 자체에 대한 되물음을 뜻할 터인데, 이같은 문제의식은 최소한 이 글에서는 잘 나타나지 않아서 경제에서의 '사회주의', 문화에서의 해체를 단순결합한다는 인상을 주는 것이다.

실제로 포스트모던 페미니즘의 근대성 비판이 지닌 이러한 한계를 지적하면서, 이른바 남성중심적인 근대적 개념이라고 비판받는 '이성' '진리' '주체' 등을 재해석하려는 시도들이 계속되고 있다. 이같은 시도는 근대성에 대한 포스트모더니즘의 파악이 스스로 비판하는 '메타담론'의 틀을 재연하고 있다고 보며 차라리 근대성에 내장된 균열과 양면성에 주목하려는 흐름과 맞닿아 있다. 이들은 주객 이원론에 입각한 추상적 주체 및 감정과 이성의 이분법에 입각한 이성, 개인과 사회의 이분법에 입각한 개인 주체 등에 대한 비판에서는 포스트모던 페미니즘과 입장을 같이하되, 이런 개념을 통째로 해체하거나 폐기하기보다 재구축하려고 노력한다. 그런 가운데 자유주의나 개인주의의 틀을 넘어서고자 하는 것이다. 가령, 남성중심적·도구적 이성이 근대적 이성 개념의 전부가 아니라 오히려 해방적 계몽 기획의 왜곡일 뿐임을 역설하며 실천이성적 면모를 되살리려 한다거나, 공동체와 대립하는 단자(單子)로서의 개인이 아니라 공동체 속의 개인이라는 관점에서 자율성을 새로 해석하려는 노력들이 그것이다.[19] 이들은 근대성을 미완의 기획으로 보고 그 해방적 측면을 되살리고자 하는데, 페미니즘을 근대성의 전통 속에 좀더 확실히 자리매기면서 '비판적 근대주의' 구축을 지향점으로 설정하기도 하고,[20] 근대주의에 대해서는 좀더 거리를 두면서 근대성과의 "연속성과 불연속성"을 동시에 포착하고 근대성이 드러내는 자기 균열의 틈새에서 전망의 실마리를 모색하기도 한다.[21]

이성을 포함한 '근대적' 개념들을 여성적 관점에서 재해석하려는 이들의 시도는 지성과 감성의 이분법, 나아가 서구사상의 해묵은 통념인 지·정·의(知情意) 삼분법을 넘어서려 시도하는 점에서 앞으로 그 성취의 정도를 좀더 따져볼 필요가 있겠다. 다만 의미있는 성취를 위해서는 가령 계몽주의의 부정적 전통과 긍정적 전통을 단순히 갈라내는 방식[22]은 넘어서야 할 것이다. 그런 대응만으로는 남성중심성이 '이성' 개념 자체에 이미 습합되어 있다는, 페미니즘이 힘겹게 얻어낸 통찰의 무게를 제대로 감당하기 어렵기 때문이다.

5. 나가는 말

다시 프레이저로 돌아가보자. 해체와 '사회주의적' 전망을 결합하는 그의 방식에 미진함이 있다는 지적을 앞서 한 바 있지만, 어쩌면 더 근본적인 물음은 '시정'의 길과 '변혁'의 길이 이론적으로나 실천적으로 양자택일의 문제인가 하는 점이다. 성별 분업의 재조정은 현재 구조 안에서의 차별에 대한 시정 투쟁과 함께 가야 하는 것이 아닌가? 그렇다면 오히려, 시정 투쟁을 수행하되 거기에 재조정이라는 전망이 결락될 때는 대대적이거나 근본적인 시정이란 끝없이 지연되는 불가능한 과제일 수밖에 없으며, 따라서 시정이라는 '근대적응'의 과제가 재조정이라는 '근대극복'의 전망을 염두에 두고 진행되어야 한다고 보는 편이 낫지 않겠는가? 다양한 정체성의 인정이냐 정체성의 해체냐 하는 것도 마찬가지다. 엄연히 근대의 산물이되 주변화되어온 여성성에 대한 적극적 가치부여는 근대의 지배적 가치나 작동기제를 넘어서는 데 중요한 물꼬를 터줄 수 있다. 물론 적극적 가치 부여만으로는 본질주의를 넘어서지 못하며 그 본질주의적 이분법을 낳은 사회구조에 대한 물음이나 도전으로 나아가기 힘들다. 그런 점에서 '여성성'으로 규정된 여러 가치, 성향, 정향들에 의미를 부여할 때는 거기서 '여성'이라는 꼬리표를 떼어내는 노력도 필요하며, 나아가 '여성성'과 '남성성'의 위계적일 뿐아니라 상호배타적인 이항대립을 해체하는 작업도 함께 가야 한다. 여기서도 '시정'과 '변혁', '근대적응'과 '근대극복'이 서로 상대방을 필요로 하는, 그런 의미에서는 '하나'인 과제임을 알 수 있다.

그렇다면 페미니즘에도 '근대적응과 근대극복의 이중과제'[23]라는 시각이 필수적이며, 우리가 살펴본 대로 페미니즘은 다양한 입장들이 서로 갈등하고 대화하는 가운데 이 과제 수행에 필요한 이론적·실천적 물음을 힘겹게, 그러나 꾸준히 진전시켜왔다. 여성들에 관한 한 타고난 성별적 특성이 이성적 존재라는 '인간적' 속성보다 더 본질적인 것으로 간주되고, 또 그런 관념이 여성의 실제 삶에 강고한 제약을 가해왔다는 점을 감안하면, 근대 '적응'의 과제 가운데서도 근대성의 '성취'가 갖는 의미가 여성에게는 더욱 각별한 것인지도 모르겠다. 물론 법적·형식적 차원의 평등권 확보에서는 커다란 진전이 있었으며, 또한 공사 이분법 및 각 영역으로의 성별 배치에도 20세기 후반 대폭적인 재편이 일어나면서, 일부 여성에 국한되기는 했지만 명시적 차별 없이 공적 영역에서 활동할 여지도 더 넓어졌다. 이런 점에서는 여성도 형식상 근대인이라는 위치의 '성취'에 더 가까워진 셈이며, 그런 여성들이 늘어나고 있는 것도 사실이다. 그런 한편, 여성의 권리가 대폭 신장되었다는 21세기의 비교적 선진적인 사회들에서도 여성에 대한 편견과 차별은 훨씬 교묘한 형태로 여전히 위력을 발휘하고 있으며, 한국에서 여성이 처한 취약한 조건은 IMF와 최근의 경제위기에서 여성이 우선적으로 그리고 훨씬 큰 규모로 해고되는 데서도 극명하게 드러난 바 있다. 여성의 일반적인 권리 신장과 동시에 우리는 전지구적 규모로 재생산되는 '빈곤의 여성화'와 '여성간의 양극화'를 목도하고 있는 것이다.

또한 여성은 단순히 노동하는 자로서만이 아니라 심지어 '가정주부' '어머니'로서도 이미 근대에 들어와 있는 셈이다. 물론 후자의 정체성은 '근대인'의 전형이라기보다 비근대적이라거나 전통적인, 심지어 자연적인 속성으로 간주되지만, 이런 관념 자체도 근대가 만들어낸 근대의 일부이다. 그런 면에서 여성은 근대적 주체이기도 하고 아니기도 하다. 지배적인 근대인 개념에 견주면 근대적 주체라는 특정한 근대성에 미달하지만, 역시 근대가 만들어낸 주체라는 점에서, 다시말해 적응을 잘하고 있든 않든 이미 근대인으로 살고 있다는 점에서는 근대적 주체인 것이다. 그렇다고 적응을 잘하여 남성과 동일한 근대적 주체 위치를 '성취'하는 것만으로 문제가 해결될 일도 아니다. 그것이 여성에게 오히려 억압이 될 수 있음은 앞에서 이미 언급한 대로다. 그렇다면 여성에게는 근대 속에 무사히 안착할 길도 없고 그렇다고 근대에서 비껴서거나 건너뛰고 넘어갈 길도 열려 있지 않다. 여성에게 참된 주체성의 모색이란 단순한 근대적응만이 아니라 근대극복의 노력을 동시에 요청한다고 하겠다. 근대의 이중성이 여성에게만 해당되는 것은 물론 아니지만, 근대는 여성 앞에서 그 모순적 '본질'을 한결 여실히 드러내며, 이는 곧 이중과제적 발상을 페미니즘 시각을 통해 더 심화해나갈 필요성과 가능성을 말해준다.[*]

* 이 글은 이 책에 수록하기 위해 2009년 3월에 새로 집필한 원고이다.

제
2
부

이중과제론을 둘러싼 논쟁

민주주의, 성장논리, 農的 순환사회

김종철 • 『녹색평론』 발행 · 편집인

많은 사람들에게 2007년 12월 대선은 심히 곤혹스러운 선거였다. 실제로 선거결과는 많은 유권자가 아예 투표장에 나가지 않았거나, 투표를 했다 하더라도 마지못해 누군가에게 표를 던졌다는 것을 알려주기에 충분한 것이었다. 그러므로 이런 선거를 통해 누군가가 당선되었다 하더라도 그것을 온전한 민의(民意)의 반영이라고 볼 수는 없다. 그렇게 말하는 것은 심각한 언어왜곡이라고 할 수밖에 없다. 하기는 비록 30%의 득표율이기는 하나, 상대후보들에 비해서는 압도적인 표를 얻었으니까 자신이 국민의 대폭적인 지지를 받은 듯한 착각을 하는 것도 무리는 아닐지 모른다.

그런 탓인지, 아직 새 정부가 구성되지도 않았건만, 소위 인수위원회가 새로운 정책안이라고 내놓는 것을 보면 전부 문자 그대로 무소불위의 전제권력이 아니면 감히 생각도 할 수 없는 것으로 일관되어 있다. 정작 선거 직전에는 슬그머니 꼬리를 감추는 듯했던 이른바 대운하 프로젝트는 온갖 논리적인 모순이 폭로되고 있음에도 불구하고 강행될 기세이고, 양극화를 더욱 심화시킬 것이 분명한 재벌 위주의 경제정책이 공공연히 제시되는가 하면, 드디어는 한국인들이 자기 땅에서 자기 아이들을 교육하는 데 한국어를 버리고 외국어를 선택하지 않으면 안된다고 하는 기상천외의 '영어공교육' 정책이 운위되기에까지 이르렀다. 궁금한 것은 이러한 아이디어를 국가정책이라고 내놓는 사람들의 정신구조이다. 그러나 그보다 중요한 문제는, 실제 집행 여부를 떠나서, 실로 상식을 벗어나도 너무도 벗어난 이러한 프로젝트를 아무리 반대여론이 있다 하더라도 '흔들림 없이' 강력하게 밀어붙이겠다는 자세를 노골적으로 천명하고 있는 권력의 방자한 모습이다. 이것은 명백히 민주주의에 대해서는 하등의 관심도 없는 전제적 발상이라고 할 수밖에 없다.

이 시점에서 생각해보아야 할 것은 이른바 '민주화 이후' 시대라는 지난 20년 동안 우리가 민주주의에 대해 지나치게 낙관적인 태도로 살아온 게 아닌가 하는 것이다. 우리는 이제 '민주화'는 성취했으니까 다음 과제는 '선진화'라고 생각하고 있었는지 모른다. 그러나 과연 지난 20년이 올바른 의미에서 민주주의 사회였는지는 잠시 불문에 붙여두고, 지금 권력의 독주를 견제할 만한 정치적 대항세력이 사실상 몰락의 위기에 내몰린 상황에서, 우리는 이러한 위태로운 사태가 민주주의에 대한 우리들 자신의 안이한 인식에 ─ 부분적으로나마—기인한 것이 아닌지 돌아볼 필요가 있다. 직선제만 쟁취하면, 쿠데타만 없으면, 그리고 정기적으로 투표장에 가서 칸막이 속에서 아무 간섭을 받지 않고 도장을 찍을 수만 있다면 그것이 민주주의라고 우리는 생각하고 있었던 게 아닐까. 따지고 보면 히틀러도 나뽈레옹 3세도 선거에 의해서 등장했던 전제권력이라는 엄연한 역사적 사실을 끊임없이 상기할 필요가 있었는데도 말이다.

하기는 통치권의 행사라는 이름으로 여론—특히 사회적 약자들의 의견—을 쉽게 무시하는 것은 '민주화' 이후의 정부에서도 고질적인 습관이 되어왔다. 아마도 가장 대표적인 것은 자신의 정치적 지지기반을 심각하게 훼손하면서까지 한미FTA를 밀어붙인 노무현 정권의 경우일 것이다. 한미FTA는 사회적 약자와 자연환경을 보호할 수 있는 마지막 합법적인 수단마저도 박탈해버릴지 모른다는 점에서 이명박의 대운하 못지않은 폭력적 기획이라는 것이 많은 설득력있는 양심적 증언에 의해서, 그리고 다른 나라들의 예에 비추어 충분히 밝혀졌다고 할 수 있다. 뿐만 아니라, 이 협정에 대한 풀뿌리 차원의 반대 목소리는 조금이라도 민주주의 원칙을 존중하는 권력이라면 결코 무시할 수 없을 만큼 드물게 간곡하고 강렬한 것이었다. 그럼에도 불구하고, 민중이 자신의 운명을 결정하는 과정에 관여할 수 있는 최소한의 권리마저 비웃고, 노무현은 기어이 자기 고집대로 협정체결을 완료했다. 그렇게 함으로써 '참여정부'는 이 나라의 민주주의의 토대가 얼마나 허약한 것인가가 폭로되는 데 큰 기여를 했다. 오늘날 우리의 민주적 역량은 독선적 권력의 횡포를 막을 수 있을 만큼 충분히 견실한 것이 아니라는, 인정하고 싶지 않은 진실이 드러나고 만 것이다.

지금에 와서 우리가 새삼 민주주의의 위기 운운하는 것도 실은 우스운 노릇인지 모른다. 지난 20년 동안 '민주화 이후' 시대 전체에 걸쳐서 민주주의가 한번도 제대로 실현된 바가 있는지 의심스럽기 때문이다. 오히려 사태는 점점 더 악화되어왔다고 보는 것이 정당한 판단일 것이다. '참여정부'에 의한 한미FTA 체결은 아마도 그러한 추세 속에서 이 나라 민주주의의 결정적인 후퇴의 시작을 알리는 신호였는지도 모른다.

그렇다면 민중의 입장에서 볼 때, 지금 비록 정권교체가 되고 집권당이 바뀌었다고 하지만, 그것은 권력 엘리뜨들의 이름이 바뀌었을 뿐 실질적으로 바뀐 것은 아무것도 없다고 하지 않을 수 없다. 과거에 민주화운동을 했던 사람들 가운데 상당수가 지난 10년 동안 정부나 집권당에 들어가 활동했다고 해서 그들이 속한 정당 혹은 정파가 이번 대선에서 패배한 것을 두고 '진보진영'의 패배를 운위한다면 그것은 실로 가소로운 일이라고 하지 않을 수 없다. 왜냐하면 우리가 다 알다시피, 그들은 기득권세력과 온갖 소소한 국면에서 쓸데없는 정치투쟁을 벌이면서도 민중생활의 더 근본적인 차원, 즉 사회경제적인 정책방향에서는 완전히 의기투합해서, 엘리뜨 중심의 글로벌 시장경제 씨스템 외에는 "대안이 없다"는 신념에 충실하거나 굴종해왔고, 그 연장선에서 한미FTA를 받아들였던 것이다.

유감스러운 것은, 반민중적 신자유주의 경제논리에 저항해온 유일한 정당이라고 할 수 있는 민주노동당도 지난 대선에서 참패를 면할 수 없었다는 사실이다. 나에게는 민주노동당의 패배 원인이 정확히 무엇인지 짐작할 수 있는 정치적 식견이 없다. 하지만 그 패배의 주된 요인이 민주노동당 자신의 내부에 있었다고 보는 시각에는 선뜻 동의하기 어렵다. 지금 연일 보도되고 있는 것처럼 민주노동당이 자기쇄신의 필요와 그 방법을 둘러싸고 심각한 내분에 휘말려 있다는 것은 우리가 잘 안다. 이 분쟁의 결과 심지어 민주노동당 자체가 해체되어버릴 가능성도 크다는 우려의 목소리들도 들려오고 있다. 그러나 민주노동당의 내부적 문제가 구체적으로 무엇이든, 분명한 것은 지난 대선에서의 참패 원인을 민주노동당 자신의 한계로만 돌려놓을 수 없다는 사실이다. 물론 민주노동당이 좀더 견실한 내부구조를 갖추고, 유권자들에게 좀더 신망있는 당으로 비쳐졌다면 지금보다 더 많은 지지를 확보했을 것임은 틀림없다. 하지만 그렇다고 하더라도 민주노동당의 그러한 성공은 극히 제한적인 수준을 넘어서는 것은 아니었을 것이다. 왜냐하면 지금 이 나라의 다수대중은 '국익' 혹은 '국가경쟁력'이라는 덫에 걸려 자신의 진정한 이익이 무엇인지를 인식하는 데 심각한 혼란을 겪고 있는 것으로 보이기 때문이다.

사회경제적 양극화 현상이 심화되어가고 있는 상황에서는 '진보적' 가치가 압도적인 다수에 의해서 지지를 받는 게 당연할 것이다. 그러나 유감스럽게도 오늘의 실제 상황은, 우리 모두가 알고 있듯이, 그 반대이다. 오늘날 한국사회에서는 진보적 가치에 대해서 얘기하고, 민주주의에 대해서 말하면 조소(嘲笑)를 당할 뿐이라는 인식이 널리 퍼져 있다. 실제로 '민주화 이후' 시대에 실망한 대중들 사이에서는 "민주주의가 밥 먹여주냐"라는 냉소주의가 이미 광범위하게 확산되어 있다는 저널리즘의 보고가 나온 지도 한참 되었다. 흔히 이런 보고를 인용하는 식자(識者)들은 소위 민주세력의 집권기간에 대중적 빈곤현상이 개선되기는커녕 오히려 빈부격차가 심화됨으로써, 대중이 민주주의나 '진보적' 이상에 대한 믿음을 잃어버렸다는 식으로 해석해왔다. 이와같은 해석이 물론 전적으로 틀렸다고 할 수는 없다. 그러나 오늘날 대다수 한국인들이 정말로 민주주의를 원치 않는다는 것은 진실일까. "민주주의가 밥 먹여주냐"라는 냉소적 태도는 혹시 좀더 진정한 민주주의에 대한 더욱 심층적인 원망(願望)의 왜곡된 표현이 아닐까.

생각해보면, 오늘의 대중적 소비수준이 결코 낮은 것이라고 할 수는 없다. 아무리 빈곤이 문제라고 하지만, 지금 절대적인 궁핍 때문에 사람들이 돈이 된다면 도덕도 윤리도 민주주의도 다 헌신짝처럼 버리겠다는 것은 아닐 것이다. 경제적인 빈곤이 민주주의를 가로막는 주인(主因)이라고 보는 것은 흔히 있는 상투적인 관점이지만, 따져보면 이것보다 더 위험한 관점도 없다고 할 수 있다. 흔히 근대교육을 받은 지식인들은 "중산층이 없으면 민주주의도 없다"는 배링턴 무어(Barrington Moore)의 유명한 말에 덮어놓고 동조하는 경향이 있지만, 이 경우 '민주주의'란 서구 근대의 소산인 자유주의적 대의제 민주주의를 가리킨다는 것을 간과해서는 안된다. 이렇게 민주주의를 협소한 의미로 국한할 때, 그 필연적인 결과는 근대 이전의 서구세계를 포함해서 세계의 다양한 지역에서 오랜 세월 풀뿌리 민중사회에서 지속되어왔던 여러 형태의 좀더 실질적이고 활력있는 민주주의를 완전히 외면하거나 무시하는 위험한 편견에 빠지기 쉽다. 위험하다는 것은, 그러한 편견으로써는 참다운 민주주의 사회에 대한 전망 자체가 불가능하기 때문이다.

민주주의란, 간단히 말하여, 민중이 자신의 삶을 스스로 다스린다는 것을 의미한다. 그러므로 참다운 민주주의의 성립에 무엇보다도 필요한 것은 민중이 주체적인 삶을 영위할 수 있는 자립과 자치의 조건이다. 요컨대 노예의 삶을 강제당하지 않기 위한 근본적인 조건을 갖추어야 한다는 것이다. 이런 각도에서 볼 때, 사람들이 흔히 믿고 있는 것과는 달리, 경제성장은 민주주의의 발전에 조금도 도움이 되지 않는다고 할 수 있다. 경제성장은 자본주의적 사회관계의 심화·확대를 의미하는 것이며, 따라서 그것은 갈수록 민중의 자치·자립의 역량을 근원적으로 훼손하고, 불평등한 사회적 관계를 끝없이 확대재생산한다. 이것은 극히 단순명료한 사실이다. 그럼에도 사람들은—특히 근대교육을 받은 지식인들은—이러한 사실을 인정하지 않고, 늘 일정한 경제성장이 민주주의나 인간다운 생활에 필수적인 전제조건이라고 생각한다. 그렇게 함으로써 그들은 민주주의를 지금 당장 민중이 누려야 하고 누릴 수 있는 당연한 권리가 아니라, 언젠가 여건이 성숙되기를 기다려야 하는 문제로 치부

한다. 그 결과, 의도든 아니든 그들은 민중의 자치와 자립이라는 이상의 실현 가능성을 끊임없이 미래의 어떤 지점으로 연기하는 '노예소유주'의 정치철학에 동조하는 것이다.

물론 빈곤이 문제가 아니라는 것이 아니다. 중요한 것은 오늘날 사람들이 흔히 말하는 '빈곤'이 무엇을 뜻하는 것인가를 좀더 세밀히 들여다볼 필요가 있다는 것이다. 확실히 지금도 절대적인 빈곤 문제가 없는 것이 아니고, 절대적인 빈곤은 시급히 해소되어야 할 문제라는 것은 두말할 필요가 없다. 뿐만 아니라, 지금 갈수록 안정적인 일자리를 확보하기가 어려워져가는 상황에서 저소득층의 생계가 근본에서부터 흔들리고 있다는 것도 외면할 수 없는 문제이다. 그러나 우리는 이러한 문제를 포함해서, 오늘날 많은 '가난한' 사람들이 느끼는 가난은 생활에 필요한 물자나 써비스의 절대적인 결핍 그 자체로 인한 궁핍감이라기보다는 '생활의 질(質)'의 열악함에서 오는 고통을 뜻할 가능성이 크다는 것에 주의할 필요가 있다. 설혹 물자나 써비스가 부족하다 하더라도 그 결핍이 재앙이 되는 것을 막아주는 호혜적 인간관계의 그물이 있다면, 그러한 결핍은 도리어 축복이 될 수 있다. 적어도 서구적 근대 자본주의 문명의 침략과 지배를 받기 이전의 거의 모든 토착사회에서의 비근대적 삶은 이러한 호혜적 공동성(共同性)에 기초해 있었다. 상호부조의 그물망이 확립되어 있는 그러한 공동체적 토대 위에서 사람들은 어울려 함께 일하고, 거기서 같이 즐거움을 누리면서 자립·자치의 삶을 영위하는 게 가능했던 것이다. 이것이 간디가 되풀이해서 옹호했던 '마을자치'(village swaraj)의 전통이며, 한국의 농촌공동체에서 오랜 세월 동안 국가의 억압 밑에서도 면면히 지속되어왔던 '두레'의 전통이다. 역사적으로 그러한 자치의 공동체야말로 진정한 민주주의가 실현될 수 있는 실질적 토양이 되어왔다는 것도 매우 흥미로운 사실이다. 이와 관련해서, 우리나라의 전통 마을에서의 민주주의적 생활방식에 대한 천규석(千圭奭)의 다음과 같은 언급은 경청할 만하다.

농촌공동체 시절의 마을을 들여다보면 그 안에서 사람들이 사는 꼴은 다 비슷했어요. 물론 한 마을에 논 서른마지기 가진 사람도 있고 두마지기 가진 사람도 있고 하나도 없는 사람도 있고, 가진 것의 차이는 있었지만 그러나 지금처럼 사는 꼴이 크게 차이가 안 나고 다들 비슷하게 살았는데요. 어느정도의 경제적 평등이 민주주의의 전제조건이라면, 가난했다고 하는 그때가 오히려 지금보다 더 민주적이었다는 것이지요. 그리고 의사결정과정의 민주성도 그래요. 가령 마을에서 대소사를 의논하는 동회(洞會)를 하면요, 하루면 끝날 수도 있지만 현안이 해결 안되면 일주일도 끌고 가고 한달도 끌고 간다고요. 전원합의가 이루어질 때까지 매일 그렇게 모이는 거예요. 그런 민주주의가 지금 어디 있습니까. 민주주의라는 것이 밑바닥, 풀뿌리에서 올라오는 것인데, 그렇게 보면 나는 갈수록 이 사회가 민주주의와는 멀어진다고 생각해요. (좌담 「박정희시대를 어떻게 볼 것인가」, 『녹색평론』 2004년 9-10월호)

여기에 묘사되어 있는 마을 민주주의는 어떤 가상의 유토피아도 아니고, 또 그다지 오래된 옛날의 일도 아니었다. 그것은 천규석 자신이 청년시절 농사꾼으로서 일상적으로 경험했던 우리나라 농민공동체의 실제 현실이었다. 천규석은 그때 동등한 자격으로 마을 일에 주체적으로 참여하던 그 시골 사람들이 누리던 것과 같은 민주주의적 삶이 지금 어디에 있는가 하고 묻고 있지만, 실제로 그와같은 민주주의는 박정희의 산업화전략, 위로부터의 강압적인 개발, 특히 새마을운동을 통해서 결정적으로 붕괴되었다는 것은 우리가 다 아는 일이다. 세계 어디에서나 마찬가지이지만, 자본주의 논리에 의한 개발주의와 산업화가 성공하는 데에는 무엇보다도 호혜적 관계망을 토대로 살아온 풀뿌리 민중의 삶의 방식과 심성을 근저(根底)에서부터 무너뜨리는 것이 필요했다. 그리하여 근대화·합리화라는 명분을 내걸고 사람들 사이의 관계를 적대적이거나 경쟁적인 것으로 전환시키고, 배타적인 성공을 위해서 수단방법을 가리지 않는 이기적이고 탐욕적인 개인들을 대량으로 출현시키는 것이 급선무였다. 그리고 필연적으로 그러한 전환의 과정은 폭력을 동반하기 마련이었다.

루이스 멈포드(Lewis Mumford)는 『기계의 신화』에서 근대적 산업화의 최초의, 그리고 가장 전형적인 형태의 공장이 석탄광산이라는 점을 지적한 바 있지만, 이것은 근대 산업사회에서의 노동과 삶의 본질적인 성격을 이해하는 데 매우 중요한 암시를 던져준다. 자연의 순리를 정면으로 거스르면서 땅 밑 깊숙이 햇빛도 바람도 풍경도 차단된 밀폐된 인공적 공간에 갇힌 채 고통스러운 노역을 자발적으로 감내할 수 있는 인간은 이 세상에 아무도 없다. 그러한 노동은 그렇게라도 일하지 않으면 살아갈 방도가 없는 '막장인생'이 어쩔 수 없이 택할 수밖에 없는 비자발적인 노동이라는 것은 말할 필요가 없다. 그러니까 광산이 근대적 산업노동의 원형이라면, 근대화된 노동이란 본질적으로 강제노동이라고 할 수밖에 없다. 그것은 어떠한 정신적 고양(高揚)도 심미적 쾌락도 따르지 않는 괴롭고 지겨운 노역일 뿐이다. 뿐만 아니라, 기술의 발전에 의해 작업과정이 고도로 기계화 자동화되고, 단순화됨에 따라서 근대적 노동과정은 갈수록 노동자에게서 인간으로서의 자유와 개성을 박탈하고, 소외감을 깊게 한다.

오늘날 고도로 산업화된 작업장에서, 그것이 생산현장이든 사무실이든, 모든 노동자들은 갈수록 빈틈을 용납하지 않는 관료적 통제씨스템 밑에서 주체적인 인간으로서의 삶을 부정당하고, 기계의 부품으로서의 역할을 강요당하며 살고 있다. 이것은 비단 서열이 낮은 노동자나 쌜러리맨의 경우에만 해당되는 얘기가 아니다. 산업사회가 강요하는 관료적 통제체제는 정부나 기업경영자의 명령에 의해서가 아니라, 자본주의 씨스템 자체의 확대재생산 논리에 의해서 강제되고 심화되어가는 것이기 때문에, 어떠한 대기업의 최고경영자라 할지라도 그가 인간적으로 행동할 수 있는 공간은 매우 좁을 수밖에 없다. 좋은 예는, '유니언 카바이드' 사건과 '엑손 발데즈' 사건에서 두 기업의 최고경영자가 보여준 행동이다. ‘유니언 카바이드’ 사건은 1984년 인도 보팔에서 화학폭발로 2천명이 죽고 20만명이 부상당한 사건이며, ‘엑손 발데즈’ 사건은 1989년 유조선 기름 유출로 알래스카 야생지역이 광범위하게 오염된 사건이다. 각 회사의 최고간부는 사건이 터지자 모두 놀라 공식적으로 사과했고, 심지어 ‘유니언 카바이드’의 회장은 자신의 여생을 이 잘못을 보상하는 데 바치겠다고 말했다. 그러나 그들은 처음에 한 말을 곧 철회했다. 왜냐하면 미국의 법률에 따르면 만약 어떤 기업이 이윤추구를 주목적으로 행동하지 않으면 주주들이 경영진을 상대로 주주들의 권리를 무시했다는 이유로 소송을 제기할 수 있기 때문이었다. 두 회사의 최고경영자들은 자신들이 처음에 ‘과잉반응’을 했다고 말했다. (제리 맨더 「나쁜 요술 — 테크놀로지의 실패」, *The Sun* 1991년 11월호)

제리 맨더(Jerry Mander)의 말처럼, 처음에는 “인간으로서 행동한” 경영자들이 나중에는 전혀 다른 반응을 보여준 것은 자신들이 “기계의 한 부분이며, 기계의 목적은 인간의 목적과는 다르다는 것”을 깨달았기 때문일 것이다. 여기서 개인이 인간답게 행동할 수 있는 가능성을 원천적으로 가로막는 ‘기계’는 말할 것도 없이 주주 자본주의 씨스템이다. 흔히 자본주의 경제의 비약적인 발전에 기여해왔다는 ‘주식회사’라는 것을 기업의 ‘사회화’의 한 형태로 이해하는 사람들도 없지 않지만, 주주 이익의 극대화라는 목적에 초점이 맞추어질 수밖에 없는 한, 그 메커니즘은 실은 가공할 폭력의 메커니즘임이 분명하다.

그런데 지금은 정부나 모든 공공조직도 기업처럼 되어야 한다는 압력이 갈수록 고조되고 있다. 이러한 상황에서 오늘날 작업장이나 직장 안에서의 민주주의가 살아 있기를 기대하는 것은 불가능한 일이다. 실제로 '민주화' 이후 한국사회에서 자유민주주의라는 제도로서의 형식적 민주주의는 회복되었는지 모르지만, 사람들의 삶에서 실질적으로 중요한 의미를 갖는 일상생활과 노동의 장(場)에서의 민주주의는 거의 실종되거나 심각하게 위축되었다는 견해에 반론을 제기하는 것은 쉽지 않을 것이다. 이것은 물론 한국사회만의 문제가 아니다. 한국사회에서 특히 이러한 현상이 두드러지게 나타난다면 그것은 소위 '압축적 근대화'로 인해서 온갖 모순들이 집중화된 결과이지, 결코 '전근대적인' 한국사회 특유의 여러 '후진적' 요인이 빚어내는 결과가 아닐 것이다. 왜냐하면 우리가 흔히 믿고 있는 것처럼 진정한 의미의 민주주의를 가로막는 것은 '가난'도 '후진성'도 아니고, 오히려 고도경제성장 체제라고 할 수 있기 때문이다. 이 점에 관련해서 우리는 일찍이 1906년 미국여행 중에 막스 베버(Max Weber)가 썼던 한 편지에 나오는 다음과 같은 구절을 깊이 음미해볼 필요가 있다.

오늘의—지금 미국에 존재하고, 또 러시아로 도입되고 있는—고도 자본주의와 민주주의 혹은 자유 사이에 어떠한 연관성이라도 있다고 생각하는 것은 실로 가소로운 일입니다. 그러나 이 자본주의는 우리의 경제발전의 불가피한 결과입니다. 문제는, 고도로 발전된 자본주의의 지배 밑에서 어떻게 하면 장기적으로 자유와 민주주의가 가능할 것인가 하는 것입니다. 자유와 민주주의가 가능한 것은 오직 자기들은 절대로 양들처럼 지배를 받고 살지 않겠다는 한 민족의 단호한 의지가 항구적으로 살아 있는 곳뿐입니다. (H. Gerth & C. Wright Mills, eds, *From Max Weber*, 73면에서 재인용)

잘 알려져 있듯이, 막스 베버는 자본주의 근대가 어떻게 해서 서유럽에서만 발흥할 수밖에 없었는지를 해명하는 데 크게 기여한 탁월한 '부르주아' 사회학자이다. 그러나 그는 생애의 말년에 다가갈수록 근대적 합리주의에 의거한 자본주의체제가 필연적으로 관료적 지배구조의 강화로 나아갈 수밖에 없다는 사실에 주목하고, 그런 상황에서 '영혼 없는 기계'의 삶을 살아가지 않을 수 없는 근대적 인간의 운명에 대해 심히 비관적으로 되어갔다. 그런 점에서 우리는 고도의 자본주의와 민주주의의 양립 불가능성을 명료하게 지적하면서도 사람들의 '단호한 의지'가 '항구적으로 살아 있는' 예외적인 상황을 가정하고 있는 베버의 말에서 오히려 더 짙게 그의 비관주의를 실감할 수 있다. 관료주의에 의한 빈틈없는 관리, 통제가 행해지는 씨스템 속에서 몇몇 개인 차원이 아니라, 한 민족 혹은 국민이 집단적으로 주체적인 인간으로 살겠다는 '단호한 의지'를 지속적으로 유지한다는 것은 현실적으로 불가능한 일이며, 그것은 냉철한 현실주의자인 베버 자신이 누구보다 더 잘 알고 있었을 것이기 때문이다. 베버는 맑스처럼 자본주의가 그 자체의 모순 때문에 필연적으로 사회주의로 전환될 것이라는 것을 믿지 않았고, 그밖에 자본주의에 대한 어떠한 대안도 전망할 수 없었다. 그리하여 그는 생애의 끝까지 비관주의를 벗어나지 못했지만, 지금에 와서 되돌아보면, 그의 비관주의는 섣부른 대안을 내놓는 것보다도 지적으로 훨씬 더 견실하고 정직한 것이었는지 모른다.

하여튼 자본주의가 고도로 발전하고, 경제성장을 추구하면 할수록 권력의 집중현상과 관료주의적 지배구조가 강화된다는 것은 분명한 사실이다. 경제성장은 현재의 사회경제적 격차를 토대로 해서만 성립될 수 있는 것이며, 성장의 결과는 기왕의 불평등을 해소하거나 완화시키기는커녕 그 불평등구조를 온존·심화시키는 데 기여할 뿐이다. 그리고 다시금 그러한 불평등구조는 계속적인 성장의 토대가 되는 것이다. 이러한 악순환은 자본주의 메커니즘의 원리에 비추어볼 때나 역사적 경험에 비추어볼 때나 어김없이 확인되는 진실이다. 그러므로 더 많은 성장을 통한 '진보'와 '공존공영'의 추구는 처음부터 가망없는 일이라고 할 수밖에 없다. 경제성장의 과실이 보편적으로 나눌 수 있는 성질의 것이라고 믿는 것은 어리석은 망념(妄念)이다. 오늘날 자본주의 시장경제가 요구하는 소비형태는 본질적으로 낭비를 제도화하고 있는 것이지만, 그 낭비적인 소비수준을 누릴 수 있는 인구는 현재는 말할 것도 없고 미래의 어떤 지점에서도 세계인구의 소부분에만 국한될 수밖에 없는 것이다. 부의 균점은 자본주의의 성장 메커니즘이 결코 허용할 수 없는 것이며, 만약 실제로 균점이 실현된다면 이미 그것은 자본주의 씨스템이 아닐 것이다.

　뿐만 아니라, 계속적인 경제성장의 결정적인 문제는 권력의 집중과 사회경제적 격차 이외에 그것이 자연을 끝없이 수탈하고, 궁극적으로는 인류의 생존 그 자체를 위협하는 가공할 생태위기를 초래한다는 데 있다. 사실, 딴것은 다 그만두더라도, 지금 지구온난화 문제를 비롯하여 급속도로 악화하고 있는 환경문제를 생각한다면, 인류 문명사회가 여전히 성장논리에 붙들려 있다는 것은 참으로 기막힌 일이라고 하지 않을 수 없다. 그러나 사람에게는 언제 닥칠지 모르는 파국보다는 당장의 현실이 급한 법인만큼, 지금까지 익숙해왔던 관성에 따라 우리는 더 많은 돈, 더 많은 생산과 소비가 더 좋은 삶을 보증해준다는 씨스템의 처방에 순응하면서 살아갈 수밖에 다른 선택이 없는지 모른다.

　그러나 단순한 관성의 문제가 아니다. 우리들 대부분의 삶은 산업화를 거치는 동안 뿌리가 뽑혀버렸고, 농민공동체는 돌이키기 어려운 수준으로 붕괴되었다. 도시의 슬럼과 공장과 사무실과 가게에서 새로운 인생을 살게 된 수많은 사람들에게 공동체의 호혜적 교환관계는 완전히 낯선 것이거나 심각하게 왜곡된 형태로 주어질 수 있을 뿐이다. 이런 상황에서 살아남기 위해서는 각자가 홀로 도생(圖生)하는 방법밖에 없다는 생각이 확산되는 것은 너무나 당연하다. 그리하여 사람들은 무엇보다 돈이 없으면 죽는다는 사고방식에 길들여지게 되고, 부분적으로 국가나 공공기관이 제공하는 사회적 써비스에 기대를 거는 것이다.

그런 의미에서, 예를 들어, "개발지상주의에 대한 많은 사람들의 동조는 분명히 자본주의 이데올로기에 감염된 뒤틀린 욕구 때문이다. 그러나 경제발전을 통해 의식주 기본생활의 충족은 물론, 이를 얼마간 초과하는 풍요로움을 바라는 마음 자체가 반드시 잘못된 것은 아니다"라는 발언(백낙청『한반도식 통일, 현재진행형』253면)은 정당한 것인지 모른다. 하지만, 앞에서 말했듯이, 오늘날 사람들이 느끼는 '빈곤'은 본질적으로 물질적 결핍의 문제라기보다 인간다운 삶에서 좀더 근원적인 의미를 갖는 문제, 즉 민주적이며 호혜적인 인간관계의 상실에 따른 '삶의 질'의 열악함에 기인하고 있을 가능성이 크다. 물론 지금 당장에 호혜적 관계망 자체가 결여되어 있는 상황에서는 어쩔 수 없이 돈을 손에 넣어야 하고, 경제발전을 긍정하는 수밖에 없는지 모른다. 하지만 언제까지나 그런 방식이 긍정될 수는 없다. 물질적 부에 의한 '풍요로움'이란 원리적으로 공생공락(共生共樂)을 가능하게 하는 것이 아니며, 무엇보다도 오늘의 생태적 위기라는 현실이 더이상 그것을 허용하지 않는다. 물론 그렇다고 해서 우리가 덮어놓고 가난을 찬미할 수는 없다. 문제는 어떤 가난이냐 하는 것이다.

백낙청은 앞에서 인용한 구절에 이어서 "깨끗하고 품위있는 가난이 인간의 어떤 깊은 욕구에 상응하듯이 장엄(莊嚴)과 영화(榮華)에 대한 욕망 또한 중요한 본능인 것이다"라고 말하면서, 오늘날 '녹색담론'의 일부에서 잘살아보겠다는 '대중의 정당한 욕구'를 외면하는 경향이 있다는 것을 지적하고, 이를 비판하고 있다. 여기서 말하는 '녹색담론'이 정확히 무엇인지 모르지만, 가령 『창작과비평』 100호 기념 심포지엄에서 '대국주의와 소국주의의 긴장'이라는 문제에 관한 백낙청의 논평 도중에 "우리가 장기적으로 지향할 면이 많은 소국주의로는 지금 우리나라의 지식인사회에서 『녹색평론』 같은 잡지가 강조하는 — 새로운 안빈론(安貧論)이라고도 말할 수 있겠죠"라는 대목이 있는 것을 보면(『통일시대 한국문학의 보람』 446면), 그것이 『녹색평론』의 입장을 가리키는 게 아닌가 하는 짐작이 가능하다. 물론 『녹색평론』이 그동안 '가난'의 미덕을 강조하는 여러 이야기를 해온 것은 틀림없는 사실이다. 예컨대 "우리가 가난한 사람에게 자선을 행할 때 그것은 우리가 가난한 사람에게 '허리를 굽히는' 행위가 아니라, 가난한 사람에게 우리 자신을 '들어올리는' 행위"라는 아씨씨의 성인 프란체스꼬의 말을 인용하여 '가난'이 우리의 인간성을 고양시키는 미덕일 수 있다는 언급도 했고, 그럼으로써 '깨끗하고 품위있는 가난'을 강조한 셈이라고 할 수 있다. 그럼에도 불구하고, 나는 『녹색평론』이 가난 그 자체를 찬미한 적이 한번도 없다는 것을 환기하고 싶다. 『녹색평론』이 말하고자 한 것은 늘 어울려 함께 일하고 즐기는 삶의 중요성에 대해서였고, 그런 우정과 환대에 기초한 삶을 위해서는 '가난'이 필수적인 조건이라는 것이었다. 왜냐하면, 앞에서 되풀이해 말했듯이, 경제발전 혹은 경제성장 논리의 근간에 있는 철저한 배타성의 원리로 보거나, 생태학적 한계를 보거나, 참다운 공생의 논리는 반드시 공빈(共貧)에 의해 뒷받침되지 않으면 안된다고 믿기 때문이었다. 『녹색평론』이 적극적인 가치로서 강조해온 가난이란 단순히 개인적 차원에서 물질적 결핍상태를 기꺼이 감내하는 생활이 아니라, 어디까지나 공생공락의 가난이었다. 따라서 이것은 옛 유교사회 지배층 지식인들의 극히 엘리뜨주의적인 안빈론과는 전혀 무관한 것이었다.

그러니까 중요한 것은 가난의 정도가 아니라 가난의 종류다. 공빈(共貧)과 안빈(安貧)은 전혀 질적으로 다른 종류의 가난인 것이다.

물자와 써비스의 절대적인 결핍, 그리고 거기에 기인하는 비참은 당연히 극복해야 할 문제이며, 그러한 극복의 노력을 경제발전이라고 한다면 그와같은 경제발전의 의의를 부정할 사람은 없을 것이다. 그러나 근대 자본주의가 출현한 이후 제국주의, 식민주의, 개발, 세계화 등 갖가지 이름으로 추진되어온 경제발전이라는 것이 과연 세계의 풀뿌리 민중의 삶의 실질적인 개선에 조금이라도 도움이 되었다는 증거가 그 역사 전체를 통해서 하나라도 있는가. 물론 경제규모와 물량의 총체적인 증가에 따라서 민중의 소비수준도 부수적으로 올라간다는 것은 이른바 적하효과(滴下效果)라는 것을 들먹이지 않아도 수긍할 수 있는 현상이다. 그런데 그렇게 해서 높아진 소비수준이라는 것이 민중의 잃어버린 공동체적 삶의 '풍요로움'과 '자유로움'을 조금이라도 보상할 수 있는 성질이었는지 물어볼 필요가 있다. 실제로 경제발전은 민중의 '빈곤'을 해소하는 것이 아니라, '빈곤의 근대화'를 초래한다는 것은 역사가 증명하고 있다. 뿐만 아니라, 자본주의적 경제발전은 원리상 빈부격차를 해소하는 것도 아니다. 부르주아경제학의 입장에서는 빈부격차는 상존해야 하며, 그렇지 않을 때는 경제발전도 성장도 불가능하다. 자본주의 씨스템은 원래 '빈곤'을 제거할 수 있는 씨스템이 아니다. 빈곤을 해소한다는 명분으로 전개되는 경제발전은 오히려 새로운 형태의 빈곤을 만들어내고, 경쟁력이 약한 고리에 위치한 사람들을 비참한 곤경으로 내몰 뿐이다. 경제발전 혹은 성장의 논리는 생태적으로나 윤리적으로 받아들일 수 있는 것이 결코 아니다.

이와 관련해서, 여기서 잠시 생각해보아야 할 것은 이를테면 '적당한 경제성장'이라는 것이 과연 현실적으로 성립할 수 있는 개념인가 하는 것이다. 백낙청은 "한번 낙오하면 항구적인 약자로 전락하기 일쑤고 약자는 강자로부터 사람대접을 기대하기 어려운 현존 세계체제의 현실에서" 우리에게는 "부자나라 따라잡기를 지상목표로 삼고 최대한의 성장을 추구하는 것이 아니라 일종의 자기방어적 성장을 꾀하는 전략"이 필요하다고 말한다. 사실 이와 비슷한 뜻의 발언은 이른바 '근대적응과 근대극복의 이중과제'에 관해 계속해서 말해온 백낙청의 근년의 작업에서 자주 되풀이되어왔다. 그는 "자본주의 세계경제의 틀 안에서 성장을 하고 경쟁력을 추구하는 한, 일정한 환경파괴와 인간성의 훼손이 불가피하다는" 것을 모르지 않는다. 그럼에도 불구하고, 그는 "현시점에서 한국경제가 일정한 성장동력을 유지하는 것은 민주주의의 진전을 위해서도 필요하다"고 본다.(『한반도식 통일, 현재진행형』 268~69면)

계속하면 환경도 파괴하고 인간성도 파괴할 수밖에 없는 경제성장이지만, 그렇다고 안할 수도 없다 — 이러한 딜레마를 뚫고 나가

자면 그야말로 엄청난 '지혜'가 필요할 것임은 말할 필요가 없다. 그 결과, 아마도 고심 끝에 백낙청이 내놓은 처방이 '방어적인 경쟁력 노선' 혹은 좀더 간단하게 '적당한 경제성장'이라는 개념인 듯하다. 하지만 지금으로서는 이 '적당한 경제성장'이라는 것이 하나의 추상적인 언술로서는 성립할 수 있을지 모르지만, 과연 그것이 구체적인 현실에서 무엇을 어떻게 하자는 전략인지 분명치 않다. 이것은 마치 '근대적응과 근대극복의 이중과제'라는 말이 추상적인 언술로는 그럴 듯하게 들리는 개념이면서도 정작 구체적으로 무엇을 어떻게 한다는 것인지, 그 실천적인 상황을 생각하면, 지극히 모호한 것으로 되어버리는 것과 같다고 할 수 있다. 실제로 이와같은 사태의 모호성에 대해서는 백낙청 자신이 이미 어느정도의 불안감을 표시한 바가 있다.

근대 세계체제가 끝없는 자본축적과 그에 따르는 경쟁의 논리를 외면하는 일정 규모의 집단(뿐 아니라 실제로 대부분의 개인)들에게 불행을 안겨주고 심지어 멸망을 초래하는 한, 어쨌든 최소한의 적응과 경쟁력이 요구되는 것이 사실이겠다. 물론 일단 그 과정에 뛰어들고 나서 과연 '최소한'에서 멈출 수 있을지는 골치아픈 질문으로 남지만 말이다. (「한반도에서의 식민성 문제와 근대 한국의 이중과제」, 『창작과비평』 1999년 가을호 18~19면, 본서 42면)

경제성장이라는 경주(競走) 속으로 뛰어든 이상, 그 속에서 '최소한’으로 멈출 수 있을지 그것은 ‘골치아픈 질문’이 될 것이라고 하는 유보적 발언으로써 이미 백낙청은 ‘적당한 경제성장’이라는 것이 실현되기 어려운 난제임을 시인하고 있는 셈이다. 그러나 이 인용문에서도 드러나듯이, 백낙청의 강조점은 그럼에도 불구하고 이 난제를 슬기롭게 뛰어넘어야 한다는 데 놓여 있다. 그렇게 하는 것이 바로 ‘책임있는 자세’라고 그는 보고 있는 것이다.

하지만 분명한 것은 자본주의 경제의 틀에 일단 ‘적응’하는 것을 전제로 하는 한, 어떠한 경우에도 ‘적당한 경제성장’이라는 것은 있을 수 없다는 사실이다. 자본주의 논리에 근거한 경제성장이란 언제나 가동(稼動) 가능한 모든 인적·물적 에너지를 전면적으로 투입할 것을 요구한다. 경제성장은 절제라는 개념과 절대로 양립할 수 없는 개념이며, 따라서 ‘자기방어적인 성장’이란 공연한 말놀음 이상의 어떠한 실질적인 의미를 갖지 못할 가능성이 크다. 고도 경제성장뿐만 아니라 어떤 경제성장이든 그 실현을 위해 반드시 요구되는 것은 자본과 국가의 결합에 의한 일종의 총동원 체제이다. 그러므로 성장지향 국가란 본질적으로 군사국가 혹은 권위주의 전제국가와 동일한 폭력의 논리에 의해 움직이는 체제라고 할 수 있다.

물론 백낙청의 발언들 속에 이러한 근본문제에 대한 인식이 결여되어 있다고 단정할 수는 없다. 중요한 것은 그 인식이 얼마나 철저한가 하는 것이다. 「21세기 한국과 한반도의 발전전략을 위해」(『한반도식 통일, 현재진행형』)라는 글에서 그가 새로운 이념으로 제시하는 ‘생명지속적 발전’이라는 것도 그렇다. “생명의 발전에는 일정한

물질적 여건이 필수적이며, 어떤 영역에서는 물질생활의 지속적 향
상이 요구될 수도 있고 이런 필요에 부응할 적극적인 개발도 있어야
하는 것이다"(254면)는 그의 생각은 옳은 것일지 모른다. 하지만 그
러한 생각에 근거한 '생명지속적 발전'이라는 이념이 주류 환경론자
들이 말하는 '지속가능한 발전'이라는 논리와 근본적으로 어떻게
다른지 모호하기는 마찬가지이다. 그가 말하는 '생명지속'을 위한
발전이 실제 현실에서 어떻게 구체화될 수 있는 것인지는 여전히 의
문인 것이다.

다시 말하지만, 우리가 생명의 지속에 필요한 물질적 여건을 개
선하려는 노력 자체를 거부해야 할 하등의 이유는 없다. 문제는 그
러한 '물질적 여건'을 개선하는 작업이 구체적으로 어떤 성질의 것
이냐 하는 것이다. 그것이 여전히 물자와 써비스의 낭비를 구조적
으로 강제하는 근대적 생활을 유지·확대하기 위한 양적 성장을 의
미하는 것이라면, 그것은 그다지 의미있는 것이라고 할 수 없다. 지
금 우리에게 필요한 것은 어느정도의 적정한 소비수준을 누리느냐
마느냐, 혹은 얼마나 부드러운 성장을 하느냐 마느냐가 아니다. 정
말 필요한 것은, '적당한 성장'이든 아니든 성장 없이는 존속할 수
없는 근대적 방식에 대한 '적응'을 말할 게 아니라, 성장논리와는 무
관한 질적으로 전혀 다른 삶, 즉 비근대적 방식으로 방향전환하려는
급진적 노력이다.

근대적 삶이란 근본적으로 재앙이며, 끔찍하고 잔인한 덫이다. 일
찍이 도스또옙스끼는 "내가 행복해지기 위해서는 타자의 불행을 당

연시해야 하는" 근대적 인간의 숙명에 관해서 말했고, 이미 20세기 초의 일본에서 나쯔메 소오세끼(夏目漱石)는 민감한 영혼들에게 근대적 삶이란 그 속에서 "미치거나 종교에 귀의하거나 아니면 자살할 수밖에 없는" 잔혹한 족쇄라는 것을 예리하게 의식하고 있었다.

이러한 근원적 의미의 폭력성 혹은 야만성은 근대가 본질적으로 자연 — 인간본성도 포함한 — 을 거스르는 것을 원리적으로 강제하는 문명이기 때문이다. 그러나 무엇보다도, 에콜로지의 관점에서 볼 때, 자본주의 근대문명의 근본문제는 그것이 순환의 법칙에 의해 돌아가는 세계 속에서 끊임없이 직선적인 '진보'를 추구하도록 강요하는 메커니즘에 종속된 씨스템이라는 것이다. 이 근본적 모순이 해소되지 않는 한, 조만간 자본주의의 종언은 필연적이라고 할 수 있다. 아니, 이대로 가면 자본주의의 종언보다 먼저 세상의 종말이 닥칠 가능성이 더 크다고 할 수 있다. 그러한 불길한 징조는 오늘날 갈수록 심화되는 환경위기에 의해 점점 뚜렷이 나타나고 있다.

그러니까 시급한 것은 계속적인 생산력 증대를 통한 '진보'의 추구를 포기하고, 인간의 삶을 자연적 과정에 순응하는 순환적인 생활 패턴으로 전환하려는 노력이다. 이러한 전환의 문제를 도외시하고 지금까지 해왔던 방식대로 돈과 기술과 에너지를 더 많이, 혹은 더 효율적으로 투입함으로써 어떤 효과를 기대한다는 것은 기껏해야 미봉책에 지나지 않는, 부질없는 노력일 뿐이다.

여기서 주목할 것은 일찍이 이와같은 순환적인 패턴의 중요성에 대해서 뛰어난 인식을 보여주었던 맑스의 선구적인 통찰이다. 일반적으로 맑스주의자들은 생산력이나 과학기술에 의한 '진보'에 대해서 대체로 맹목적인 긍정의 태도를 취해왔고, 그 때문에 그들에 대해서 오늘날 생태주의자들은 심히 비판적이다. 그러나 『맑스의 에콜로지』의 저자 벨라미 포스터(J. Bellamy Foster)가 강조하듯이, 적어도 맑스 자신은 '물질대사 균열'(metabolic rift)이라는 개념에 입각하여 자본주의적 산업화가 가져올 치명적인 생태학적 결과를 예견하고 있었다는 점에서 산업적 생산력의 증대를 일방적으로 긍정했다고 하기는 어렵다.

맑스가 '물질대사'라는 개념에 주목한 것은 19세기 독일의 저명한 농화학자 유스투스 폰 리비히(Justus von Liebig)의 과학적 분석에 근거해서였다. 리비히는 당시 영국에서 가장 발전된 형태로 전개되고 있던 산업화된 농업이 토양열화(劣化) 현상을 불가피하게 하는 '약탈적 씨스템'이라는 것을 명확히 지적했다. 근대사회에서 식량과 섬유가 농촌에서 수백 수천마일이나 떨어진 도시로 운반된다는 것은, 달리 말하면, 질소, 인산, 칼륨 같은 토양을 구성하는 필수 영양물질이 운반되어 간다는 것을 의미한다. 하지만 이렇게 운반된 영양물질은 — 인간이나 동물의 분뇨(糞尿)라는 형태로 — 다시 농촌으로, 땅으로 되돌아오는 대신 도시와 강과 바다를 오염시키는 것으로 귀결된다. 이처럼 도시와 농촌, 인간과 자연 사이의 순환적인 '물질대사'가 교란·분열됨으로써 토양의 재생에 불가결한 자연적 조건이 파괴되고, 그 결과 생명과 부의 원천이 사라질 수밖에 없는 것이다. 이러한 토양열화 현상에 대응하기 위해서 일찍부터 서구

국가들은 식민지나 해외에서 비료를 들여오거나 화학합성 비료를 개발해왔다. 그러나 화학물질의 남용은 결국 토양의 황폐화를 초래한다. 그 결과, 이러한 근대농법의 확산으로 지금 세계 도처에서 농경지의 사막화가 급속히 진행되고 있는 것이다.

여하튼 '물질대사 균열'이라는 개념에 의거하여 맑스는 자본주의적 생산양식이 어떻게 재생산의 토대 자체를 파괴하는 데까지 이르게 될 것인가에 대한 체계적인 비판을 발전시킬 수 있었다.

> 자본주의적 농업에 있어서 진보라는 것은 모두 노동자를 착취할 뿐만 아니라, 토양까지도 약탈하는 방식으로 진행된다. 일정기간 동안 토양의 비옥도를 증가시키는 과정은 그 비옥도를 장기적으로 유지시키는 기반 자체를 파괴하는 과정이 된다. 미합중국과 같이, 발전의 배경에 대규모 산업을 가진 국가에서는 이 파괴의 과정은 좀더 급속히 진전된다. 따라서 자본주의적 생산이 기술과 생산의 사회적 과정을 발전시키는 것은 동시에 토양과 노동자라는 모든 부(富)의 본래적 원천을 손상시키는 것으로써만 가능하다. (『자본론』 제1권)

맑스는 자본주의가 노동자만이 아니라 토양, 즉 인간생존의 자연적 토대까지 착취한다는 점을 주목하면서, 이 착취과정은 기술이 발전하고 산업화가 대규모로 확대될수록 급속히 진행되는 것임을 지적한다. 그렇게 되면 인간과 자연 사이의 순환적인 대사(代謝)는 점점 더 불가능하게 되는 것이다. 그리하여 맑스는 소농(小農) 혹은 소규모 생산자 연합의 중요성에 대해서 다음과 같이 말한다.

> 여기서 배우는 교훈은 (…) 자본주의체제는 합리적 농업에 반하거나, 혹은 합리적인 농업은 자본주의체제와는 (설령 이 체제가 농업의 기술발전을 촉진한다 하더라도) 양립 불가능하다는 사실이다. 합리적인 농업을 위해서 필요한 것은 자기 자신을 위해서 일하는 소농이나 혹은 연합된 생산자들에 의한 관리이다. (『자본론』 제3권)

'합리적 농업'이라는 것은 물론 토양을 고갈시키지 않는, 항구적 지속이 가능한 농사이다. 맑스의 논리에 따르면, 자본주의 국가의 산업화된 대규모 농업만이 아니라 사회주의 사회의 산업화된 집단농장도 역시 합리적인 농업, 즉 지속가능한 농업이 될 수 없다. 중요한 것은 소규모 농민 혹은 그들의 연합체이다. 이것을 명확히 인식한 데에 맑스의 생태학적 형안(炯眼)이 있었다고 할 수 있다.

맑스는 자본주의체제를 분석할 때, 늘 농업문제를 염두에 두고 있었다. 그것은 단순히 인간과 자연 사이의 관계만이 아니라, 인간과 인간 사이의 관계라는 점에서도 농업이 필수적인 의미를 갖는다고 생각했기 때문일 것이다. 실제로 '합리적인' 농업이란 문명사회가 이 지구상에서 자연의 법칙에 순응하여 순환적인 생활패턴을 지속적으로 강구할 수 있게 하는 거의 유일한 생존방식이다. 뿐만 아니라 그 '합리적인 농업'에 필요한 소규모 생산자 연합체, 즉 농민공동체는 인간과 인간 사이의 민주적이고 호혜적인 관계를 보장해주는 근본적인 틀을 제공하는 것이다.

소농 혹은 소생산자 연합체를 떠나서 '합리적인 농업'이 불가능하다는 맑스의 통찰은 오늘날 우리들에게 무엇보다도 귀중한 지침이 된다. 지금 우리가 직면하고 있는 가공할 생태적 위기는 본질적으로 세계농업의 위기로 해석할 수도 있기 때문이다.

오늘날 농업은 맑스가 정확히 예견한 대로 고도로 산업화되어, 엄청난 석유와 화학물질과 기계에 의한 영농방식으로 행해지고 있다. 이와같은 현대식 '과학영농'은 단기적인 생산력 증대에 기여했는지는 모르지만, 항구적 지속이 불가능하다는 것은 이미 확연해지고 있다. 2006년 이후 국제곡물시장에서 밀과 옥수수의 가격이 그 전년에 비해 2~4배나 폭등한 것은 여러 징후로 보아 앞으로 이런 추세가 확대될 것임을 예고하는 신호로 볼 수 있다. 세계 곡물작황의 이런 추세는 기후변화를 포함한 여러 요인에 의한 것이지만, 실은 오랫동안의 산업적 영농의 필연적인 결과로서 세계 전역에서 농경지가 광범위하게 사막화하고 있는 것에 기인한다고 할 수 있다. 물론 산업화와 도시화, 그리고 최근의 생물연료용 식물재배지의 확대로 인한 농지의 급속한 축소도 빠뜨릴 수 없는 요인일 것이다.

이런 상황에서 가장 불길한 것은, 글로벌 자본주의의 지배 밑에서 세계 전역에서 소농과 그들의 공동체가 급속도로 소멸되어가고 있다는 사실이다. 지금 농민들에게 가장 위협적인 적(敵)은 '자유무역' 이데올로기라고 할 수 있다. 글로벌 자본은 '자유무역'이란 허울좋은 이름으로 농산물 시장개방을 강요하고 있지만, 실제로 이 개방의 목적이 농업대국, 특히 미국의 잉여농산물을 처리하기 위한 것임은 잘 알려진 사실이다. 그렇게 해서 방대한 토지에서 막대한 국가보조금까지 받아 생산된 농업대국의 잉여농산물이 세계시장에 헐값으로 쏟아질 때, "한줌밖에 안되는 땅뙈기와 당나귀 한마리"뿐인 멕시코나 한국의 소농들이 거기에 대항한다는 것은 원천적으로 불가능한 일이다.

그런데도, 가령 한국의 권력 엘리뜨들과 주류 경제학자들은 '자유무역'의 확대를 옹호하면서, 농업이 살려면 '경쟁력'을 키워야 한다고, 수십년이나 계속해온 공허한 말을 되풀이하고 있다. 아니 이제는 더 나아가 거의 노골적으로 농업 자체를 그만두자고 하는 주장까지 공공연히 나오고 있다. 이제 그들은 "비싼 땅값은 기업경쟁력을 떨어뜨리기에 공급확대가 필요하고, 따라서 '농지보존'이라는 토지정책은 포기할 필요가 있다"고 말하는가 하면, 심지어 "식량안보를 위해서는 식량비축이 필요하지 농지를 갖고 있을 필요는 없다, 농지보다는 곡물딜러를 확보하는 게 더 중요한 안보수단이다"라는 과감한 발언까지 서슴지 않는다.(「망국병 비싼 땅값 — 전문가 좌담」, 『매일경제신문』 2007.4.25) 아마도 이러한 사고(思考) 혹은 사고력의 결핍은 지금 이 나라의 기득권층은 물론이고, 이른바 진보적인 지식인들 사이에서도 광범위하게 퍼져 있는 농사경시 풍조를 극단적으로 반영하는 현상일 것이다. 아니나 다를까, 이명박 인수위원회도 갖가지 '개혁안'을 쏟아내는 와중에 '절대농지' 제도를 폐지하겠다고 공언하기에 이르렀다.

　그런데 지극히 현실적인 문제들을 고려하더라도 계속해서 이렇게 농업을 천대하는 게 과연 가능할 것인지 심히 의심스럽다. 한국은 지금 석유에너지 수입으로는 세계 7위, 농산물 수입은 세계 4위 국가이다. 게다가 고작 20%대의 식량자급률도 갈수록 떨어질 가능성이 높은 게 오늘의 현실이다. 조만간 세계의 석유생산이 정점에 오를 것이라는 경고가 나온 지도 여러해가 되지만, 만약 이런 예측이 현실이 되어 석유값이 폭등한다면 어떻게 될 것인지 한번 냉정히 생각해볼 필요가 있다. 그렇게 되면 그동안 석유라는 원료를 싸게 수입해서 그것을 가공하여 수출함으로써 성장을 해왔고, 단기간에 압축적 산업화도 이룩했던 한국경제는 지금까지 해왔던 방식을 더 계속할 수 있을까. 더욱이, 지금까지 거의 전적으로 석유에 의존해왔던 근대적 농업 자체도 ─ 한국뿐만 아니라 세계 전역에서 ─ 뿌리부터 거덜날 것이 분명한데, 그렇게 되면 설령 돈이 있다 한들 어디서 식량을 사들여올 것인가.

　게다가 지금 세계경제를 지배하고 있는 글로벌 금융자본주의 씨스템의 근본적인 취약성을 고려하면, 농업·농촌·농민의 존재의의는 더 절실할 수밖에 없다. 오늘날 금융자본주의 체제는 거품경제를 토대로 한 그 허구성 때문에 조만간 붕괴할 수밖에 없는 운명이다. 이미 그 붕괴의 징후가 점점 더 뚜렷해지고 있는 상황에서, 우리는 이 위기로부터 우리의 삶을 보호해줄 수 있는 궁극적인 토대가 어디에 있는지 깊이 생각해보아야 한다. 이런 점에서도 자립적 농민경제와 그것을 둘러싼 지원체계의 복구는 시급한 과제라고 하지 않을 수 없을 것이다.

　우리는 하루빨리 산업문명이 농업문명에 대한 진보를 나타낸다고 생각하는 근대주의적 발전사관의 덫에서 해방될 필요가 있다. 현재 중국의 지도적인 농업사상가로서 소농 중심의 향촌건설운동을 주도하고 있는 원 톄쥔(溫鐵軍)에 의하면, "인류사회가 산업문명으로 들어간 것"을 진보라고 보는 것이나 동아시아 소농사회를 '낙오된 사회'라고 간주하는 것은 큰 착각이며, 오늘날 뒤늦은 근대를 추구해온 동아시아 사회가 미국이나 유럽처럼 대규모 농장을 건설하여 완전히 근대적인 설비를 갖춘 현대식 농업을 꿈꾼나는 것은 어리석은 망상이다. 그는 공업화의 원리를 적용하여 대규모 기계화 농업을 추구한다면, 그 결말은 동아시아 농업의 파멸밖에 없다고 말한다. 나아가서 그는 그러한 '현대식' 농업이란 "유럽인들이 일찍이 세계 도처에서 행한 대규모 살육의 산물"이라는 것을 명확히 인식해야 한다고 역설한다.(「세계화와 중국농촌」, 『녹색평론』 2006년 3-4월호)

　우리가 소농과 그 공동체를 기반으로 한 생태적 순환사회를 지향하지 않으면 안될 이유는 많다. 그러나 그 모든 이유는 '대량살육'에 기초한 문명을 우리가 더는 옹호해서는 안된다는 데로 집약될 수 있다. 모든 징조로 보아 상황은 낙관적인 전망을 조금도 허용하지 않는다. 아마도 한참은 더 자본주의 근대의 폭력적인 독주가 계속될 것이다. 그러나 이 독주에 맞서서 '비근대적인' 삶의 양식을 보존·확보하려는 세계 전역에 걸친 풀뿌리 저항운동이 바로 이 시각에도 다양한 형태로 끈질기게 조직되고 있다는 것을 우리는 기억할

필요가 있다. 우리는 모든 노력을 다하여 그러한 저항운동에 합류
하는 데서 희망의 길을 발견해내는 수밖에 없다.*

* 이 글은 계간 『창작과비평』 2008년 봄호에 발표된 원고를 수록한 것이다.

근대 한국의 이중과제와 녹색담론
'이중과제론'에 대한 김종철씨의 비판을 읽고

백낙청 • 문학평론가, 서울대 영문과 명예교수

1. 글머리에

'근대의 이중과제'론, 곧 근대적응과 근대극복을 이중적인 단일 과제로 추진한다는 논의는 추상수준이 매우 높을 수밖에 없다. '근대'를 세계역사상 자본주의시대로 규정할 경우 그 구체적인 기간에 대해 여러 학설이 있지만, 여하튼 짧게는 2, 3백년, 길게는 5백년 이상에 걸쳐 있으며 아직도 지속중인 시간대이다. 공간적으로도, 자본주의가 자리잡은 지역이 처음에는 지구의 한 모서리에 불과했으나 지금은 전세계를 망라하는 공간이 되었다. 이렇듯 거대한 시·공간에 전반적으로 적용되는 담론이라면 추상성이 높은 것은 당연한 일이다.

반면에 근대 개념의 다양성이라든가 '이중과제' 실행의 현실적

어려움 등은 다른 문제다. 사람마다 개념을 달리 쓰더라도 자신은 근대의 기준을 어디에 두는지를 밝혀주면 그만이고, 실천적인 어려움은 그것대로 따로 고민할 일인 것이다. 다만 이중과제론이 추상수준이 높은 담론임을 솔직히 인정하면서 다른 차원의 담론과 어떻게 연결될 수 있을지를 성찰하는 과제가 남는다. 이에 대해 나는 최근에 조효제(趙孝濟) 교수와의 대화에서 세계체제라는 차원에 맞춰진 이중과제론이 한반도에 적용될 때 분단체제극복론이 되고, 추상수준을 조금 더 내릴 때 남한사회 내에서의 변혁적 중도주의가 된다는 개략적인 설명을 제시한 바 있다.[1]

그런 점에서 이 대화가 포함된 『창작과비평』 2008년 봄호 특집 '한반도에서의 근대와 탈근대'에서 이남주, 백영서, 홍석률 등이 이중과제 수행을 위한 자기 나름의 시도를 보여준 것은 무척 반가운 일이다. 이 가운데 홍석률의 「대한민국 60년의 안과 밖, 그리고 정체성」은 이중과제론의 본격적 전개를 꾀한 것은 아니지만, "국민국가, 산업화, 민주화 등 근대의 과제들이 서로 분리된 채 선후관계를 형성하여 상호 배제하고 근대의 온전한 성취와 탈근대론이 서로를 배제하는 사고가 아직 우리 사회에서 극복되지 못하고 있다"(같은 책 66면, 본서 116면)는 문제의식이 이중과제론과 기본적으로 일치하고 있다. 다른 한편, 변혁적 중도주의를 통한 한반도 분단체제 극복과 전지구적 자본주의에 대응하는 문제를 연결지은 이남주의 「전지구적 자본주의와 한반도 변혁」이나, 그간의 동아시아론을 한걸음 진전시키면서 분단된 한반도에서의 남북연합 같은 복합국가를 건설하는 문제를 동아시아 지역연대의 중요 의제로 부각한 백영서의 「동아시아론과 근대적응·근대극복의 이중과제」는 각기 자신의 관심분야에서 이중과제론의 구체화를 시도한 예다. 그 성과는 많은 토론을 거치며 검증할 일이겠지만 이중과제론이 끝내 추상적인 언술로 겉돌지 않는다는 것을 보여준 셈이다.

반면에 김종철 『녹색평론』 발행인의 「민주주의, 성장논리, 農的 순환사회」는 이중과제론을 포함한 나의 이런저런 주장에 대해 분명한 반대의견을 내놓았다. 이는 물론 창비 편집진과 입장을 달리하는 목소리를 듣고자 한 기획의도에 합치하며, 기획에 호응하여 성의 있는 비판을 해준 필자에게 나 자신과 동료들뿐 아니라 많은 독자들도 고마움을 느낄 것이다. 내 쪽에서도 그의 비판을 진지하게 검토하고 솔직하게 답변하는 것이 도리일 터인데, 논쟁이라기보다 공유하는 문제의식에서 출발한 담론의 진전을 주된 목표로 삼고자 한다.

2. 성장논리 비판과 담론의 차원 문제

먼저 나는 근대의 기본적인 성격을 비롯한 많은 사안에 대해 김종철과 인식을 같이하고 있음을 상기하고자 한다. 예컨대 자본주의 시장경제를 두고,

경제성장의 과실이 보편적으로 나눌 수 있는 성질의 것이라고 믿는

것은 어리석은 망념(妄念)이다. 오늘날 자본주의 시장경제가 요구하는 소비형태는 본질적으로 낭비를 제도화하고 있는 것이지만, 그 낭비적인 소비수준을 누릴 수 있는 인구는 현재는 말할 것도 없고 미래의 어떤 지점에서도 세계인구의 소부분에만 국한될 수밖에 없는 것이다. 부의 균점은 자본주의의 성장 메커니즘이 결코 허용할 수 없는 것이며, 만약 실제로 균점이 실현된다면 이미 그것은 자본주의 씨스템이 아닐 것이다. (『창작과비평』 2008년 봄호 77~78면, 본서 155~56면. 이 글은 본서에 수록되어 있으므로 이하에서는 본서 면수로 표시한다―편집자.)

라고 하는 그의 말은 나도 내 나름으로 주장해온 내용이다. 생태계의 위기에 관해서는 물론 나의 공부와 실행이 많이 못 미치지만, 김종철의 다음과 같은 주장 역시 나의 지론과 기본적으로 일치한다.

에콜로지의 관점에서 볼 때, 자본주의 근대문명의 근본문제는 그것이 순환의 법칙에 의해 돌아가는 세계 속에서 끊임없이 직선적인 '진보'를 추구하도록 강요하는 메커니즘에 종속된 씨스템이라는 것이다. 이 근본적 모순이 해소되지 않는 한, 조만간 자본주의의 종언은 필연적이라고 할 수 있다. 아니, 이대로 가면 자본주의의 종언보다 먼저 세상의 종말이 닥칠 가능성이 더 크다고 할 수 있다. (164면)

김종철의 녹색담론에서 또 하나 매력적인 점은 민주주의 문제에 대한 그의 남다른 관심이다. 이는 그가 녹색운동에 뛰어들기 전부터 견지해온 입장으로서, 어느덧 100호를 맞이하는 『녹색평론』의 편집·발행을 포함한 실천활동에서도 생태계운동과 민주주의적 지향을 결합하려는 그의 열정을 확인할 수 있다. 이번 글에서도 그는 "민주주의란, 간단히 말하여, 민중이 자신의 삶을 스스로 다스린다는 것을 의미한다"(147면)는 전제 아래, "이른바 '민주화 이후' 시대라는 지난 20년 동안 우리가 민주주의에 대해 지나치게 낙관적인 태도로 살아온 게 아닌가[…]. 우리는 이제 '민주화'는 성취했으니까 다음 과제는 '선진화'라고 생각하고 있었는지 모른다"(142면)라는 반성을 제기하면서, 노무현정부가 한미FTA 협상을 강행함으로써 "이 나라의 민주주의의 토대가 얼마나 허약한 것인가가 폭로되는 데 큰 기여를 했다"(143~44면)고 꼬집는다. 하나같이 동의가 되는 명제들이다.

하지만 논술이 진행되면서 완전히 수긍하기 힘든 대목도 눈에 뜨인다. 예컨대 민주주의에 관해서도 한미FTA 체결에 대한 비판에 이어, "지난 20년 동안 '민주화 이후' 시대 전체에 걸쳐서 민주주의가 한번도 제대로 실현된 바가 있는지 의심스럽[…]다. 오히려 사태는 점점 더 악화되어왔다고 보는 것이 정당한 판단일 것이다"(144면)라는 주장에 이르면, 민중자치로서의 민주주의가 한번도 제대로 실현된 바 없다는 데는 동의할 수 있고 자본주의의 고도화에 따라 민중자치의 여건이 악화된 면이 분명히 있다고는 해도, 지난 20년 동안 한국 민주주의가 줄곧 후퇴해왔다고 거침없이 말해도 되는지는 의문이다. 민중자치의 조건을 두고도, "참다운 민주주의의 성립에 무엇보다도 필요한 것은 민중이 주체적인 삶을 영위할 수 있는 자립과 자치의 조건이다. 요컨대 노예의 삶을 강제당하지 않기 위한 근본적인 조건을 갖추어야 한다"라는 온당한 주장은 민중이 경제성장의 과실을 일부라도 차지할 현실적 필요성으로 이어질 법도 하건만, 그는 "이런 각도에서 볼 때, 사람들이 흔히 믿고 있는 것과는 달리, 경제성장은 민주주의의 발전에 조금도 도움이 되지 않는다고 할 수 있다"(147면)고 단언하는 쪽을 선택한다. 그리고 이런 극단적인 판정에 대해 어떠한 사실점검이나 단서조항도 없이, "경제성장은 자본주의적 사회관계의 심화·확대를 의미하는 것이며, 따라서 그것은 갈수록 민중의 자치·자립의 역량을 근원적으로 훼손하고, 불평등한 사회적 관계를 끝없이 확대재생산한다"(147면)는 원론에 호소할 뿐이다.

그밖에도 예컨대 우리나라 전통마을의 '민주주의적 생활방식'에 관해 그가 인용하는 보고(149면)가 얼마나 충실한 것인지, 또 거기 적시된 특징들이 사실에 부합하더라도 그것은 지난날 농촌공동체의 비민주적·성차별적 요소들과 연동된 것이 아닌지 등, 따져볼 문제가 적지 않다. 하지만 정작 중요한 것은, 무릇 어떤 담론이건 그것이 적합한 차원을 벗어나면 무리한 이야기가 되기 십상인데, 김종철의 글에서는 그러한 '차원의 혼동'이 거듭 일어난다는 점이다.

예컨대, "경제성장은 현재의 사회경제적 격차를 토대로 해서만 성립될 수 있는 것이며, 성장의 결과는 기왕의 불평등을 해소하거나 완화시키기는커녕 그 불평등구조를 온존·심화시키는 데 기여할 뿐이다. 그리고 다시금 그러한 불평등구조는 계속적인 성장의 토대가 되는 것이다"(155면)라는 대목이 그렇다. 이는 자본주의 세계경제의 작동원리라는 높은 추상수준의 담론으로서는 타당하지만 — 적어도 나 자신은 타당하다고 동의하지만 — 자본주의체제하의 특정 시기 특정 지역에서의 불평등 해소 또는 완화 가능성이라는 좀더 낮은 차원으로 옮겨가는 순간 독단적인 주장에 불과해지고 만다. 아니, '성장의 토대'라는 측면에서도, 아무리 자본주의체제라 해도 사회경제적 격차가 클수록 반드시 성장에 유리한 것은 아니며 불평등구조의 일정한 완화가 성장을 돕는 일이 얼마든지 있는 것이다.

나의 '적당한 경제성장' 내지 '자기방어적 성장전략'에 대한 비판에서도 바로 이러한 차원의 혼동이 일어난다.

> 자본주의 씨스템은 원래 '빈곤'을 제거할 수 있는 씨스템이 아니다. 빈곤을 해소한다는 명분으로 전개되는 경제발전은 오히려 새로운 형태의 빈곤을 만들어내고, 경쟁력이 약한 고리에 위치한 사람들을 비참한 곤경으로 내몰 뿐이다. 경제발전 혹은 성장의 논리는 생태적으로나 윤리적으로 받아들일 수 있는 것이 결코 아니다. (160면)

이는 또 한번 자본주의 씨스템의 '원래 성격'에 대한 높은 추상수준의 담론에 해당한다. 반면에 나의 '적당한 성장' 개념은 어차피 자본주의체제 아래 살아갈 수밖에 없으면서도 현대 한국, 즉 자본주의 세계경제의 특정 시기 특정 지역에서 이 현실을 극복하는 방향으로 살고자 하는 처지에서의 구체적인 대응전략으로 제안된 것이다. 이에 따른 고심을 김종철도 전혀 모르지는 않는 듯, "계속하면 환경도 파괴하고 인간성도 파괴할 수밖에 없는 경제성장이지만, 그렇다고 안할 수도 없다 — 이러한 딜레마를 뚫고 나가자면 그야말로 엄청난 '지혜'가 필요할 것임은 말할 필요가 없다. 그 결과, 아마도 고심 끝에 백낙청이 내놓은 처방이 '방어적인 경쟁력 노선' 혹은 좀더 간단하게 '적당한 경제성장'이라는 개념인 듯하다"(160~61면)라고 말하기도 한다. 그런데 기왕이면 이 개념에 입각한 이런저런 방안들이 실제로 얼마만큼의 '지혜'를 담았는지를 점검해주기까지 했으면 좋으련만, "지금으로서는 '적당한 경제성장'이라는 것이 하나의 추상적인 언술로서는 성립할 수 있을지 모르지만, 과연 그것이 구체적인 현실에서 무엇을 어떻게 하자는 전략인지 분명치 않다"(161면)는 말로 일축해버린다.[2] 그러고는 다시금, "분명한 것은 자본주의 경제의 틀에 일단 '적응'하는 것을 전제로 하는 한, 어떠한 경우에도 '적당한 경제성장'이라는 것은 있을 수 없다"(162면)는 원칙론으로 되돌아간다.

'적응'이란 낱말은 사람마다 다르게 쓸 수 있다. 하지만 여기서 문제삼아야 할 '적응'은 어디까지나 동시에 '극복' 노력이기도 한 이중적 단일과제의 일부로서의 적응, 다시 말해 극복하기 위해서도 최소한으로 필요한 적응, 극복 노력이 따름으로써만 '투항'이 아니라 주체적인 '적응'에 값하는 적응이다.[3] 물론 이때 중요한 것은 낱말의 뜻을 놓고 다투는 일이 아니라, 실천적인 상황에서 '적당한 성장

또는 경쟁력 확보'가 — 김종철의 물음대로 — "과연 현실적으로 성립할 수 있는 개념인가 하는 것이다."(160면)

그러나 정작 삶의 현장에서는 수많은 사람들이 자기 나름으로 이런 개념에 따라 살고 있는 것 아닐까. 물론 개인이건 국가건 자본주의의 무한축적 원리에 충실하여 최대한의 돈벌이에 목을 매고 사는 경우가 대다수지만, 적어도 개인이나 한정된 집단 차원에서는 그런 세태에 맞서 자신을 지켜내고 나아가 이런 기막힌 세상을 바꾸기 위해서라도 꼭 필요한 돈벌이를 하고 경쟁에서 탈락하지 말아야겠다는 마음가짐으로 살아가는 사람들이 결코 적지 않을 것이다. (당장에 나 자신과 김종철을 이런 개인들 틈에 포함시켜도 되지 않을까.)

아무튼 '적당' 여부는 무엇을 위한 적당이냐에 따라 판별하는 것이지 만사에 두루 해당되는 '적당'이란 없다. 특정 상황에서 특정 주체가 '극복을 위한 생존 내지 적응'을 위해 도모하는 '방어적인 경쟁력 노선'이 과연 그 목적에 비추어 적당한지, 아니면 말로만 '방어'지 공세적인 추수주의(追隨主義)와 하등 다를 바 없는지, 또는 '방어'를 꾀하다가 방어마저 제대로 못하고 오히려 낙오하게 마련인 전략인지, 이런 문제는 구체적인 사안을 놓고 판단할 일인 것이다.

김종철도 부분적으로 인용하는 대목에서 나는 '적당한 경쟁력'의 기준을 남한 및 범한반도적 당면과제가 요구하는 적정선에 두었다. "한번 낙오하면 항구적인 약자로 전락하기 일쑤고 약자는 강자로부터 사람대접을 기대하기 어려운 현존 세계체제의 현실에서 우리가 애써 쟁취한 그나마의 민주적 가치를 보존하고 한반도의 분단체제

극복과정에 능동적으로 개입할 수 있기 위해서라도 근대극복의 노력들과 슬기롭게 일치하는 적응의 노력이 필요하다는 입장이다."(졸저 『한반도식 통일, 현재진행형』 269면, 강조는 원문) 실제로 이런 입장이 '적정선'에 제대로 맞췄는지는 논의할 여지가 얼마든지 있다. 그러나 김종철이, "우리가 생명의 지속에 필요한 물질적 여건을 개선하려는 노력 자체를 거부해야 할 하등의 이유는 없다"고 인정하면서도, "그것이 여전히 물자와 써비스의 낭비를 구조적으로 강제하는 근대적 생활을 유지·확대하기 위한 양적 성장을 의미하는 것이라면, 그것은 그다지 의미있는 것이라고 할 수 없다"고 결론지은 것은 정작 힘든 문제를 회피해버린 느낌이다. 이런 자세로 그가 주장하는 대로 "성장논리와는 무관한 질적으로 전혀 다른 삶, 즉 비근대적 방식으로 방향전환하려는 급진적 노력"(163면)이 과연 얼마만큼의 실행력을 확보할 수 있을지 의문이다. 하기야 새 정부의 출범 이후 더욱 기승을 부리는 성장주의와 개발주의의 광풍 속에서 근본주의적 반대운동의 효용은 그것대로 소중하다. 그러나 좋은 이야기라도 논리가 그토록 허술해서는 긴 싸움에서 승리할 방도가 안 나오는 것이다.[4]

3. 분단체제 극복운동이라는 매개항

거듭 말하지만 나는 "비근대적 방식으로 방향전환하려는 급진적 노력”을 원칙적으로 지지한다. 근대의 극복이란 바로 그런 급진적 방향전환에 다름아니기도 하다. 따라서 김종철이 결론에서 강조하는 “〔자본주의 근대의 폭력적인〕 독주에 맞서서 ‘비근대적인’ 삶의 양식을 보존·확보하려는 세계 전역에 걸친 풀뿌리 저항운동”들은 당연히 근대극복운동의 소중한 자산이다. 다만 이들 저항운동이 현실 속에서 실행력과 지구력을 발휘하고 있다면 그것은 또한 ‘적응’의 사례들이기도 함을 지적하고자 한다. 이런 토를 단다면, “모든 노력을 다하여 그러한 저항운동에 합류”(172면)하자는 그의 다그침에 기꺼이 동조할 수 있다.[5]

물론 이중과제론을 주장해온 지식인들이 그러한 노력을 실제로 얼마나 했느냐는 것은 별개문제다. 나 자신은 녹색담론의 개발이나 녹색운동의 실행에 이바지가 너무 적었음을 부끄럽게 생각하고 있다. 다른 한편, 이중과제의 한반도적 실천에서 핵심고리의 몫을 하는 분단체제 극복문제에 대해 김종철의 녹색담론이 얼마나 진지한 고려를 보여주었는지도 생각해볼 일이다. 그의 이번 글에서 분단체제에 관해 일언반구가 없는 점도 심상치 않다. 물론 사람마다 주된 관심분야가 다르고 적절한 역할분담이라는 것도 있는 법이니까 평소에 그가 분단체제 논의에 적극 참여하지 않은 것을 탓할 일은 아니다. 그러나 “‘근대적응과 근대극복의 이중과제’라는 말이 추상적인 언술로는 그럴듯하게 들리는 개념이면서도 정작 구체적으로 무엇을 어떻게 한다는 것인지, 그 실천적인 상황을 생각하면, 지극히 모호한 것으로 되어버리는” 점을 논박하고 나선 마당에는 좀 달라야 할 것 아닌가 싶다.

　김종철이 통일문제에 비교적 냉담한 것은 기존의 통일담론이 자본주의 반대를 표방하는 경우에조차 자본주의적 근대의 기본논리에서 벗어나지 못하고 있기 때문일 것이다. 한마디로, '강성대국'을 지향하는 북한과 '선진화'에 몰두하는 남한이 합쳐서 무슨 급진적 방향전환이 일어나겠느냐고 반문함직하다. 그런 생각이라면 백번 옳다. 하지만 아무렇게나 통일만 하자는 게 아니라 지금의 남북 어느 쪽보다 나은 더 민주적이고 환경친화적인 사회를 한반도에 건설하자는 분단체제 극복운동은 전혀 다른 성격이다. 물론 이런 한반도 사회가 건설되더라도 그것이 생태적 전환을 온전히 이룩한 사회가 되기는 힘들다는 점에서 김종철이 보기에 너무나 미적지근한 — 아니, 자칫 생태전환을 먼 장래의 목표로 설정한 채 근대주의에 실질적으로 투항해버리는 위험한 — 노선으로 비칠 수 있다. 그러나 근대극복이라는 장기적 과제와 지금 당장 남한사회의 곳곳에서 가능한 수준의 민주주의 및 생태전환 작업이라는 단기적 과제를 연결해줄 '분단체제 극복'이라는 중기적 과제는 필수적인 매개항이다. 그런 의미에서 『녹색평론』 70호(2003년 5-6월호)에 기고한 「새만금 생태보존과 바다도시 논의」에서도 나는 단·중·장기 목표의 동시적 추구에 대해 다음과 같이 정리했다.

　나는 자본축적의 논리에 얽매이지 않는 인간사회의 진정한 발전이 가능하다는 뜻에서 '개발' 대신 '발전'이라는 표현을 일부러 썼지만 이는 어디까지나 장기적인 목표다. 그리로 가기 위해서는 합리적 개발론자들과도 연대해서 새만금 갯벌을 최대한으로 지켜내는 단기적 작업도 수행해야 하며, 좀더 길게 '중기적' 차원에서는, 비록 한반도 분단체제의 극복이 곧바로 자본주의 세계시장으로부터의 이탈을 가져오지는 못할지라도 이 과정에서 좀더 친환경적인 개발패러다임을 찾아야 한다고 믿는다. 그렇게 함으로써만 통일을 해도 분단체제 아래서보다 나은 사회를 이룩하는 통일이 될 것이며, 세계체제의 변혁에도 획기적인 이바지가 될 수 있을 것이다. (『한반도식 통일, 현재진행형』 216~17면)

그리고 바로 이런 중간매개항이 누락될 때 녹색담론의 추상화·관념화와 녹색운동의 파편화가 불가피해진다고 믿는 것이다.

예컨대 김종철의 이중과제론 비판에서는 자본주의 씨스템과 미래의 '농적 순환사회'에 대한 거대담론으로부터 갑작스레 당면한 남한현실의 문제로 내려와 권력층 및 지식인들의 농업경시 사상과 이명박 인수위원회의 절대농지 폐지 구상을 언급하는데(169면), 이런 대목에서라면 오늘날 한국의 온갖 반생명적 작태와 광적인 개발주의가 분단체제와 어떻게 연결된 것인지를 당연히 검토했어야 하지 않을까. 이런 문제의식은 매사가 분단 때문이며 통일만 되면 환경문제도 저절로 해결된다는 식의 '분단환원론'이 아니고, 생태계가 악화되건 말건 통일만 하면 된다는 통일지상주의도 아니다. 그러나 한국의 산업화가 유달리 야만적으로 진행된 것은, 구한말과 일

제시대의 근대화가 타율적으로 이루어진 탓 말고도, 박정희의 공업화전략이 분단체제의 고착화와 남북대결을 전제로 수립된 탓임을 부인할 수 없다. 이제 박정희시대의 노골적인 국가개입이 사라진 대신 신자유주의의 세계적 대세를 업은 '민주화 이후 정부'의 방조 아래 그 위세가 전혀 줄지 않은 개발 광풍을 제어하기 위해서라도, 분단체제 극복과정이 제공하는 새로운 변수들을 정확히 인지하고 최대한으로 활용하여 새로운 한반도 경제와 그에 걸맞은 국가기구, 사회제도, 문화양식 들을 설계하는 일을 게을리하지 말아야 할 것이다.

4. 순환사회와 농업문명

김종철이 제안한 "성장논리와는 무관한 질적으로 전혀 다른 삶"이야말로 추상적인 언술로서나 그럴듯하게 들리는 개념이 아닐까라는 의문에 대한 답으로 그가 내놓는 것이 '농적(農的) 순환사회'다. 이때 그 개념의 실행설계까지 내놓으라는 것은 분명 무리다. 분단체제가 극복된 한반도라는 '중기적' 성과에 대해서조차 개략적인 구상 이상을 제시하지 못하는―미리 제시할 수 없다고 믿는―나로서는 더욱이나 그런 무리한 요구를 할 까닭이 없다.

반면에 전제를 이루는 명제들의 타당성이나 논리전개의 책임성은 당연히 요구해야 한다.

‘농적 순환사회’ 개념과 관련해서는, 근대 이전의 농촌사회들이 유지하던 순환구조가 자본주의의 발달로 파괴되었다는 점, 인류문명의 존속을 위해서도 새로운 순환구조가 만들어져야 한다는 점, 그러자면 인간활동과 자연환경의 긴밀한 상호의존을 요구하는 농업에 대한 인식을 새로이할 필요가 있다는 점 등은 논박하기 힘들다. 하지만 김종철은 여기서 한걸음 더 나아가, “소농과 그 공동체를 기반으로 한 생태적 순환사회”(171면)를 제창한다. 그런데 이것이 농업만의 사회는 아니고 그동안의 공업 및 과학기술 발전의 성과를 깡그리 되물리자는 주장도 아니지만, 정작 김종철 자신은 ‘고도산업자본주의 사회’로부터 ‘소농공동체 기반의 사회’로의 이행과정에 대해 아무런 설명을 내놓지 않는다. ‘그것이 구체적인 현실에서 무엇을 어떻게 하자는 전략인지’ 도무지 막막하기만 한 것이다.

이렇게 되는 데에는 그가 동원하는 논거가 부정확하거나 부실한 탓도 적지 않다. 가령 그는 “소농 혹은 소생산자 연합체를 떠나서 ‘합리적인 농업’이 불가능하다는 맑스의 통찰”을 “무엇보다도 귀중한 지침”(168면)으로 제시하는데, 맑스가 일부의 오해와 달리 생태계문제에 깊은 관심을 가진 사상가였음을 짚어준 것은 환영할 일이다. 그러나 인용된 맑스의 구절들이 ─ 또는 부족한 대로 내가 맑스에 관해 알고 있는 바가 ─ 김종철의 소농공동체 구상을 밑받침해주는지는 의문이다. 김종철의 글의 인용문(본서 166면)은 『자본론』 제1권 제4편 제15장 중 대규모 공업이 농업에 미치는 영향을 논한 절의 마지막 부분인데,[6] 자본주의적 농업에서의 기술적·물량적 진보가

"노동자를 착취할 뿐 아니라, 토양까지도 약탈하는 방식으로 진행"됨을 신랄하게 비판하는 것은 사실이다. 그러나 인용문의 결론에 도달하는 과정에서 맑스는, "하지만 그러한 신진대사[즉 인간과 토지 사이의 신진대사(Stoffwechsel, metabolism)]의 단지 자연발생적으로 조성된 환경을 파괴함으로써 자본주의적 생산은 신진대사가 사회적 생산의 규제적인 법칙으로, 그리고 인류의 온전한 발전에 적합한 형태로 체계적으로 재건되지 않을 수 없게 만든다"(Werke 23권 528면)라고 하여, 자본주의 농업의 파괴적인 결과조차 인류의 더욱 원만한 발전을 향한 변증법적 과정—그렇다고 '필연적인 역사법칙'은 아닌—의 일부로 인식한다는 점에서 김종철과는 다른 생각을 피력한 것이다.[7]

소농에 관한 직접적인 언급이 나오는 것은 두번째 인용문인데 이 대목에서는 원문의 왜곡된 사용마저 눈에 띈다. "합리적인 농업을 위해서 필요한 것은 자기 자신을 위해서 일하는 소농이나 혹은 연합된 생산자들에 의한 관리이다"라고 인용하면서, 이를 "소농(小農) 혹은 소규모 생산자 연합의 중요성"(166~67면, 강조는 인용자)에 대한 주장으로 해석하고 있는 것이다.[8] 여기서 맑스 원전에 대한 훈고학적 논의를 벌이자는 건 아니다. 다만 '농적 순환사회'의 논거로서 맑스가 남다른 매력을 갖는다면 무엇보다도 그가 '자유로운 생산자들의 연합'이 철저한 공업화를 거쳐나간 사회를 운영하는 날을 꿈꾸었기 때문일 터인데, 이를 '소농 혹은 소규모 생산자 연합'으로 이해하게 되면 정작 중요한 문제가 시야에서 사라지고 만다. 예컨대 미래의 순환사회에서 공업(소위 IT산업을 포함해서)의 합리적 운영을 어떻게 추구하며 이를 합리적 농업과 어떻게 배합할 것인가 하는 등의 난제가 맑스의 권위를 업으면서 슬그머니 소멸해버리는 것이다.

"우리는 하루빨리 산업문명이 농업문명에 대한 진보를 나타낸다고 생각하는 근대주의적 발전사관의 덫에서 해방될 필요가 있다"(171면)는 김종철의 주장은 경청해 마땅하다. 그러나 우리 스스로가 '산업문명 대 농업문명'이라는 구분법 자체를 넘어서야 한다. 근대 즉 자본주의시대는 산업혁명 이전에 자본주의적 농업의 성립과 더불어 이미 시작되었다는 학설이 설득력이 크고, 산업혁명 이후의 근대만 하더라도 영국이 패권을 장악하던 시기의 '산업주의적 근대'(industrial modernity)가 미국의 패권 아래 '소비주의적 근대'(consumer modernity)로 이행했다는 주장이 나온 바 있다.[9]

산업주의 단계의 반체제운동을 대표하던 사회주의운동과 사회주의권 국가들이 실패한 것도 미국이 대표하는 새로운 단계에 이미 과거지사가 된 유형의 근대를 겨냥하고 있었기 때문이다. 반면에 소비주의적 근대의 최대 위협이 바로 지구환경 자체의 돌이킬 수 없는 파괴이기 때문에 환경운동이 이 단계의 핵심적 저항운동이 된다는 것이 테일러의 주장이다(「세계 헤게모니에 대한 반체제적 대응들」 141~42면 등 참조). 하지만 환경운동이 이런 역사적 소임을 감당하려면 스스로도 '근대'와 '산업사회'를 동일시하는 습성에서 벗어나야 한다. "일상언어에서나 이론적 담론에서나, '근대적'과 '산업적'은 마치 샴쌍둥이처럼 붙어다녔다. '산업사회'와 '근대사회'는 동의어로 간주되

어온 것이다. 〔…〕 그리하여 다양한 이론가 사이의 중요한 차이점
에도 불구하고 한가지 유사성이 두드러졌다. 즉, 다양한 이론들이
모두 '산업적＝근대적인 것'과 '농업적＝전통적인 것'의 대립을 기
초로 정립되었다."(*Modernities* 19면) 그리고 사회주의자와 환경주의자
들이 모두 이런 틀에서 자유롭지 못한 채 '산업사회'를 근대사회 전
체의 성격으로 간주해왔다는 것이다(같은 책 86면).

　"체제 내에서 갈수록 심화되는 물질적 불평등 및 갈수록 가까워
지는 체제의 물질적 한계점, 이 둘에 동시에 맞서는 일"(테일러, 앞의
논문 151면)을 구체적으로 어떻게 수행할지는 김종철과 나 모두에게
절실한 관심사지만, 테일러의 견해를 여기서 자세히 검토할 겨를은
없다. 다만 그의 단행본 저서에 이르면 '환경론적 사회주의'에 대한
전망이 논문에서보다 한결 조심스러워지고 일상생활에서의 작은
친환경적 변화들의 누적에 더 큰 기대를 걸게 된다는 점에서
(*Modernities* 131~32면 및 134면), 국가단위의 해결을 불신하는 김종철의
입장에 가까워지는 면이 있다. 하지만 나는 이 문제에서도 오늘의
한국인은 기존국가 차원의 '정치'냐 아니면 테일러가 울리히 벡
(Ulrich Beck)을 원용하여 제시하는 '하위정치'(sub-politics)냐 하는
이분법의 덫에서 벗어나, 기존국가 해체전략이자 한결 개방적이며
주민친화적인 국가기구의 창안작업을 포함하는 분단체제 극복과정
에서 전지구적 생태전환을 향한 중대한 진전과 뜻있는 학습체험을
얻어낼 수 있다고 믿는다.

5. '생명지속적 발전'에 관하여

분단체제 극복이 중기적 목표라면 장기목표는 세계체제의 변혁, 곧 현존 자본주의체제와 달리 '생명지속적 발전'을 허용하는 사회체제로의 이행이다. 이에 대해 김종철은 "'생명지속'을 위한 발전이 실제 현실에서 어떻게 구체화될 수 있는 것인지는 여전히 의문"(163면)이라고 비판했는데, '생명지속적 발전'이란 구상의 구체화 전략뿐 아니라 개념 자체가 충분히 밝혀지지 못한 상태인 것이 사실이다. "'생명지속적 발전'이라는 이념이 주류 환경론자들이 말하는 '지속가능한 발전'이라는 논리와 근본적으로 어떻게 다른지 모호하기는 마찬가지다"(같은 면의 직전 문장)라고 몰아친 것이 설혹 좀 야속하더라도, 개념을 제시만 해놓고 지속적으로 발전시키기를 게을리했으니 누구를 원망할 일은 아니다.

애초에 '생명지속적 발전'을 내세운 취지는 두가지라 할 수 있다. 한편으로 주류 환경론자들의 '지속가능한 발전'이 자연을 '인간을 위한 환경'으로 설정한 채 그 지속에 초점을 두거나 심지어는 '성장의 지속'을 지상목표로 삼는 데 반해, 우리가 유지하고 북돋아야 할 것은 '생명' 자체라는 일종의 생명사상을 표방한 것이었다. 동시에 많은 근본주의적 생태론자들이 '발전' 자체를 거부하는 데 대한 이의제기이기도 했다. 그 취지를 집약한 것이 김종철도 인용한 다음 문장이다. "생명의 발전에는 일정한 물질적 여건이 필수적이며, 어면 영역에서는 물질생활의 지속적 향상이 요구될 수도 있고 이런 필요에 부응할 적극적인 개발도 있어야 하는 것이다."(『한반도식 통일, 현재진행형』 254면)

이 명제에 대해 정면으로 반발할 녹색운동가들이 많을 것은 짐작하기 어렵지 않다. 급진적 생태주의자들이 볼 때 '개발'은 물론 '발전'이나 '진보'만 해도 성장논리에 매몰된 발전주의, 근대화론의 '일직선적 진보' 이데올로기와 다를 바 없을 것이기 때문이다.[10] 김종철 자신은 나의 생각이 "옳은 것일지 모른다"(163면)고 일단 인정해줄 태세를 보인다. 그럼에도 결국은 (앞서 인용한 대로) 주류 환경론자들의 '지속가능한 발전' 개념과 근본적으로 어떻게 다른지 되묻고 넘어가는 것을 볼 때, 서로간에 많은 대화가 필요함을 절실히 느끼게 된다. 오해를 제거할 것도 많고, 끝내 의견이 갈리는 지점을 정확히 짚을 필요도 있을 듯하다.

예컨대 내가 '새로운 안빈론(安貧論)'을 비판한 데 대해 그는 자신과 『녹색평론』이 강조해온 것은 '안빈'이 아닌 '공빈(共貧)' 즉 "단순히 개인적 차원에서 물질적 결핍상태를 기꺼이 감내하는 생활이 아니라, 어디까지나 공생공락의 가난이었다"(159면)고 항변한다. 그러나 내가 '새로운' 안빈론이라고 했을 때는 '공생공락의 가난'도 염두에 둔 것이며, 비판의 취지도 그것 자체가 나쁘다는 것은 아니었다. 김종철과 마찬가지로 나도 미래의 바람직한 사회는 (비록 "어떤 영역에서는 물질생활의 지속적 향상이 요구될 수" 있을지라도) 자본주의시대의 과소비에 비하면 사람들이 훨씬 '고르게 가난한' 생활에 자족하는 사회라고 믿는다. 그런 의미에서 '안빈' '공빈' 또는 '청빈(淸貧)'이 다 좋은 것이며 그 정의를 둘러싼 논란에 너무 몰입할 일은 아니다.

문제는 그런 의미의 '공빈'을 현실에서 어떻게 이룩하느냐는 것이다. 지난날 선비들의 '안빈낙도(安貧樂道)' 역시 단순히 개인적인 차원의 문제는 아니었고 일정한 사회적·경제적 기반과 이런 가난을 공유하며 공락하는 유형·무형의 공동체가 존재하기 때문에 가능했다. 오늘날 '공빈'의 사례로는 '무소유'를 표방하는 승가집단이나 '가난'을 서약한 천주교 수도자들이 그나마 방불할 터인데, 이들 또한 각자의 수행뿐 아니라 교단의 경제기반과 사회제도의 밑받침으로 '공생공락의 가난'을 누릴 수 있는 것이다. 어느 토론마당에서 '새로운 안빈론'을 거론하면서 내가 주목한 것도 그런 현실적 기반의 확보 문제였다.

또 〔최원식 교수의〕 기조발제에서는 중세 안빈론을 언급했습니다만, 중세보다 더 올라가서 노자(老子)가 말하는 소국과민(小國寡民), 즉 나라는 작고 인구는 적은 것이 좋다는 사상과 통한다고 보는데, 저는 여기에 우리가 궁극적으로 지향해볼 만한 바가 분명히 있다고 믿습니다. 다만 장래의 '작은 나라'는 어디까지나 전지구적 인류공동체의 일부이지 옛날식의 고립된 공동체와는 달라야 하고, '적은 수의 백성들' 역시 세계시민으로서의 식견과 저항력을 갖춘 사람들이어야 할 것입니다. 따라서 이것이 가능하려면 그 전제조건으로서

첫째 과학기술이 고도로 발달해야 하고, 둘째로는 과학기술과 인간의 관계가 지금과는 전혀 다른 것으로 변해야 한다고 봅니다. 그것은 단순히 과학기술과의 관계만이 아니라 사회체제의 변화 내지는 변혁을 의미하는 것이겠죠. (졸저 『통일시대 한국문학의 보람』 446면)

따라서 '공빈'을 근대극복의 목표로 삼는 경우에도 그것이 고도의 과학기술 발달을 전제하는 것인지 아닌지, 과학기술과 인간의 관계를 지금과는 전혀 다르게 만들어줄 어떤 사회체제를 구상하는지, 그리고 그러한 체제로의 변혁을 이룩할 무슨 중·장기 전략을 가졌는지를 묻지 않을 수 없는 것이다.

동시에 비록 깨끗하고 따뜻한 가난일지라도 그것을 배타적인 목표로 설정하는 것은 하나의 편향임을 지적해야겠다. 다음 대목은 직접적으로는 대중의 개발욕구 속에도 존중할 만한 그 무엇이 있음을 변호하기 위해 쓴 것이지만, 생명의 욕구 일반에 대해 내가 『녹색평론』과 의견을 달리함을 밝힌 대목이기도 하다.

깨끗하고 품위있는 가난이 인간의 어떤 깊은 욕구에 상응하듯이 장엄(莊嚴)과 영화(榮華)에 대한 욕망 또한 중요한 본능인 것이다. 생명의 욕구는 실로 다양한 것이며 이들을 포용하고 조화시키는 것이 참된 지혜이지 그중 어느 하나만을 절대시하는 것은 독단이며 자신의 이상을 남에게 강요하는 억압행위가 되기 십상이다. (『한반도식 통일, 현재진행형』 253~54면 각주 11)

미래의 '순환사회' 역시 한결같이 가난을 나누는 사회라기보다 각자가 넉넉하면서도 검약과 절제를 터득한 사회, 그리고 사회 차원에서는 인간의 다양한 욕구를 충족시킬 물질적 부(富)를 축적하되 그처분이 민주적으로 이루어지는 사회여야 할 것이다. 이는 현존 세계체제와는 근본적으로 다른 제도들의 치밀한 마련을 뜻하는 동시에, 이에 수반하면서 그것을 가능케 해줄 개개인의 큰 공부를 전제하기도 한다. 민주주의=민중자치의 주체가 될 민중의 자기훈련이 필요한 것이다. 가난할 때 마지못해 아끼는 것도 일종의 지혜임에 틀림없으나, 풍요가 가능해진 사회에서도 최대한으로 아끼되 쓸 곳에는 아낌없이 쓰는 것이야말로 정말 소중한 지혜일 터이기 때문이다.

여기에 합당한 이름은 '공빈'보다는 '중용(中庸)' 혹은 '중도(中道)'라는 친숙한 낱말이지 싶다. 이런 중용 내지 중도가 '공빈' 또는 '농적 순환사회'보다 덜 근본적이고 변혁적일까? 나는 그렇지 않다고 본다. 그리고 이것이 단지 현실주의적 고려 때문인 것도 아니다. 이와 관련해서, 맑스가 '유토피아주의자'들을 비판한 것은 그가 진정한 의미의 유토피아적 지향이 저들보다 부족해서라기보다 오히려 미래에 대한 고정된 철학적 구상을 실현하려는 시도가 "현존체제의 상태에 낯익은 발상과 사고에서 벗어나지 못해 새로운 발생에 대한 예감을 담지 못하기 때문"[11]이었다는 지적은 귀담아들을 만하다. 오늘의 한국에서 변혁적 중도주의를 실천하고 한반도의 분단체제를 극복하는 과정에서, 그리고 자본주의 근대에 대한 변혁세력으로서의 실력을 확보하고 구사하는 과정에서, '산업화 대 농업화' 또는 '자본주의적 과소비 대 공생공락의 가난'이라는 틀에 얽매이지 않는 새로운 것들이 발생할 가능성을 ―아니, 녹색이 덜 선명한 담론과 실행을 포함하여 이미 발생하고 있는 새로운 것들을 ―좀더 골똘히 읽어냈으면 한다.

| **덧글**(2009. 3) |

이중과제론에 대한 김종철의 비판에 답하는 「근대 한국의 이중과제와 녹색담론」이 『창작과비평』 2008년 여름호에 나간 뒤 그의 반응이 궁금하던 중 김종철은 『문학동네』 2008년 겨울호에 실린 이문재 시인과의 대담에서 반론을 안 쓴 이유를 밝혔다. 나의 글에 대해 재반론할 생각이 없느냐는 대담자의 질문에 그는 이렇게 답하고 있다. "그게 참 그래요. 사람들은 내가 백선생님 글에 대해서 재반론을 안 쓰는 걸 사제지간이라서 거북해서 그럴 것이라고 생각할지 모르겠는데, 그 글에 대해서 내가 사실 반론을 쓸 게 없어요. 애초에 내가 질문했던 것에 대한 답변이 없으니까요."(「"이것은 문학이 아니다"」 62면, 이하 이 대담을 인용할 때는 면수만 표시)

다행스럽게도 그가 나의 반론을 이 한마디로 일축한 것은 아니다. 실질적인 재반론에 해당하는 대목도 있고, 논의의 진전에 도움이 되는 추가설명도 없지 않았다.

사제지간에 논쟁이 부담스럽기는 배운 쪽만 아니라 가르친 쪽도 마찬가지고 어떤 면에서는 더하다. 그러나 애초에 김종철이 사적인 관계보다 공적인 대의를 중시해서 비판을 마다 않았듯이 나 또한 공심으로 나의 입장을 밝혔던 것이며, 그의 '재반론 아닌 재반론'에 다시금 논평하려는 것도 같은 마음에서다. 다만 독자들의 오해를 막고 이중과제론에 대한 이해를 넓히려는 주된 취지와 별도로 사적인 농기도 작용했다면, 나로서는 김종철을 아끼고 때로는 (어써넌 주제넘게) 걱정하는 마음이 여전하다는 점을 들 수 있겠다.

김종철의 질문에 대한 내 답변이 능력의 부족 탓에 미흡했을 가능성은 얼마든지 있다. 하지만 전혀 답이 없었다고 느꼈다면 그것이야말로 내 글을 제대로 안 읽은 탓이 아닌가 한다.

예컨대 김종철은, "내가 창비 쪽에 근대적응과 근대극복의 동시적 수행이라는 게 구체적으로 어떤 실천으로 표현되느냐고 물었던 것에 대해서 그럼 『녹색평론』은 무슨 실천을 하느냐고 반문하는 것은 좀 이해가 안 가요. 『녹색평론』을 제대로 안 보는 게 아닌가 싶어요"(62면)라고 말하는데, 이는 나의 논지를 전혀 못 읽은 반응이다. 김종철과 『녹색평론』의 실천활동에 대해서 나는 "어느덧 100호를 맞이하는 『녹색평론』의 편집·발행을 포함한 그의 실천활동에서도 생태계운동과 민주주의적 지향을 결합하려는 그의 열정을 확인할 수 있다"(본서 177면)라고 간단히 언급하는 데 그치긴 했으나 『녹색평론』이 『창작과비평』보다 훨씬 실천성이 강하고 지방조직까지 갖춘 매체임을 전제하고 한 말이었고, "그럼 『녹색평론』은 무슨 실천을 하느냐"고 반문한다는 것은 상상밖의 일이었다.

내가 "녹색담론의 추상화·관념화와 녹색운동의 파편화"(본서 185면) 가능성을 우려한 것은 사실이다. 김종철의 녹색담론이 한편으로 전지구적 내지 우주적 차원을 지녔고 다른 한편 국지적 실천활동에 적극 개입하고 있지만, 양자를 매개할 '중간항'이 없다는 문제점을 지적했던 것이다. 바로 그런 중간항에 해당하는 나의 대안이 담론 차원에서는 분단체제론이요 실천으로서는 분단체제 극복운동인데, 분단체제론에 대한 이해가 없을 경우에 내가 아무런 답을 안했다는 인상을 받을 수도 있는 일이다.

실제로 김종철은 분단체제론이 통일의 개념을 바꾸고 통일운동의 성격을 바꾸는 작업을 꾸준히 시도해온 점을 도외시한 채, 분단체제 극복운동을 단순한 통일운동과 동일시하는 고정관념을 드러내곤 한다. "백선생님이 보시기에는 내가 통일문제에 아무 관심이 없는 것처럼 보이는지 모르지만, 분단체제가 세계자본주의체제의 하위체제라는 논리에서 본다면 『녹색평론』은 훌륭하다고 할 수 없지만 나름대로 통일운동을 하고 있다고 봐요. 나는 어떻든 자본주의와 싸우고 있다고 생각하고 있으니까요."(61면)

아니, 나는 『녹색평론』이 그런 의미의 통일운동 즉 분단체제 극복운동의 한 몫을 훌륭하게 감당하고 있다고 생각한다. 다만 이론적으로나 실천적으로나 한층 위력있고 원만한 운동을 펼쳐주었으면

하는 뜻에서 '분단체제 극복운동이라는 매개항'(본서 156면)을 제안했던 것이다.

분단체제론 자체에 관해 말하건대, 나는 아무나 붙들고 왜 이런 훌륭한 담론을 몰라주느냐고 시비를 걸 만큼 철없는 인간은 아니다. 김종철 같은 지식인의 경우도, 그가 좀더 이해를 해주었으면 하는 마음이야 굴뚝같지만 김종철도 자기 하는 일이 중하고 바쁜 사람인데 "평소에 그가 분단체제 논의에 적극 참여하지 않은 것을 탓할 일은 아니"(본서 183면)라는 점을 미리 밝혔다. 다만 그쪽에서 먼저 이중과세론이 시극히 보호하나고 "논박하고 나선 마당에는 좀 날라야 할 것 아닌가 싶다"(본서 183~84면)는 것이었다.

우리 지식사회의 '지리멸렬함'에 대한 김종철의 비판에서도 분단체제론에 관한 그의 몰이해가 드러난다. "우리는 대체로 국가와 민족을 구별하지 못하는 것 같습니다. 심지어 국가와 사회도 구별 못하잖아요. 그렇기 때문에 늘 생각이 지리멸렬해요. 예컨대 우리에게는 비판적인 국가론이 없잖아요. 늘 분단체제만 얘기되고, 열강에 둘러싸인 희생자의 이미지로만 자신을 보아왔잖아요."(59~60면)

사실 이 발언은 한국 지식사회의 현황에도 맞지 않는다. 우리 주위에서 국가(또는 민족)를 비판하는 논의는 실로 넘쳐 흐를 지경이다. 물론 김종철이 생각하는 '비판적인 국가론'은 단순한 이론적 비판이 아니고, "국가에 대한 비판적인 거리를 확보하는" 실천을 뜻하며 "그러한 거리의 확보는 우리가 다양한 형태의 소규모 공동체를 만들어, 그 틀 속에서 우애와 상호부조의 원리에 입각한 협동과 자치의 삶으로 전환하는 데서 실현될 수 있을 것"(「책을 내면서」,『녹색평론』 2009년 1-2월호 13면)이라는 주장인 점에서 독특하다. 하지만 국가에 대한 '비판'을 넘어 국가의 '전면적 부정'을 겨냥하는 지식담론도 요즘은 결코 드물지 않다. 다만『녹색평론』의 국가론도 (내가 보기에) 다분히 그렇듯이 궁극적인 지향과 세부적인 당면과제라는 양 극단으로 치달음으로써, 현존 국가기구의 혁파와 개편이라는 중간과정을 어떻게 감당해서 국가의 소멸을 달성할지에 대한 경륜이 없는 것 같다. 이런 상황에서 분단체제론은 미력한 대로 국가와 민족, 국가와 사회를 한반도의 실정에 입각하여 구별하면서, 남북의 기존 국가기구에 대한 일정한 해체작업과 새로운 국가기구의 창안을 포함하는 한반도 재통합이라는 '중기적 목표'를 제시해왔다고 자부한다. 물론 그 구상의 타당성은 더 검증되어야 할 일이지만, 이러한 시도의 존재 자체에 대한 무감각이 내 글에 대한 불만을 더욱 키웠으리라 짐작된다.

그러나 분단체제론을 이해했더라도 "창비 쪽에 근대적응과 근대극복의 동시적 수행이라는 게 구체적으로 어떤 실천으로 표현되느냐"(62면)고 물은 데 대한 답이 여전히 불만스러웠을 수는 있다. 나는 이중과제론이 세계체제 차원으로 적용되는 추상수준이 높은 담론이므로 그것이 한반도 차원에 적용될 때는 분단체제론으로, 당면한 남한사회에 적용될 때는 변혁적 중도주의 노선으로 구현된다는 점과 이런 '차원 문제'를 혼동하면 생산적인 논의에 방해가 됨을 지적했고(본서 174면), '구체적으로 어떤 실천으로 표현되느냐'는 문제는 이중과제론과 직접 연결시키기보다 각각의 차원에 걸맞은 실천을 점검하는 것이 적당함을 강조했다. 나의 개인적 활동을 구구하게 늘어놓지 않은 것은 그것이 얼마간 공지의 사실이라 믿었기 때문이기도 하며, 그래서 김종철과의 이견이 예상되는 대목에만 잠시 주목하고 넘어갔던 것이다.[12]

김종철의 물음에 대한 답변을 넘어 '반문'으로까지 나아간 대목이라면 '농적(農的) 순환사회'의 개념과 그 달성방안에 관한 문제제기였을 것이다. 그 과정에서 나는 김종철의 맑스 인용에 대해 한두 가지 지적을 하기노 했는데, 이를 비본질적인 문제에 대한 지나친 꾀까다로움으로 간주할 일은 아니다. 맑스가 복잡한 사상가이고 "생태학적 형안의 소유자"(63면)였다는 점은 나 자신도 전제하고 있었다(본서 187면: "맑스가 일부의 오해와 달리 생태계문제에 깊은 관심을 가진 사상가였음을 〔김종철이〕 짚어준 것은 환영할 일이다"). 그러나 자본주의 농업 비판을 담은 『자본론』 1권에서의 인용문(본서 166면)이 앞뒤 문맥에 맞게 읽으면 자본주의적 근대에 대한 맑스의 변증법적이고 (내 식으로 표현하면) '이중과제론적' 인식을 예시한 대목인데도 이를 편의적으로 끌어대는 태도를 비판코자 했다. 내 할말이 무겁고 높은 뜻을 담았을수록 남의 말도 귀담아듣고 조심히 다뤄야 한다고 믿기 때문이다.

그러나 논의의 핵심은 역시 "소농(小農) 혹은 소규모 생산자 연합의 중요성"(본서 166~67면) 문제다. 맑스의 원문이 지난날의 자작소농과 미래의 '연합된 생산자들'을 명백히 구분했다 할지라도 "여기서 생산자 연합이란 어디까지나 소생산자 연합을 뜻하는 것이 분명해요”(62면)라는 것이 김종철의 재반론이다. “〔맑스〕는 농촌의 자발적 생산 협동체를 생각했던 것이지요. 대규모 생산자라면 어차피 기계를 쓰고, 화학물질을 사용하는 공장식 체제로 갈 텐데, 그렇게 되면 토양생태계는 무너져요.”(63면)

이는 확실히 일리가 있는 항변이다. 미래사회의 바람직한 농업은 자본주의시대의 ‘공장식 체제’가 아니라는 점에서 상대적으로 소규모라야 하며, 일부 ‘현실사회주의’ 국가에서 시도했던 거대 집단농장이 답이 아님을 인정하는 것은 중요하다고 본다. 그러나 ‘소농’과 ‘연합된 생산자’의 차이를 얼버무리는 것은 여전히 문제다. 생산자 연합이 오늘날의 대형 농업자본(이른바 agribusiness)에 비해 상대적으로 소규모 영농이더라도 소농 규모 생산자들의 연합이 최적일지는 의문이며, 오히려 비교적 큰 규모의 협동적 소유와 생산을 요구하는 경우가 많을 것이다. (물론 획일화된 규격은 바람직하지 않다.) 기계와 화학물질 사용도 순환구조를 파괴하는 ‘공장식’ 사용이 문제지, 처음부터 전면 배제할 일은 아닐 것이다.

이런 긴요한 문제들에 대해 내 글이 자상한 검토를 못한 것이 사실인데 김종철의 재반론을 계기로 좀더 활발한 논의가 전개되기 바란다. 나 자신은 충분한 기여를 할 능력이 없지만, 어쨌든 “근대 이전의 농촌사회들이 유지하던 순환구조가 자본주의의 발달로 파괴되었다는 점, 인류문명의 존속을 위해서도 새로운 순환구조가 만들어져야 한다는 점, 그러자면 인간활동과 자연환경의 긴밀한 상호의존을 요구하는 농업에 대한 인식을 새로이할 필요가 있다는 점 등"(본서 187면)에 전적으로 동의하면서, 다만 '소농' 위주의 단순논리로 흐르는 것을 여전히 경계할 필요를 느낀다. 물론 자본주의 공장식 농업의 파괴작용을 막기 위해 그나마 있는 소농의 보존이 일종의 후위작전(後衛作戰)으로서 의미가 크지만, '소농공동체 기반의 사회'가 전위적인 답은 못 된다고 보는 것이다. 적어도 그 사회가 과거의 소농사회와 같은 고립·분산된 공동체가 아니라 인터넷을 포함한 과학기술의 도움으로 "세계시민으로서의 식견과 저항력을 갖춘 사람들"(본서 193면)의 기치가 될 방안이 따르지 않는다면 말이다.

미래의 농촌사회와 관련해서 숙고해야 할 또 한가지는 도시 문제다. '소농공동체 기반'의 미래 인류사회에는 어떤 도시가 존재할 것이며 이를 위해서는 현존하는 도시를 어찌해야 하나? 아이스퀼로스와 희랍문명에 대한 김종철의 호의적인 언급에서도 확인되듯이(앞의 「책을 내면서」 2~4면) 그가 모든 도시를 배격하는 것은 아니다. 게다가 그가 — 나도 그랬지만 — 그토록 감동했던 작년의 촛불집회는 철저히 도시적인 현상이며 도회적 감수성의 산물이다. 물론 자본주의시대가 진행될수록 대부분의 도시가 거대한 괴물로 바뀌고, 심지어는 최근 재개발사업 도중의 '용산 참사'가 웅변해주듯이 전쟁터를 방불케 하는 경우도 많다. 하지만 이게 우리 모두가 귀농함으로써 해결될 문제도 아니지 않은가.

이런 고민과 관련해서도 나는 뾰족한 답이 없다. 그러나 데이비드 하비가 「도시에 대한 권리」(David Harvey, "The Right to the City," *New*

Left Review 53호, 2008년 9-10월호)에서 강조한 대로 이 권리가 "가장 소중하면서도 가장 소홀히되는 우리의 인권 중 하나"(같은 글 23면)라는 점에 좀더 유의할 필요가 있다는 생각이다. 곧 "전체 도시적 과정을 통어하는 권리"(28면)가 도시권(都市權)이며, 이는 바로 "잉여의 생산과 이용에 대한 더 큰 민주적 통제"(37면)를 뜻한다는 것이다. 결론에 이르러 하비는 프랑스의 철학자이자 사회학자 앙리 르페브르(Henri Lefebvre)를 언급하면서, "혁명은 가장 넓은 뜻에서 '도시적'(urban)인 혁명이 아니고는 아무것도 못 된다는 르페브르의 단언은 옳았다"(40면)고 글을 끝맺는다.

하비의 결론에 얼마나 동조할지의 문제와 별도로, 오늘날 도시에 살며 또 적어도 한동안은 살 수밖에 없는 방대한 인구가 도시생활을 지속하면서 도시의 개발과 재개발 과정을 포함하는 "전체 도시적 과정을 통어하는 권리"를 어떻게 확보하고 행사할 것인가에 대한 고려 없이는 민주주의를 위한 싸움이건 녹색문명으로의 전환이건 다분히 관념적인 것이 됨을 실감하게 된다. 소농사회의 여러 값진 속성을 보존하고 재현하려는 노력이 '소농공동체 기반 사회'라는 개념에 너무 집착하지 말아야 할 또하나의 이유라 믿는다.

'근대적응과 근대극복의 이중과제'가 높은 추상수준의 담론이라고 했지만 달리 생각하면 그것은 일종의 상식이다. 바로 그렇기 때문에 언제 어디서나 통용되는 그 실천방법을 고정하기는 어렵다. 주어진 현실에 굴복하지도 않고 그렇다고 최소한의 적응조차 못해서 그 현실의 극복에 실패하고 마는 결과를 어떻게 피할지 각자가

처한 위치에서 찾아내는 수밖에 없다. 이런 상식을 공유한 가운데,
세상을 어떻게 바꾸고 그러기 위해 어떤 수준의 적응이 필요하며 충
분한지를, 또 어떤 식의 적응 시도는 아예 생각도 마는 것이 현명한
지를 서로가 때로는 오손도손, 때로는 격렬하게 의논해간다면 그 또
한 아름답고 보람찬 일이 아니겠는가.[*]

* 이 글은 계간 『창작과비평』 2008년 여름호에 발표된 원고이며, 이 책에 수록하면서
  필자가 '덧글'을 추가했다.

이중과제론과 관련 문헌들

시민문학론에서 근대극복론까지

송승철 • 한림대 영문과 교수

1. 들어가며

백낙청은 『창작과비평』 창간 30주년 기념호에서 '창비'의 기본자세를 '법고창신(法古創新)'으로 규정한 바 있다. 그런데 백낙청 자신의 이론적 작업이야말로 바꿀 것은 바꾸되 근본은 그대로 간직하자는 고사성어에 딱 들어맞는 예일 것이다. 그가 90년대초 본격적으로 제시했던 근대극복론도 예외가 아니다. 근대극복론, 좀더 정확하게 말하면 '근대 달성 및 극복의 이중과제' — 근대달성은 나중에 근대적응으로 환치된다 — 는 1993년에 발표한 「문학과 예술에서의 근대성 문제」에서 본격적으로 거론되지만 그 이론적 골격이나 원칙은 이미 60년대말 시민문학론과 70년대초 민족문학론에 상당부분

연결되어 있다. 이 글은 근대극복론의 내용과 그것의 입론과정을 살펴보려는 것인데, 그렇다면 이 목표에 다가가는 한가지 지름길은 입론과정에서 '법고'에 해당하는 것은 무엇이며, 어디선가 시작되는 '창신'은 또 무엇인지 검토하는 일이다.

'근대 적응 및 극복의 이중과제'는 말 그대로 근대성을 우리가 추구해야 할 지향점으로 받아들이면서 동시에 극복해야 할 한계로 설정하는 이론인데, 논지는 크게 세마디로 압축할 수 있다. 첫째, 현시기는 과거와 크게 다르지만 근본적으로 새로운 국면에 들어선 것은 아니며 여전히 근대에 해당한다. 둘째, 자발적으로 근대로 이행하지 못하고 자본주의 세계체제에 강압적으로 편입되어 근대에 들어선 우리 사회는 아직도 근대적 가치들을 제대로 성취하지 못한 상황이고 이를 계속 추구해야 한다. 셋째, 그런데 근대성은 양면성을 지니고 있기 때문에, 자발적 근대를 달성하지 못한 우리 사회로서는 근대성을 추구할 때 탈근대적 자세를 함께 갖춰야만 제대로 된 근대 적응이 가능해진다. 그런데 지금 범박하게 요약한 이 주장들의 타당성을 본격적으로 검토하기에 앞서 미리 인정하고 들어가야 할 사실이 있는데, 백낙청의 이런 견해는 그 당시로서는— 지금도 사정은 크게 다르지 않지만 — 대단히 '특이한' 입론이었으며, 이론의 정당성 여부를 떠나 이런 특이성 자체가 근대극복론이 달성한 하나의 성취라는 점이다. 이 때문에 다소 진부하더라도 근대 및 근대성에 관한 학계의 일반적 견해와 이론이 제기되는 상황을 살펴볼 필요가 있다.

근대는 언제 시작했고, 근대성의 내용은 무엇인가? 근대 또는 근대성 논의에서 중요한 문제는 크게 이 두가지일 테지만, 논의를 시작하는 순간부터 두 개념의 의미규정을 둘러싸고 의견이 첨예하게 갈린다. 영어 '모더니티'(modernity)는 역사적 시기이면서 동시에 시대적 특징을 규정하는 의미상의 중첩 때문에 문맥에 따라 근대·근대성·현대성으로 달리 번역해야 하는 어려움이 따른다. 여기에 영어 '모더니즘'(modernism)이 20세기초의 특정한 예술사조로 널리 쓰이면서, 또한 근대의 이념을 의미하는 근대주의라는 뜻으로도 사용되고 있기 때문에 의미의 혼란은 더욱 심해진다. 다만, 근대의 기점에 관해서는 의견이 거의 수렴된 듯하다. 과거에는 18세기말 산업혁명을 분기점으로 전통사회와 근대사회로 양분하는 분류법이 통용되었지만, 최근에는 사회구성체 개념에 기반하여 근대의 기점을 대체로 '자본주의 세계경제'가 출범한 15세기말 무렵으로 규정한다.

이에 비해 근대에 근대다운 특성을 부여하는 속성이 무엇이고 이를 어떻게 볼 것인지에 대해서는 의견이 분분한데, 학계의 견해는 크게 둘로 갈린다. 하나는 학계의 전반적 기류에서 볼 때 주류 이론으로 근대를 우리가 반드시 성취해야 할 긍정적 가치로 못 박는 태도이다. 서구적 발전모델에 기초한 근대화론이 대표적인 예에 해당하는데, 이때 근대성은 '발전'의 동의어로 지구상 모든 국가가 추종해야 할 전범이며, 동시에 노력하면 어느 국가든 달성할 수 있는 보편적 현상이 된다. 다른 견해는 근대성을 타기해야 할 낡은 유산으로 보는 관점인데, 탈근대주의가 대표적인 예이다. 탈근대주의도 여러 유형이 있어 일률적으로 정의하기 어렵지만, 대체로 오랫동안 근대의 커다란 성취로 간주해온 보편성과 합리성의 이면을 뒤져 감추어진 차별과 폭력의 역사를 조명함으로써 이것들을 이데올로기 수준으로 격하시킨다. 한편, 지금이 탈근대라고 주장하면서도 근대와 탈근대 사이에 근본적인 차이를 두지 않고 근대의 자본주의적 이윤창출모델이 더욱 진전된 형태를 탈근대로 명명하는 논자들도 적지 않은데, 이런 탈근대론은 근대화론에 다시 가까워지기도 한다.

백낙청의 근대극복론이 이러한 이분법의 어느 쪽에도 해당하지 않는 것임은 단번에 알 수 있는데, 이 특이성은 그의 이론을 이론이 제기되었던 시대적 상황 속으로 되돌려놓을 때 그 의의가 더 분명해진다. 앞서 지적한 대로 백낙청의 근대극복론은 시원을 따지면 60년대말까지 올라가지만, 본격적으로 제기된 것은 90년대초였다. 이 시기는 문민정부 수립으로 제도적 수준에서 민주화가 일정부분 정착되었으며, 현존사회주의국가들의 몰락으로 인해 자본의 전지구적 제패가 확연해지는 시점이었다. 따라서 국내학계에서 탈근대이론이 급속하게 유포되었고, 그동안 민족모순과 계급모순을 화두로 삼았던 진보학계 내에서 상당수 논객들이 탈근대론으로 전향하는 국면이었다. 그의 근대극복론의 일차적 의의는 학계의 견해가 한편으로는 근대론과 탈근대론으로 경직되게 양분되고, 다른 한편으로는 민주화 달성 도정에서 중시되었던 경험과 가치들이 갑작스럽게 구닥다리로 치부되는 상황에서, 탈근대적 새로움은 새로움대로 인정하면서도 민주화를 위해 투쟁했던 시대의 가치들을 전지구화의 상황 속에서 발전시키려 한 점이다.

2. 민족문학론: 일국주의에서 세계체제로

그런데 근대극복론의 핵심인 '근대에 적응하되 근대를 극복하자'는 것은 무슨 말인가? 이 특이성은 혹시 정작 실현은 불가능하면서도 말하기는 쉬운 절충주의적 발언은 아닌가? 이 물음에 답하기 위해서는 백낙청이 근대를 취급해온 방식을 소상히 살펴볼 필요가 있다. 서양 근대의 성격 규정에 관한 논의는 『창작과비평』 창간호 권두논문 「새로운 창작과 비평의 자세」에 이미 그 편린이 보이지만 1969년에 발표한 「시민문학론」에서 본격적으로 다루게 된다. 이 글은 두 부분으로 구성되어 있는데 전반부는 근대 서구에서 시민의식이 성숙했다가 다시 퇴화하는 과정을 추적하고 있고, 후반부는 한국에서 시민의식의 성장과정을 기술하고 있다. 백낙청의 논지에 따르면 서구 시민의식은 계몽주의에서 최고 수준의 이념형에 도달한다.

이제까지 모든 실재하는 인간이 생각해온 이성은 상대적인 이성이요 가장 높은 의미에서의 이성의 근사치일 수밖에 없다. 다만 주어진 시대, 주어진 장소에서 얼마나 참되게 그것이 드러났는가, 다시 말해서 주어진 필연과의 공동작업에 있어서 얼마나 이성의 역할을 증대시키는 계기를 이루었는가 하는 차이가 있을 뿐이다. 그러한 기준에 의한다면 18세기 프랑스는 그들이 자부하는 대로 광명(lumières)의 시대라 일컬어 부끄러울 게 없을 것이며 그 문학은 시민문학의 전통을 논할 때 결코 빼놓을 수 없을 것이다.(I, 20면)[1]

"가장 높은 의미에서의 이성의 근사치"에 해당한다는 단서를 달고는 있지만, 계몽사상은 폭력이나 우연이 아니라 '이성에 입각한 역사의 창조를 한 사회 전체의 꿈'으로 설정했다는 점에서 '인류역사상 획기적 사건'으로 평가되고, 계몽사상을 계승한 프랑스 시민계급은 혁명을 통해 주체적 시민의식을 발전시킴으로써 당대 인류 전체에 대해 가장 진취적인 사상을 대변하는 집단이 된다. 물론, 이 글은 혁명에 성공한 부르주아계급이 인류 전체에 대한 사명을 망각하고 눈앞의 계급적 이익만을 추구함으로써 시민의 책무에서 멀어져가고 그들의 시민의식도 종국에는 '소시민의식과 제국주의의 혼합물'로 전락하는 과정도 소상히 기술한다.

이미 30년도 더 된 이 글을 푸꼬와 데리다에 익숙해진 눈으로 다시 읽으면 계몽주의 근대에 너무 후한 점수를 주고 있다는 느낌을 받을 것이다. 그러나 계몽에 대한 판단의 정당성 여부보다 근대에 관한 근년의 연구성과에 비추어 근대극복론의 입장에서 이 글을 본다면 문제점은 다른 곳에 있다. 첫째, 이 글에는 봉건제 말기 이후부터 현대까지의 역사적 기간을 하나의 단위로 묶는 근대 또는 근대성의 개념이 명확하게 설정되어 있지 않다. 이는 근대를 사회구성체 개념보다 시민의식이라는 정치문화를 기준으로 구획하고 있기 때문이지만, 그보다 글의 주제에 해당하는 시민의식 자체의 개념적 애매함에 기인하는 바도 적지 않다. 백낙청은 시민의식을 한편으로는 서구 부르주아에 의해 만들어진 특정한 역사적 산물로 보면서도, 동시에 '우주창조 및 인류탄생 자체에 이미 작용'해온 초거대 서사담론의 자기표현에 해당하는 것으로 설정하고 있기 때문이다. 전자를 후자의 구도 속에 밀어넣는 특유한 전개방식 때문에 서구 근대의 경험이 일회성을 특징으로 하는 역사적 사건이라는 측면이 종종 약화된다.[2] 또하나 문제점은 분석단위의 차원으로, 서구의 역사와 한국의 역사를 상호연관된 하나의 구조 안에서 파악하지 않는다는 점이다. 그는 우리 사회에 독자적 시민의식의 전통이 있다며 다음과 같이 언급한다.

우주 내에서 플라톤적 설득의 원칙으로서의 이성, 그 움직임의 추진력으로서의 사랑, 그리고 그러한 이성과 사랑의 역사적 구체화로서의 시민의식은 현재까지 지속된 가장 오래된 문명사회의 하나인 한반도에 아득한 옛날부터 오히려 두드러지게 있었다고 말해야 옳다. 아니, 앞서 인용한 떼야르의 우주론에 의한다면 — 또는 플라톤의 「티마이오스」에 의하더라도 — 그것은 인류의 탄생 자체, 우주의 창조 자체에 이미 작용했던 것이다.(I, 38면)

백낙청은 '미국의 독립혁명과 프랑스대혁명에서 시민계급이 보여준 선진적 역사의식과 주체적 실천은 오늘날까지도 세계사적 발전의 활력'이 되었으니 배울 것은 배우고 따라할 것은 따라해야 한다고 주장한다. 즉, 우리에게도 나름의 전통이 있고 서구의 시민의식은 우리가 배우고 받아들여야 할 '대상'으로 존재할 따름이다. 우리의 전통과 서구의 전통은 유기적 연관성이나 매개고리 없이 각기 일국 단위의 차원에서 취급되고 있다.

「시민문학론」은 역사적 시기로서의 근대를 명확하게 설정하지 않고 있기 때문에 얼핏 근대극복론과는 관계가 멀어 보인다. 그러나 이 글은 훗날 근대극복론으로 육화될 기본관점들을 이미 포괄하고 있다는 점에서 근대극복론의 관점에서도 여전히 흥미로운 글이다. 예를 들면, 「시민문학론」은 당대의 문학 논의로는 보기 드물게 근대 서구가 성취한 가치뿐만 아니라 그것의 현주소와 한계까지도 명확하게 서술한다. 물론, 글의 전체 논지는 서구 근대의 내재적 한계를 지적하는 것보다 오히려 근대 서구 시민계급이 보여준 이념형으로서의 '시민의식'이 가진 의의와 가능성을 적극 사주는 쪽이다.[3] 그렇지만 이 글은 계몽주의와 프랑스혁명에서 정점에 올랐던 서구 시민의식이 제국주의와의 타협 속에서 점차 소시민의식으로 퇴락하는 과정을 충실하게 추적한다. 그 결과 횔덜린처럼 '자유'의 의도에 충실했던 시민정신의 소유자들은 서구사회 내에서 점차 소외되고, 20세기에 이르면 고전적 시민의식의 부활은 "서양문명의 테두리조차 완전히 넘어선 문제"(I, 35면)라는 대담한 결론에 도달한다. 또한 백낙청 특유의 초거대 서사담론은 이미 언급한 바대로 계몽적

이성을 최고수준의 이성의 '근사치'로 규정하는데, 서구의 근대적 성취의 임계점을 설정함으로써 서구적 근대의 바깥을 독자들에게 잠시 보여주기도 한다.

하지만 「시민문학론」에서 탈근대적 관점은 일부이며 이 글이 어디까지나 근대적 글쓰기에 해당함은 물론이다. 백낙청은 「시민문학론」을 쓸 당시 자신은 근대민족국가와 시민권의 확립을 우리 사회의 당면과제로 설정했다고 말한 적이 있는데(II, 268면), 근대극복론의 두 축인 근대적응과 근대극복의 기준에 빗대 이 의도를 평가한다면 「시민문학론」의 기본취지는 근대달성의 범주 안에서 근대의 한계를 비판하는 자세라고 말할 수 있다. 그러니까 서구의 근대적 시민의식이 소시민의식으로 퇴락하고 이제는 그 시민의식의 회복조차 서구 내에서 사실상 불가능하다는 점을 말하지만, 그렇다고 백낙청은 이것을 서구 시민의식이나 근대 자체의 본질적 한계로 설정하지 않는다. 그보다 프랑스혁명에서 정점에 올랐던 고전적 시민의식을 이어갈 주체를 찾으려 하고, 그 가능성을 서구의 밖에서 그리고 새로운 실천적 문학에서 찾으려 한다. 이 가능성이 민족문학, 한발 더 나아가 제3세계문학론으로 전개됨은 우리가 익히 아는 바이다. 이미 지적했듯이 근대극복을 우리 사회의 과제로 설정하기 위해서는 무엇보다 역사적 시기로서의 근대에 대한 명확한 설정이나 일국 단위를 넘는 분석 범주의 확립은 기본적 필요조건이 된다. 그런데 흥미로운 것은 바로 시민문학론이 민족문학론으로 발전적으로 해체되는 과정에서 지금까지 시민문학론의 약점으로 지적된 몇가지 문제들이 해결되면서 근대극복론을 향한 '토대'가 함께 놓여진다는 점이다.

백낙청은 70년대초에 민족문학론을 제창하면서 시민개념을 마다하고 민족개념을 전면에 배치한다. 예를 들면, 4·19혁명의 의의에 대해 말하면서 서구적 자유주의 신장은 오히려 부차적이고 그 진정한 의의는 빈사상태에 빠진 민족의식의 부활이라고 주장하는데(II, 17~18면), 이런 전환은 문학의 현실적합성에서는 큰 진전일지라도 근대극복론의 입장과는 배치되는 것처럼 보일 수 있다. 자유주의적 입장의 사람들은 후진국 국민들의 민족주의 강조는 근대적 시민정신에 못 미치는 전근대적 혈연주의로의 회귀 내지 제국주의적 이분법을 뒤집은 자국민중심주의 이데올로기로 해석하는 경향이 있다. 한편, 탈근대적 입장을 견지하는 논객들에게 민족—그리고 국민국가—은 그 자체로 자본주의와 제국주의의 상부구조가 된다. 민족문학에 대한 모든 비판은 이처럼 '민족'을 이데올로기로 해석하는 데서 출발하는데, 그러기에 80년대초 진보적 문학비평가들은 민족문학론에서의 민족개념은 총체적 범주가 아니라 '소시민'의 위장이라고 비판했으며, 90년대 탈근대론자들은 민족은 동일성의 이름으로 차이를 억압한다고 비판한다. 입장은 다르지만 민족은 결국 '상상의 공동체'라는 동일 인식에 기초하고 있는 셈이다.

그렇다면 민족문학론이 보여준 그동안의 진보성은 어디에서 왔는가? 이것을 네그리(A. Negri)가 말하는 하급자민족주의(subaltern nationalism)가 담지한 진보성—제국주의 침략에 대한 저항의 기반이자 내부적으로 공동체의식의 강화[4] ─ 의 결과로만 보는 것은 정당하지 않다. 백낙청 자신이 민족개념의 위험성을 적시하면서도 아직껏 그 유효성을 주장할 수 있는 것은 두가지 다른 계기에 기인한다. 하나는 그가 누누이 지적한 대로 민족문학에서 말하는 민족이 혈통의 순수성 및 동일성의 정치학에 기반한 추상적·형이상학적 개념이 아니라, '민족의 주체적 생존과 대다수 민족구성원의 복지가 심각한 위협에 직면'해 있다는 구체적 상황에 기초한 한시적·실천적 개념이라는 점이다. 또 하나의 계기는 시민문학론이 민족문학론으로 발전하는 도정에서 도입되는 분석단위의 확장인데, 이는 근대극복론의 대두에 대단히 중요한 계기가 된다. 백낙청은 처음부터 민족문학은 세계문학에 대항하는 문학이 아니라 세계문학을 지향하는 문학이라고 천명함으로써 전지구적 문화의 위계질서 속에서 그 의미를 부여한다. 즉 분석단위를 일국에서 세계 전체로 확대한 것인데, 전지구적 문화위계질서에 대한 고려는 민족문학이 세계문학의 전위임을 천명하는 제3세계문학론에 오면 더욱 명료해진다.

그러나 민중의 입장에서 볼 때 ─ 예컨대 한국민중의 입장에서 볼 때 ─ 스스로가 제3세계 일원이라는 말은 무엇보다도 그들의 당면한 문제들이 바로 전세계·전인류의 문제라는 말로 중요성을 띠는 것이다. 곧 세계를 셋으로 갈라놓는 말이라기보다 오히려 하나로 묶어서 보는 데 그 참뜻이 있는 것이며, 하나로 묶어서 보되 제1세계 또는 제2세계의 강자와 부자의 입장에서 보지 말고 민중의 입장에서 보자

는 것이다. (『해방』 178면)

　민족문학론과 제3세계문학론의 핵심은 1세계와 3세계를 하나의 질서, 하나의 범주 속에 놓고 보는 것이고, 여기서 한발 더 나아가 민중과 지배집단의 위치까지 일국단위를 넘어서 전지구적으로 배치하는 사유이다. 이런 사유의 가장 큰 이점은 서구와 우리(또는 제3세계)를 대척점에 놓고 국가단위로 선악을 구획하는 식의 입론에 대하여 이는 쉬운 이분법이자 뒤집힌 오리엔탈리즘에 불과하다고 비판할 수 있는 명쾌한 거점을 확보한 점이다.

　그러므로 실천적이고 한시적인 민족개념과 함께 분석단위의 확대는 민족이라는 기표가 '상상의 공동체'로 미끄러지는 것을 막는 자기검열 장치로 기능하게 되는데, 앞서 말했지만 민족문학의 진보성을 확보하는 이 장치는 근대극복론의 정립을 위해서도 필수적인 것이다. 그런데 분석단위의 확대는 사회과학 분야에서 월러스틴(I. Wallerstein)이 이룩한 결정적 공헌임은 대다수 독자들도 알고 있는 사실일 터인데, 민족문학을 지구문화 전체의 입지 속에서 의미를 부여하려는 백낙청의 접근방식은 일국단위를 부정하고 세계체제를 분석대상으로 설정한 월러스틴의 '탈사회과학적' 사고방식과 동일한 궤적을 보여준다. 이 이론적 친화성으로 인해 백낙청은 제3세계문학론 전개과정에서 세계체제론을 적극적으로 끌어들이는데, 그 결과 근대극복론에 꼭 필요한 또하나의 필요조건인 근대와 그 한계에 대한 명확한 개념규정이 이루어진다.

　첫째, 제3세계의 현실은 근본적으로 자본주의 세계경제의 성립과 그 전지구적 확산의 결과로 생긴 것이니만큼 막연히 ‘하나의 세계’ 또는 ‘인류 형제’를 말하던 때와 사정이 다르다. ‘제3세계’는 크게 보아 지구상의 후진지역 전체를 가리키지만 근대의 자본주의 세계경제가 전혀 침투하지 못할 만큼 궁벽하고 낙후된 지역에는 오히려 어울리지 않는 개념인 것이다.

　동시에, 자본주의 세계경제는 계층간·국가간의 실질적 불평등을 그 발전의 동력으로 삼고 있는 만큼, 이 세계경제의 확산으로 ‘하나의 세계’가 저절로 이루어질 것이라는 선진국들의 주장은 허위의식일 수밖에 없다. (II, 169면)

　제3세계는 ‘헐벗고 굶주린 나라’라는 의미가 아닌, 어디까지나 제1세계와 같이 놓고 볼 때 성립하는 개념이 되는 것은 근대를 자본주의 세계경제로 파악해서 전세계를 구조적으로 다층화된 질서로 파악하는 세계체제 이론을 도입한 결과이다.

　분석단위의 확장과 자본주의 근대개념 도입으로 인해 민족문학론과 제3세계문학론은 해방적 가치와 이론적 전위성을 공유하는 당대의 다른 이론들, 예컨대 80년대 ‘진보적’ 문학이론이나 80년대 후반에 국내에 유입된 서구적 탈식민이론들과 커다란 차이를 보이게 된다. 80년대 국내의 진보적 문학이론에서는, 현실사회주의체제는 근대 자본주의체제의 계급모순을 해결한 탈근대적 무계급사회라고 주장하거나, 일국 수준에서 근대를 관통하지 않고도 ─ 또는 근대를 단시간 내에 적당히 통과해서 ─ 탈근대로 갈 수 있다는 견해를 펴는 경우가 적지 않았다. 그러나 민족문학론은 후진국 민족문학이 세계적 선진성을 성취할 가능성이 있다고 주장하지만, 서구의 한계를 뛰어넘는 제3세계문학의 전위성은 저절로 주어지는 것이 아니라 서구 민중들이 쟁취한 근대적 가치를 관통하지 않고는 불가능하다고 말한다. "예컨대 서양적 한계를 인식한다는 작업도 어디까지나 서양적 전통을 아는 데서 쟁취된 인식이라야지 단순히 서양과는 다른 전통에서 자라난 데서 오는 이질감일 수만은 없는"(I, 159면) 것이기에 민족문학은 어디까지나 자국의 전통적 가치와 서구에서 도입된 근대적 가치가 결합했을 때 세계문학의 이름에 값하는 성취를 올릴 수 있다고 못박는다. 한편, 사회주의국가가 탈근대의 문턱에 도달했다는 주장에 대해서도 백낙청은 사회주의체제는 자본주의체제와 분리된 별개의 세계체제가 아니라, 자본주의 세계체제 안에서 반주변부가 중심부로 진입하기 위해 일시적으로 세계경제로부터 벽을 쌓는 고전적 중상주의적 방식을 채택한 것이라는 월러스틴의 이론에 입각하여, "사회주의국가의 성립이라는 것도 아직까지는 〔자본주의〕 세계경제질서의 테두리 안에서 해당국의 사회주의 운동이 정치권력을 장악한 것이라고 설정하는 쪽이 제3세계 민중생활의 실감에 가깝다"(II, 170면)고 논박한다.[5]

탈식민주의와 비교해도 차이는 분명해진다. 탈식민주의는 지금을 신식민시대로 규정하고, 서구문화에 제국주의적 권력의지가 여전히 은폐되어 있음을 드러내려는 목적 때문에, 서구적 이성과 보편성의 가치를 차이의 강압적 은폐, 감추어진 폭력, 특정 집단의 지배를 옹호하는 이데올로기 따위로 환원하려는 유혹에 종종 빠진다. 그 결과, 탈식민주의 비평은 서구 근대의 고전적 저작에서 은폐된 이데올로기를 찾아내는 데 전력을 기울인다. 하지만 시민계급이 당대의 사회적 제약과 싸우면서 새로운 인간관계를 성취해낸 구체적 역사는 간과하거나 서구 리얼리즘 문학의 성취를 제대로 파악하지 못하는 '시선의 불균형'에 빠지게 된다. 이에 반해, 민족문학론은 지구 전체를 대상으로 하되 민중을 한편에 놓고 그 대척점에 지배세급을 놓고 근대성의 성과를 따지기 때문에 식민국 대 피식민국이라는 손쉬운 이분법을 처음부터 피해갈 수 있었으며, 서구문학을 읽을 때도 '적개심과 공감의 절묘한 배합'이 필요하다고 말한다. 그 결과, 탈식민주의가 국내에 수입되기 전 국내 비평계가 서구문학의 수준을 마냥 감탄하고 추종하고 있을 때 백낙청은 20세기의 서구문학은 계몽주의에서 절정에 오른 해방의 서사에 훨씬 못 미친다고 비판하는 한편, 탈식민주의의 수입과 더불어 비평계에서 서구의 고전적 저작에 대한 비판이 통념화된 때에는 오히려 인간해방의 실천적 작업을 위해 이들 작품의 통찰을 활용해야 한다고 지적할 수 있게 된다.

그러므로 시민문학론이 민족문학론으로 진화하고, 다시 제3세계 문학론으로 확장되는 과정은 근대의 의미와 한계가 분명하게 드러나는 과정이 된다. 제1세계와 제3세계를 구조화된 전체 속에서 파악하면서 한국의 민족문학이 세계문학의 전위가 될 수 있다고 규정할 때, 민족문학론은 서구적 근대를 근대 전체로 파악하는 '유럽중심적 패러다임'을 훌쩍 뛰어넘는다. 그럼에도 「시민문학론」에서 서구의 근대적 시민의식의 한계를 지적하기보다 시민의식을 계승할 주체를 찾으려 했듯이, 민족문학과 제3세계문학론의 구도도 기본적으로 근대의 범주 내에서 전개된다. 즉 근대 서구의 성취에 대한 날카로운 비판에도 불구하고 프랑스혁명기 시민계급의 정신을 우리가 따라야 할 '본보기'로 설정한 「시민문학론」의 취지는 비록 강도는 약해질지라도 새 이론에서도 끝끝내 유효한 발언으로 남는다. 특히 서구문학을 평가할 때 근대의 이월가치에 대한 그의 소신이 두드러지게 나타나는데, 엘리어트(T. S. Eliot)의 '감수성의 분열론'에 대한 백낙청의 평가가 좋은 예가 된다. 엘리어트는 당대의 시에서 사상과 감정이 분열되어 있다고 비판하면서, 이 분열의 근원을 영시의 역사 속에서 찾으려 했다. 그의 구도에 따르면, 시에서 사상과 감정은 17세기 형이상학파 시인들에게까지는 통합된 상태였던 것이, 드라이든(J. Dryden)과 밀턴(J. Milton)을 거치면서 분열되기 시작했고 낭만주의 시에서 분열이 심화되어 당대까지 계속된다는 것이다. 한때 상당한 영향력을 행사하기도 했지만 너무 거시적이라 엘리어트의 박람강기(博覽强記)를 보여주는 이론 정도로 종종 치부되는 이 이론을 백낙청은 근대 유럽정신의 본질을 건드린 통찰로 받아들인다. 계몽주의를 비롯한 17세기 이후의 근대 유럽정신 전체에 본질적 한계가 있음을 수긍한 것이다. 하지만 백낙청은 여기에서 단순히 비판에만 그치지 않는다.

즉 엘리어트가 18세기와 19세기의 시인들을 통틀어 '분열'의 희생자로 규정하는 가운데 제대로 검사 한번 못 받고 덩달아 격하된 영문학의 분야는 19세기에 원숙의 경지에 이른 리얼리즘 소설이다. 이에 대한 몰이해야말로 엘리어트의 비평이 무엇보다 시 제작자의 비평이라는 그 한계를 확인해주는 동시에, '감수성의 분열'에서도 희곡작가로서의 셰익스피어에 대한 인식이 부족했다는 비판을 상기시켜주는 것이다. (II, 424면)

그 한계에도 불구하고 근대 서구는 셰익스피어와 19세기 리얼리즘 문학이라는 '원숙의 경지'에 오른, 그러니까 근대의 한계까지도 보여주는 '전범'을 가지고 있다고 평가하는 것이다.

3. 민족문학의 새 단계: 분단체제론에서 근대극복론으로

백낙청의 글에서 근대의 범주 밖에 대한 언급이 없는 것이 아님은 앞서 지적했다. 계몽주의 이성이 "가장 높은 의미에서의 이성의 근사치"에 불과하다는 주장이나, 민족문학은 철저히 역사적인 개념으로 "어디까지나 그 개념에 내실을 부여하는 역사적 상황이 존재하는 한에서 의의있는 개념이고, 상황이 변하는 경우 그것은 부정되거나 차원 높은 개념 속에 흡수될 운명에 놓여 있다"(I, 125면)는 논지는 근대의 범주 밖을 슬쩍 보여준 예에 해당한다. 하지만 4월혁명에서 6월항쟁에 이르는 민족문학의 단계에서 이런 언급은 예외에 해당되고, 1987년 6월항쟁을 기점으로 민족문학이 새 단계에 들어서면서 근대의 바깥을 본격적인 화두로 삼기 시작한다. 그동안 근대의 한계를 적시하면서도 근대극복을 구체화하지 않은 이유는 근대 민족국가와 시민권의 확립이든 '민주회복'의 달성이든 6월항쟁 이전 단계의 민족문학이 담당한 과제 자체의 엄중함 때문일 것이다. 그렇다면 이제 민족문학의 과제는 어떻게 달라졌으며 이 달라진 과제는 어찌하여 근대극복론을 필요로 하는가?

6월 이후 정권교체를 놓치고도 우리가 끈덕지게 얻어낸 것 또한 적지 않지만, 무엇보다 민족사적 과업의 복합적인 성격이 비로소 구체적으로 현실화되는 공간이 열렸다는 점이 6·29 이후의 가장 큰 새로움인 것이다. 그리고 '자유민주주의의 쟁취'든 '노동계급 주도권의 관철'이든 이런 복합적 양상보다 더 간단명료한 그 어떤 고전적 기준도 좀체로 안 들어맞는 사회가 바로 우리의 분단사회인 것이다.(III, 5면)

여기서 우리는 두가지 '새로운' 인식 ─ 엄격히 말하면 아주 새로운 것이라기보다 이전부터 주장해왔지만 이제 의미를 새롭게 부여받게 되는 것들 ─ 을 보게 된다.

첫째는 '고전적'이라는 수식어가 붙기는 했지만, 자유주의와 사회주의는 우리의 현실을 제대로 설명해줄 수 없고 대안으로도 충분하지 못하다는 인식이다. 그런데 두 이념은 월러스틴의 구도에 따르면, 프랑스혁명 이후 형성된 빈(Wien) 반동체제가 혁명의 유산인 정치변혁에 대한 기대감을 수습하는 과정에서 나타난 것으로 보수주의와 함께 근대의 대표적 이데올로기에 해당한다. 자유주의는 세계체제 중심부 국가에서 '해방의 근대성'을 지향하는 욕망을 일부 제도화함으로써 기존 체제를 위협하는 위험한 계급을 회유하는 수단이며, 사회주의는 '해방의 근대성'에 대한 강렬한 길밍에서 출발했음에도 불구하고 궁극적으로는 약간의 정치적 양보를 받는 댓가로 '기술의 근대성'에 우선권을 양보하고 마는데, 그 결과 레닌주의조차 자유주의에 이용당했다고 그는 비판한다.[6] 그렇다면 자유주의도 사회주의도 대안이 될 수 없다는 주장은 근대성의 범주 내에서 탄생한 지구문화로는 6월항쟁 이후 그 모습을 분명히 드러낸 '민족사적 과업의 복합적인 성격'을 제대로 파악할 수도 해결할 수도 없다는 지적에 다름아니다.

두번째는 그 '복합적 성격'을 풀려는 의도가 분단체제론으로 구체화된 점이다. 분단모순은 이전부터 민족문학론의 핵심적 관심사였으므로 그 자체로 새로운 것은 아니다. 80년대 계급담론의 압력에도 불구하고 백낙청이 민중문학보다 민족문학이란 이름을 고수한 것도 전자에는 분단현실에 대한 성찰이 부족(II, 55면)하기 때문이었다. 분단체제는 남북한 지배집단들이 적대적 대치를 통해 공존하고 기득권을 유지하고 있으며, 따라서 한반도에서 갈등의 선(線)은 남한과 북한 사이가 아니라, 분단으로 인한 기득권을 향유하는 남북한 지배집단과 고통받는 남북한의 민중들 사이에 존재한다는 점을 골자로 한다. 기실, 이런 해설은 분단이 남한의 민주화와 민중의 삶을 옥죄는 부정적 구조임을 설명하려는 것이고, 이는 6월항쟁 이전의 민족문학론에서도 누누이 강조된 바이다. 분단체제론이 정작 새로운 점은 분단현실이 부여하는 부정적 효과에 대한 강조를 넘어, 한반도 분단을 월러스틴이 제창한 세계체제론과 결합하여[7] 분단현실을 체제로 규정하면서 분단을 극복하는 전망을 마련한 점인데, 그 장기적 전망이 근대극복론으로 발현된다.

분단체제는 자본주의 하위체제이므로 독자적 완결성을 가진 체제라고 이름할 수는 없지만 일정한 한도까지 자기재생산을 할 수 있는 '체제'이므로 남북한의 진정한 민주화는 분단체제 극복 없이는 불가능하다. 그런데 분단체제가 자본주의 세계체제의 하위체제라면 한반도 민주화와 분단체제 극복은 궁극적으로 근대 자본주의 세계체제 극복을 동시에 지향할 때 가능해지는 거대한 전지구적 작업일 수밖에 없다. 그렇다면 백낙청이 6월항쟁 이후 근대극복론을 들고 나온 것은 민족문학론 발전과정의 당연한 귀결이며, 이후 민족문학론·분단체제론·근대극복론은 오해의 여지를 무릅쓰고 요약한다면 공간적으로는 남한·한반도·전지구의 차원에서, 시간적으로는 단기·중기·장기적 전망 속에서 동심원적 구조의 다층질서를 형성하게 된다.

그런데 백낙청은 월러스틴의 구도에 분단체제라는 중간단계를 설정함으로써 세계체제를 특유의 방식으로 수용하지만, 근대 자본주의 극복의 대본을 짤 때도 정작 월러스틴이 동의하기 어려운 특유한 방식으로 분단체제론과 근대극복론을 연결하는 낙관주의적 변형을 보여준다. 월러스틴에 따르면 15세기 말 우연한 계기로 시작된 자본주의 근대는 저임금노동력의 고갈, 중산층의 위기, 환경적 난관 및 후진국의 인구증가로 인해 마침내 제도적 위기에 봉착했으며, 앞으로 약 반세기 동안 혼란과 위기를 거친 다음 자본주의 이후의 사회로 이행할 것으로 예측한다. 그런데 이런 진밍 자체는 수용하면서도, 백낙청은 미국과 전세계가 어지럽고 살벌한 세월로 접어들지만 한반도는 오히려 상대적 안전지대에 접어든다고 주장한다(「한반도의 2002년」, 『창작과비평』 2002년 봄호 17면). 지금까지 분단체제가 세계체제 유지에 큰 몫을 담당해왔으니 세계 자본주의의 흔들림은 우리 사회에서 민중이 주인이 되어 분단체제 극복의 염원을 현실화하는 계기가 될 수 있다는 것이다. 한 대담에서 백낙청은 다음과 같이 강조한다.

분단시대를 사는 우리 한국인의 최대목표가 분단체제 극복이고 이것은 분단체제보다 나은 체제를 한반도에 건설하는 일이라고 한다면, 이 작업은 한편으로는 우리가 통일국가를 달성함으로써 자본주의 세계체제 안에서, 근대세계 속에서 제자리를 잡는 그런 작업이면서 다른 한편으로는 이제까지 이 세계가 작동해오던 방식에 대해

서 뭔가 견제를 하고 새로운 것을 내놓는 작업이거든요. 그런 의미
에서 분단체제 극복이야말로 한반도에서 근대를 달성하면서도 근대
극복을 향해 나아가는, 근대극복의 실마리를 여는 이중적인 작업이
랄 수 있지요.(「백낙청 편집인에게 묻는다」,『창작과비평』 1998년 봄호 23면)

이제 한반도는 분단체제 극복과정에서 남북한에 종전에 없던 새
로운 형태의 '민주적 정의사회' 창출을 통해서 현재의 신자유주의
적 자본주의 세계체제를 대체할 평등사회 건설에 의미있는 공헌을
하는 역사적 현장이 되는데, 지나친 이상주의로 여길 독자도 적지
않을 것이다. 그러나, 9·11이 미국 주도의 신자유주의적 전지구화
에 대한 극단적 대응이었으며 맹목적 경제 위주의 세계화는 극단적
반발 — 예를 들면 두차례의 세계대전 — 을 초래한 역사적 사실이
있으며, 이런 점을 제외하더라도 이런 대목은 백낙청의 굽힐 줄 모
르는 낙관적 정신만은 분명히 보여준다.

백낙청이 근대극복론을 제기한 근본계기는 민족문학이 새로운
단계에 진입하게 되는 역사적 변화인데, 여기에는 탈근대론의 유입
이라는 상황적 요인도 적지 않게 작용한다. 그동안 사회주의체제를
대안으로 고려했던 진보학계가 현실사회주의 국가들의 몰락으로
궁지에 몰린 상황에서 문민정부가 주도한 '세계화' 바람을 타고 탈
근대론이 급격하게 부상한다. 민족문학론은 이 상황에 유연하게 대
처하면서 90년대로 넘어오게 되는데, 여기서 다시 민족문학론의 성
과가 분석단위의 확대, 즉 이미 '전지구성'을 달성한 이론이라는 점

이 확인된다. 백낙청은 자본이 주도하는 전지구화의 대세는 입론과정에 적극 반영하지만, 그러나 현상황이 근대를 넘어 탈근대로 진입하고 있다는 판단에 대해서는 분명하게 각을 세운다. 여기서 논지의 전개를 위해서 포스트모더니티와 포스트모더니즘의 용어 규정을 명확히하는 것이 필요할 터인데, 논자들마다 의미가 조금씩 달라지는데다, 후자의 경우 '포스트'의 대상이 모더니즘인지 모더니티인지 애매하기 때문에 간결하게 규정하기가 사실상 불가능하다. 우선, 예술상의 모더니즘에 반발하는 포스트모더니즘에 대해서 백낙청은 이미 80년대 중반에 그것은 모더니즘의 변형이며, 그나마 모더니즘에 내포된 진짜 문제의식조차 계승하지 못한 채 수상쩍은 대목만 받아들여 발전시킨 것으로 사실상 모더니즘의 파산선고에 불과하다(II, 399면 및 410면)고 비판한 적이 있다. 그는 차이개념에 기반하여 진리개념을 부정하는 포스트모더니즘 문학관은 2차대전 후 전세계적으로 움튼 식민지 민중들의 자기각성의 움직임에 직면해서, 서구가 자신의 지배권을 유지하기 위해 유연성을 발휘한 비평형식이라고 통렬하게 비판한다. 그런가 하면, 사회구성체적 관점에서 현단계 자본주의 생산방식에 일어난 일정한 변화 — 예컨대 포드주의에서 포스트포드주의 생산방식으로의 전환, 정보사회의 도래, 대중매체의 폭발적 증가로 인한 새로운 문화 전개 — 를 탈근대의 징후로 꼽는 주장에 대해서도 이런 변화들이 탈근대의 도래를 알리는 현상이기는커녕 오히려 자본주의 근대가 자기논리를 더욱 철저히 관철시킨 결과일 따름이라고 지적한다.[8] 그러므로 백낙청은 탈근대론의 부상에 두가지 방식으로 대응한다. 하나는 현재 지구사회는 탈근대로 이행한 것이 아니라 근대의 종착점을 향해 달려가고 있기 때문에 탈근대론의 허상에서 벗어나서 과거의 근대화론이 세련된 모습으로 탈바꿈한 신판 근대주의에 대하여 더욱 경계할 것을 주문한다. 다른 하나는 탈근대론의 과잉으로 말미암아 근대적응의 노력 자체가 폄하될 수 있기 때문에, 그는 근대적응과 근대극복을 동시에 추구하는 '이중과제론'을 제시하는 것이다.

우리 처지에서는 근대적응과 근대극복을 동시에 지향해야 한다는 백낙청의 소신은 근대성과 근대주의를 적극적으로 구분하는 데서도 개진된다. 월러스틴이 지적한 대로 'modernity'는 '해방의 근대성'과 '기술의 근대성'이라는 이질적 함의를 지니며, 두 의미는 서구 근대사에서도 공생과 갈등의 복잡한 관계를 갖는다. 자본주의 세계체제에 타율적으로 편입되면서 식민화과정을 겪은 우리 사회로서는 두 근대성의 갈등이 더군다나 심각한 문제가 된다.

예컨대 근대성이 곧 근대주의일 수 없음은 앞서 논했지만, 조선조 말기에서 식민지시대를 거쳐 최근에 이르기까지 근대주의는 식민주의 및 신식민주의의 가장 효과적인 무기로 작용해왔다는 점에서 선진사회 내부에서의 근대주의의 문제점보다 더욱 해악이 큰 면이 있다. 그러나 자율적 근대화의 준비 부족이 근대전환의 타율성을 자초했던 만큼, 전통주의 내지 반근대주의는 근대주의의 해악에 대한 적절한 반응일 수 없으며 심지어 알게 모르게 그 공범자가 되기도 한 삶의 질을 고양시키는 근대적 성취와 이데올로기로서의 근대주의를 구분해야 할 필요성은 우리 사회가 중심부 국가보다 더욱 절박하기 때문이다.

4. 근대극복론: 변한 것과 변하지 않은 것

지금까지 백낙청의 이론이 시민문학론에서 민족문학론과 제3세계문학론을 거쳐 분단체제론과 근대극복론에 도달하는 과정을 근대와 탈근대를 보는 관점을 중심으로 검토해보았는데, 그가 도달한 최근 지점에서 출발점을 바라본다면 '법고창신'이라는 표현이 실감날 것이다. 즉 그는 근대 서구가 달성한 성취와 한계에 대해 처음부터 의식하고 있었으며, 다만 이 의식은 뒤로 갈수록 점차 명료해지고, 상황 속에서 해결해야 할 모순의 성격과 설정된 당면과제에 대응해서, 입론의 골격은 변하지 않으면서도 내부적으로는 끊임없는 확대·변화·조정이 이루어졌다. 시민문학론이 민족문학론과 제3세계문학론으로 옮겨갈 때 분석단위 확대와 자본주의 세계체제로서의 근대 개념이 들어오며, 민족문학이 새 단계에 접어들면 탈근대적 목표가 강화되면서 민족문학론·분단체제론·근대극복론이 동심원적 질서를 형성한다. 70년대에는 순수예술론과 소시민 문학론에 맞서 민주회복을 겨냥하면서, 80년대에는 일국주의적 분석단위 및 현실사회주의를 대안으로 생각하는 논리에 대응하여, 90년대는 급작스럽게 부상한 포스트모더니즘의 공세에, 그리고 다시 부활한 위장된 근대주의 이데올로기에 맞서 그는 마침내 '근대적응과 근대극복의 이중과제'를 민족문학의 장기적 과제로 제시하기에 이른다.

이 과정은 근대 서구의 성취를 적극적으로 수용할 필요성을 강조하면서도, 근대 서구의 한계를 강조하는 방향으로 논지가 전개되고 마침내 근대의 한계 밖을 상상하는 여정인데, 긴 안목으로 본다면, 근대극복론은 예전 이론의 '수정'이라기보다 오히려 근대달성에서 근대극복으로 강세점이 이동한 '진화'로 파악함이 더 타당할 것이다. 백낙청의 계몽주의에 대한 견해의 변화는 법고창신적 진화를 보여주는 좋은 예가 될 것이다. 프랑스 계몽주의 및 혁명기 시민계급의 정신을 우리가 따라야 할 '본보기'로 설정한 「시민문학론」의 취지는 그후의 글에서도 여전히 유효성을 지닌다. 그렇지만 근대성과 근대주의를 굳이 구분하는 근대극복론의 입장에 오면 계몽의 역할에 한결 회의적이 된다. 이성의 보편성은 계몽철학의 핵심주장이지만, 미국 헌법 속에 보편적 평등권을 기입한 기안자조차 노예제를 합헌으로 받아들인 역사적 사례가 보여주듯 그 현실적 적용에 한계를 보인 것은 널리 알려진 사실이다. 다음은 하버마스의 「근대성—미완의 기획」의 논지에 대한 백낙청의 비판이다.

하버마스가 '미적 근대성'의 심각한 문제점을 지적하면서도 그것이 계몽주의적 근대성 기획의 일부임을 고집하는 것은, 상호연결이 거의 상실된 과학·사회·예술 분야의 발전들이 하나의 이성적인 일상세계로 재통합될 수 있음을 전제했기 때문이다. 하지만 그 자신도 실질적으로 인정하듯이 18세기의 계몽주의 자체가 이미 문화적 통일성의 상당한 파괴를 뜻하는 것이라면, 계몽적 이성의 작용으로 그러한 재통합이 달성되리라고는 기대하기 힘들다. 적어도 이 점에 관해서는 포스트모더니즘론자 리오따르의 회의적인 반응에 더 공감이 간다.(「문학과 예술에서의 근대성 문제」, 같은 책 16면)

「시민문학론」의 '근사치'라는 표현이 계몽의 한계를 지적하면서도 그 '획기적' 의의를 강조했다면, 근대극복론은 계몽주의 — 나아가 서구적 지혜 전체 — 의 한계를 더욱 부각시킨다. 즉 근대 서구의 이성은 그 최고 수준에 이르렀던 계몽주의시대에 이미 분열되어 있었고, 하버마스가 희망하는 온전한 이성의 회복은 근대 서구의 정신에서는 애초에 존재하지 않았다고 비판하는 격이 된다.[9]

근대극복론 내에서 일어나는 진화의 또다른 예는 근대달성이 근대적응으로 환치된 것인데, 엔리께 두쎌(Enrique Dussel)의 근대극복론에서 일정한 영향을 받은 것으로 보인다. 두쎌은 근대 혹은 근대성을 바라보는 패러다임을 두 갈래로 구분한다. 하나는 유럽중심적 패러다임으로 근대성은 유럽에서 기원하여 전세계로 확장되었다는 주장이다.[10] 다른 하나는 지구적 패러다임으로 이 견해에 따르면 근대는 아메리카의 발견·정복·식민·통합에 따른 산물로서 근대가 시작될 때 이미 중심부와 주변부가 동시에 형성된다. 그렇다면 근대달성이라는 용어 자체가 선진국을 선두로 지구상 모든 국가를 일직선상에 놓는 유럽중심적 패러다임에 가까워지며 근대성의 이중적 모습을 부각하려는 백낙청의 취지와도 어긋나게 된다.

백낙청은 근대 유럽문화의 본질적 한계에 대해서도 두쎌과 상당한 의견 일치를 보여준다. 지구적 패러다임에서 근대성이란 세계체제 중심부에 속한 나라들이 갑자기 엄청나게 확대된 식민지를 경영해야 할 현실적 요청에 대응한 결과이다. 이 요청은 경영의 효율성을 높이기 위해 존재의 복잡성을 단순화·추상화하기를 강요하는데 그 결과 정치적 관료주의, 일상적 금욕주의, 유아론적 개인주의, 경제적 자본주의가 형성된다. 두쎌은 유럽의 지식인들이 나중에 단순화의 파괴적 효과를 인지하고 근대적 이성에 대한 자아비판에 나서게 되지만, 유럽지성은 파괴적 현상만 보았을 뿐 현상의 근본원인인 세계체제를 보지 못했기에 끝까지 유럽중심주의를 넘어서지 못한다고 비판한다. 그러므로 하버마스식의 도구적 이성 비판이나 포스트모더니즘의 '이성의 테러' 비판 따위로는 주변부 해방을 성취할 수 없다는 두쎌의 주장은 "특정한 진리개념을 가진 서구중심적 지식의 구조를 극복하는 문제"를 근대극복의 과제에 포함시킨 백낙청의 주장과 동일한 궤적을 보여준다. 다만, 셰익스피어와 19세기 리얼리즘 소설 같은 서구문학은 서구 근대의 "특정한 진리개념"이 가진 한계를 미리 보여주고 있다고 주장하는 데서도 보이듯, 두쎌과 비교할 때 백낙청은 서구정신의 구조적 한계점만큼이나 현실적으

로 이루어진 성취에도 훨씬 개방적 태도를 보이는데, 이런 점도 그
의 이론이 지닌 특유한 실천적 측면의 예가 될 것이다.*

* 이 글은 『지구화시대의 영문학』(창비 2004)에 수록된 원고를 이 책에 싣기 위해 부분
  적으로 손질한 것이다.

세계체제의 바깥은 없다
소국주의와 대국주의의 내적 긴장

최원식 • 문학평론가, 인하대 교수

1. 분단체제의 위기

1997년 12월 대선을 통해서, 쿠데타의 위협 없이 정권교체라는 지난한 과제의 하나를 해결함으로써 한국 민주주의는 새로운 역사적 걸음을 내딛게 되었다. 물론 4월혁명 직후 자유당독재의 붕괴와 함께 민주당이 집권한 역사적 경험이 있지만, 이번처럼 선거에 의해 평화적으로 여야의 정권교체가 비교적 순조롭게 이루어진 경우와는 차별된다는 점에서, 15대 대선의 의미는 각별하다고 아니할 수 없다.

무엇이 각별한 것인가? "한국에서 민주주의를 기대하는 일은 쓰레기통에서 장미가 피기를 바라는 것과 같다." 자유당 시절, 어느 외국기자의 이 방자한 야유를 통쾌하게 뒤집어서인가? 그런 측면의 기쁨도 없는 것은 아니지만, 15대 대선 결과는 여당의 불패신화를 거의 보증해온 분단체제가 위기국면으로 접어들고 있음을 알리는 징후라는 점에서 더욱 주목되는 것이다. 알다시피 세계적인 냉전체제의 종결에도 불구하고 동아시아에서는 전후(戰後)가 아직도 지속되고 있다. 세계 4강의 이해가 교차하는 한편, 적대적인 듯 상호의존적인 두 정부가 마주한 한반도는 그 결절점의 핵심이라고 할까. 따라서 한반도 분단상태의 해소는 동아시아 전후의 지혜로운 종결을 위한 선차적 과제의 하나가 아닐 수 없다. 그런데 냉전의 해체에도 여전히 완강했던 분단체제가 최근 극히 유동적인 상황으로 진입하였다. 북한의 식량위기에 이은 남한의 금융위기로 한반도 전체가 총체적 난국으로 급속히 빠져드는 작금의 사태를 조망컨대, 그 와중에서 이루어진 남한의 정권교체는 더욱, 분단체제의 균열이 심화되는 한 중대한 고비를 가리키는 지표로서 다가오는 것이다.

그러나 여권 속으로 들어가 문민정부를 탄생시킨 김영삼정부가 그러하듯이, 이탈한 구여권을 싸안아서 정권교체에 성공한 김대중정부의 출현도 변칙적이라는 점을 지적하지 않을 수 없다. (어찌 보면 이 변칙성이야말로 기로에 봉착한 분단체제가 자기를 관철하는 독특한 방식의 하나인지도 모른다.) 양자 사이에는 미묘한, 그럼에도 주목할 만한 질적 차이가 있다는 점을 간과해서는 안되지만, 김대중정부가 21세기로 가는 한국의 최선의 선택에는 미치지 못한다는 것 또한 명백히할 필요가 있다. 물론 미리 한계를 긋고 비판만 하는 것이 능사가 아니다. 그런 일이 주관적인 선의에도 불구하고 자칫 김대중정부의 개혁작업의 전진을 가로막는 수구적 책동에 놀아나는 꼴이 될 수도 있기 때문이다. 종당에는 수구의 포위를 뚫지 못하고 좌절한 김영삼정부의 전철을 상기하면, 취약한 정권기반을 두터이 보호하는 범개혁세력 대통합을 위해 대국적 입장에서 조력하는 고도의 정치적 지혜가 요구되는 때라는 점이 더욱 고려되어 마땅하다. 그렇다고 해도, 아니 그렇기 때문에, 한갓 정부만 쳐다볼 것이 아니라, IMF관리체제에 대응하여 출범한 김대중정부의 개혁작업을 새로운 수준의 진보운동의 이론과 실천을 모색하는 본격적 계기의 하나로 삼아야 할 필요가 절실해진다.

2. IMF사태를 둘러싼 분분한 논의들

　영국의 『더 타임즈』가 마침내 무릎을 꿇은 한국을 비롯한 아시아 정부들을 메피스토펠레스에게 영혼을 판 파우스트로 연민하는 가운데,[1] 한국정부는 1997년 12월 3일 IMF에 전면 항복하였다. 한국이 갑자기 IMF관리체제 아래 편입된 이 특단의 사태를 놓고 나라 안팎에서 논의가 분분하다. 한국경제에 대한 IMF의 강력한 구조조정 요구에 대해 미국기업과 싸우는 한국대기업을 견제, 무력화하려는 미국자본의 음모로 보는 시각이 있다. 뉴매카서(New MacArthur) 프로그램으로 불리는 미국중심의 IMF지배체제가 경제적일 뿐만 아니라 군사적인 체제임을 상기시킨 정성기(鄭成基)는 1997년 11월 24일 미국의 한국 조기지원 결정을 월가(街)가 유엔군의 인천상륙작전에 비유한 점을 지적한다.[2] 이 음모론은 최근, IMF가 중심이 되어 90년대 초반에 작성한 워싱턴 컨쎈써스(Washington Consensus)의 존재가 알려지면서 더욱 힘을 얻은 형편이다. 냉전이 종식된 이후 국제금융자본은 신자유주의적 경제질서의 전지구적 관철을 집행하기 위해 한국 및 개발도상국가들의 시장개방을 핵심으로 하는 구조조정을 강제하는 다양한 계획을 수립한바, 한국정부가 이들의 치밀한 작전에 말려 'IMF신탁통치'를 받아들일 수밖에 없었다는 것이다.[3]

도대체 IMF란 무엇인가? "IMF는 1945년 미국과 영국을 중심으로 한 연합국들이 2차대전 이후의 국제경제질서를 구축하기 위하여 맺은 브레튼우즈 협정에 의해 세워진 기관이다. IMF의 원래 목표는 국제경제체제의 질서를 회복하는 데 있었으며 특히 국내 및 국제 경제체제의 규제에 있어 정부가 핵심적 역할을 맡아야 한다는 일반적 합의가 있었다. 그러한 합의의 이론적 근거는 1930년대의 케인즈혁명에 의해 주어졌다. 1929년의 세계대공황에 따른 대량실업과 사회적 혼란 그리고 이로부터 비롯된 각국의 보호무역주의, 블록경제와 군비확장 등이 2차세계대전을 야기시켰다는 반성에 토대를 두고 전후 국제경제질서 구축에 있어 각국 정부가 적극적 역할을 맡아야 한다는 인식이 확고했던 것이다."[4] 이처럼 정부의 역할을 강조하면서 출범한 IMF는 1970년대 중반 이후 선진자본주의가 만성적인 경기침체로 빠져들면서 사회민주주의 또는 케인즈주의 정책의 실패가 도드라지자 미국을 중심으로 한 다국적기업과 국제금융자본의 이해에 기초한 신자유주의로 대전향을 감행했던 것이다.[5] 신자유주의 프로젝트는 냉전 종식 이후 더욱 가속화하여, 급기야 급부상하는 아시아를 주요 타격목표로 삼기에 이르렀으니, 미국의 대한(對韓)정책이 미묘한 변화의 양상을 보였던 터다. 북한과의 관계개선을 추구하는 미국은 사회주의에 대한 자본주의의 우월성을 전시하는 진열창으로 특별대우했던 한국을 하나의 경계대상으로 간주, 미국의 자유시장 개념에 맞게 한국경제의 재편을 강력히 요구하면서 한국의 위기가 초래되었다는 것이다.[6] 이러한 국제적 흐름의 변화에 둔감한 채, 내부개혁은 중도폐기하고 OECD 가입을 무리하게 추진하며 북한에 대한 강경기조를 밀어붙이다가 IMF의 덫에 스스로 빠진 김영삼정부는 과대망상에 빠진 '우물 안 개구리' 꼴이 아닐 수 없다. 과연 IMF는 미국자본의 이익을 전지구적 차원에서 관철하는 도구다. 이 점에서 음모론적 시각에 대해서도 한결 괄목상대해야 하지만, 그럼에도 정부의 무능과 함께 정경유착 속에 일그러진 한국 자본주의의 실상에 비추어볼 때 남의 탓만 할 수는 없는 노릇이다.

한국을 비롯한 아시아 금융위기의 원인이 구조적인 것이 아니라 갑작스레 조성된 심리적 공황(panic)에서 말미암았다는 희한한 논리도 있지만, 이 또한 우리에게 위안이 되지 못한다. 심리적 공황론보다는 정보통신원죄론이 오히려 흥미롭다. 정보통신의 발달로 투자자들이 주어진 정보에 대한 검증 없이 이리저리 급속히 한 방향으로 쏠리는 기울기에 따라 한 나라 경제의 사활이 좌지우지된다는 것이다. 실제 월가의 딜러들은 전자게임하듯 금융거래를 하고 있다니, 소련이란 '위협'이 사라진 대신 이익을 따라 정처없이 세계를 떠도는 자본이 새로운 요괴로 등장한 우리 시대는 일종의 총체적 위험사회로 진입한 것인지도 모른다. 하여튼 세계금융 개편을 위한 투쟁에서 막강한 일본 대장성과 한국 재경원이 일거에 위용을 잃어버리는 최근 사태의 추이를 바라볼 때 유일권력으로 부상한 IMF와 월가의 전자게임, 그 무서운 위력을 새삼 실감하게 되는 것이다.

이와 함께 1997년 7월 타이의 바트화 폭락으로 촉발된 아시아 금융위기를 세계대공황의 서주로 보는 논의에 수목할 필요가 있디. 고철기(高喆基)는 국제금융시장을 교란시키는 투기성 자금의 거대화와 1930년대 대공황에서 회복된 이후 다시 허약해질 대로 허약해진 실물부문으로 상징되는 최근 자본주의의 실상을 직시할 때, 1930년대 대공황을 야기한 조건들이 점차 성숙하고 있다고 지적한다.[7] IMF 금융위기는 주변부와 반주변부에 국한되어 있기는 하지만, 선진자본주의 여러 나라들, 일본은 물론이고 독일을 비롯한 유럽, 심지어 최근 최고의 호황을 구가하는 미국경제도 겉으로는 양호한 듯하나 내면으로는 결코 낙관만 할 수 없다는 관측도 적지 않다. 70년대 이후 사멸하는 공룡에 비유되면서 일본을 비롯한 아시아경제의 추격에 초조히 쫓기던 미국이 창조적 파괴론을 내세워 내부 구조조정을 다그쳐 경제부활에 성공했음에도 실제로 미국경제는 "파괴된 것은 고용안정이고 창조된 것은 저임금"이란 비판을 받을 만한 약점(물론 단기적으로는 이 약점이 대외경쟁력 측면에서 강점이기도 하지만)을 안고 있는 게 사실이기 때문이다. 이 점에서 역사적으로 공황은 부의 세습이 이루어지는 30년을 주기로 반복되고, 이를 피하면 다음 30년, 즉 60년을 주기로 대공황이 내습한다는 라비 바트라(Ravi Batra)의 대공황설은 그럴듯하다.[8] 한국 재벌들이 대개 2세 경영으로 넘어간 시점에 금융위기가 발생했다는 공교로운 사실도 참고할 점이다.

과연 아시아 금융위기는 세계대공황의 서주인가? 1931년과 1997년의 금융위기를 비교한 박복영(朴馥永)은 중앙유럽에서 시작하여 곧장 국제금융의 중심부 영국으로 비화, 세계금융질서 자체를 전복해버린 전자에 비해 아시아에 국한된 후자는 그 강도가 훨씬 약하다고 진단한다. 그럼에도 순수자유시장이라는 정통교리의 파산으로 주어진 30년대 대공황을 케인즈혁명에 의해 극복했던 역사적 교훈을 망각하고, 1997년 아시아 위기를 신자유주의적 처방으로 막으려는 IMF의 기도가 일시적으로는 위기의 중심부 파급을 저지한다 할지라도 근본적으로는 아시아 위기를 심화시킴으로써 대공황으로 발전할지도 모른다고 조심스럽게 전망한다. "1931년 국제금융위기는 대공황의 종결을 유도한 위기였던 반면, 1997년 국제금융위기는 세계적 불황을 야기하는 위기가 되지 않을까 우려되는 것이다. 금융위기를 겪고 난 지금의 동아시아는, 전간기(戰間期)에 비유한다면 금융위기 이후의 1930년대가 아니라 대공황을 향하고 있는 1920년대에 해당하는 시점에 서 있는 느낌이다."[9]

금번 아시아 위기가 대공황의 시작이라고 단정하는 것은 현재로서는 촉빠른 진단일 것이다. 신자유주의의 무한관철이 심각한 사태를 초래할 가능성은 언제든지 남아 있다고 보아도 좋지만, 설령 이번 사태가 세계대공황으로 번진다고 하더라도 자본주의의 대파국으로 귀결되리라고 보기는 어렵다. 알다시피 자본주의는 끊임없이 위기를 먹이로 새로운 형태로 부활을 거듭해왔기 때문이다. 자본주의도 역사적 체제인만큼 언젠가는 작동을 멈추게 되겠지만, 자본의 활동력은 아직 왕성하다고 판단된다. 그렇다고 대공황론을 그저 폐기할 일은 아니다. 이 사태를 야기한 우리 사회 내부의 약점들, 즉 무분별한 중복투자로 문어발식 확장에 급급한 재벌경제, 재경원 정책에 의존한 관치금융체제, 이와 얽혀 있는 낙후한 정치구조 등을 개혁하는 중단기적 과제는 그것대로 해결해나가면서, 이 위기를 기회로 삼아 우리가 딛고 사는 자본주의에 대한 좀더 근원적인 성찰작업이 더욱 절실해지는 것이다.

3. 소국주의와 대국주의

금번 아시아 금융위기의 진전과정을 살펴볼 때 우선 눈에 띄는 특징의 하나는 중심부의 위기가 반주변부·주변부로 내리먹었던 이전과 달리, 이번 위기는 주변부 동남아에서 발원하여 반주변부 한국으로 역진하고, 다시 중심부, 일본·유럽·미국으로 파급할 가능성이 잠재되어 있다는 점이다. 물론 아직 중심부가 위기로 함몰한 것은 아니로되, 사태의 진전 여하에 따라서 그 가능성이 완전히 닫혀 있다고 보기도 어렵기 때문이다. 그런데 그 근원을 따지면 단순한 역진만은 아니기는 하다. 가령 아시아 외환위기가 1994년 중국이 단행한 위안(元)화의 33% 평가절하에서 시작되었다는 분석에 의하건대,[10] 잠자는 사자 중국이 시장경제에 뛰어든 충격도 한몫을 한 것 같다. 자주 거론되듯이 아시아지역에 거대한 거품을 수출해놓곤 정작 위기가 닥치자 "아시아 위기의 구세주를 아시아 내부에서 찾기는 어렵다"며 꽁무니를 사리는 일본의 책임 또한 무겁다. 그런데 일본의 항변에도 일리가 없지 않다. 최근 심각한 장기불황에 빠져든 일본경제의 약체화는 이른바 일본적 씨스템의 구조적 문제가 근인(根因)이겠지만, 한편 일본의 대미(對美) 무역흑자로 말미암은 일·미 경제마찰에서 미국의 요구에 굴복한 나까소네(中曾根) 정권의 규제완화정책도 일조를 했기 때문이다. "엔고(高)불황과 일·미 경제마찰 타개의 방책으로서, 구조개혁정책과 내수확대가 쎄트로 실행"된 결과, "금융시장과 부동산시장에서 거품이 발생하고 그 붕괴를 계기로, 일본경제는 심각한 사태로 빠졌던 것이다."[11] 요컨대 아시아 금융위기의 근원에는 역시 미국을 비롯한 구미자본이 자리잡고 있는 것이다. 중세의 방랑기사단처럼, 또는 초원의 제국 몽골의 유목군단처럼, 이윤을 찾아 온 세상을 자신의 말굽 아래 정복하는 구미자본의 진군이야말로 아시아 금융위기의 진정한 원인제공자다. "안팎의 사회주의와 대치하면서 사회개혁을 실행해온 것이 자본주의 성공의 원인"[12]임을 상기할 때, 냉전의 종식과 함께 그나마 사회주의체제의 견제로부터도 자유로워진 자본의 전지구화는 역으로 위기의 전지구화를 초래하고 있으니, 세계는 한발 재겨 디딜 틈조차 없이 상호의존(interdependence)의 촘촘한 그물망 속에 간혀버렸다. 정말로 "얕게 통합된 국제체제에서 깊게 통합된 지구적 체제로"[13] 변모한 현재 세계경제지형을 실감하게 되는 것이다.

이제 어느 나라도 자본주의 세계체제로부터의 탈각이 거의 완벽하게 불가능한 시대로 들어섰다. 이 점이 IMF사태 최대의 교훈이라고 나는 생각한다. 세계체제의 바깥은 없다. 다시 말하면 자본주의 세계체제 안에서 비자본주의적 발전의 길은 없다고 할 수 있겠나. 미완의 근대성을 온전히 성취하는 일의 중요성이 다시 부각되는데, 문제는 근대의 완성이 근대 이후로의 이행 가능성을 봉쇄하는 측면이다. 청년 그람시(A. Gramsci)는 러시아혁명을 맑스의 『자본론』에 대한 혁명이라고 환영한 바 있는데,[14] 영구혁명론의 폐기와 함께 단계론의 함정을 어떻게 넘어서는가? 이것이 문제다. 그런데 우리가 프랑스혁명이나 러시아혁명 같은 모델만을 염두에 두어서 그렇지 앞으로 그 이행의 모델은 다양할 것이다. 이 점에서 루이 보나빠르뜨의 제2제정 성립을 그후 위로부터의 혁명의 선구로 본 엥겔스의 시각이 흥미롭다. 그러고 보면 독일 및 이딸리아의 통일운동과 일본의 메이지유신 등 일련의 후발국 근대화혁명이 모두 19세기 후반에 이루어졌다는 점이 주목된다. 루이 보나빠르뜨와 비스마르크 같은 "1848년 혁명의 무덤파기 일꾼들이 그 유언 집행자로 되었다"는 엥겔스의 역설에 의하건대, 위로부터의 혁명이 가지는 복합성에도 새삼 유의할 필요가 있다.[15] 또한 혁명을 꼭 그 폭발의 시점에만 국한하지 말고 전후 사정을 함께 고려하는 지속의 관점에서 파악하는 훈련도 필수적이다. 가령 1848년 봄 민중혁명의 요란한 폭발 직후, 여름 가을의 민주주의자들의 개혁적 운동을 재평가하는 시각도 매우 흥미롭다.[16] 세계적인 차원에서 지배의 기술이 점점 정교해지고 있는 오늘날 광범한 대중이 참여하는 아래로부터의 혁명은 거의 불가능해졌다. "아래로부터의 혁명은 국가기구가 현상을 유지하거나 위로부터의 혁명을 추진할 능력을 상실했을 때만 가능"[17]한 것인데, 세계체제에서 이제 약한 고리는 거의 없다고 보아도 좋다. 요컨대 위로부터의 혁명과 아래로부터의 혁명을 결합하는 제3의 길, 너무나 불가역적(不可逆的)인 폭력을 제한하고 갈등을 비파괴적으로 또는 창조적으로 이용하는[18] 쌍방향성 또는 순환성의 회복에 기초한 새로운 모델을 우리 사회의 현실에 즉해서 여하히 구성해내는가, 이것이 더욱 큰 문제가 아닐 수 없다.

이 지점에서 나는 소국주의를 숙고할 필요가 절실하다고 판단한다. 중국문명의 거대한 흡인력, 북방 유목민족과 일본의 끊임없는 침략에 시달려온 전근대에는 물론이고 세계 자본주의체제에 강제로 편입된 근대 이후 더욱, 한국사회는 우리가 딛고 살아온 소중한 터전 한반도로부터 내적 탈주를 기도하며 민족주의의 이름 아래 대국주의(부국강병에 기초한 대국지향의 민족주의)를 꿈꿔왔다. 물론 이 강렬한 저항적 민족주의는 세계적으로도 유례를 찾기 힘든 한국사의 중첩된 간난을 뚫고 민족을 보위하고 민중의 생명력을 보존하

는 데 결정적 기여를 해온 셈이다. 그런데 대국주의의 꿈이 현실로
나타날 기미를 보이자 우리 역사를 이끌어온 긍정적인 원천의 하나
인 민족주의는 그 모든 폐단을 한꺼번에 노정하기에 이르렀으니, 어
찌 보면 오늘날 IMF사태를 초래한 병통이 여기에 있는지도 모른다.
새로운 건국기를 맞이한 한반도에 신자유주의의 화신인 작은 정부
가 아니라 작지만 단단한 나라, 민족의 존엄과 민중의 권익이 민주
적으로 지켜지는 나라를 세우는 일을 분단체제 극복의 핵심으로 삼
을 만하다. 소국주의의 추구는 기존의 왜곡된 중앙-지방 2분법을
극복하는 데에도 크게 기여할 것이다. 대국주의가 부추기는 한반도
로부터의 내적 망명은 지방으로부터의 심리적 탈주와 긴밀한 연쇄
를 이루고 있기 때문이다. 신판 소중화론이 아니냐는 비판이 나올
수 있지만, 병자호란 이후의 조선 지배층이 추구한 소중화론은 어디
까지나 정권보위의 현상유지책이란 점에서 진정한 소국주의와 차
별된다.

한국사를 한반도 중심으로 다시 보자. 모든 사실을 한반도 안으
로 구겨넣은 김부식(金富軾)도 문제지만, 뭐든지 압록강 너머 대륙
또는 바다 건너 일본에다 끌어붙이는 국수주의도 산통이다. 고조선
이고 고구려고 백제고 신라고 발해고, 중원땅이 아니라 아름다운 한
반도가 종착지요 중심이었으니, 한반도 사람으로서의 자각이 지금
보다 절실히 요구되는 때는 드물 것이다. 영국 역사상 가장 인기없
는 결지왕(缺地王, Lackland) 존(재위 1199~1216)의 노르망디 실지(失
地)가 오히려 영국인의 정체성을 확립케 함으로써 마그나 카르타로

상징되는 민주주의의 이정표를 건립하는 데 기여했다는 역설은 극히 시사적이다. 존의 아버지 헨리 2세는 영국뿐 아니라 프랑스 서부 전역을 영토로 거느려 재위 35년간 영국에서 지낸 기간은 겨우 13년뿐이었고, 1158년부터 1163년까지 줄곧 프랑스를 떠나지 않았으니, "영국을 하나의 속국으로밖에 보지 않는 황제"처럼 처신했던 터다.[19] 프랑스 땅의 상실이 영국에는 오히려 약이 되어, "마그나 카르타에의 서곡" 역할을 했던 것이다.[20] 이 점에서 신라의 통일 이후, 더 늘려 잡아서 발해의 멸망 이후, 대륙의 고토를 상실한 일을 애통해만 할 것은 아니다.

또한 한국사를 "아(我)와 비아(非我)의 투쟁" 즉 침략과 저항의 역사로만 보는 단선성을 이제 극복할 필요가 있다. 당장 위에 든 노르만 정복왕조가 영국사에서 차지하는 의의를 상기해도 그러하거니와 몽골의 지배 이후 러시아사의 전개과정을 살펴보면 더욱 침략의 양면성에 주목하게 된다. 물론 러시아사는 이 시기를 '몽골의 멍에'라는 용어로 부정하지만, 실상을 살피건대 그 멍에에서 벗어난 이후 눈부시게 발전한 러시아제국은 동서 초원지대를 일통한 몽골제국의 유산을 고스란히 계승한 셈이었던 것이다. 1237년에 개시된 몽골의 러시아 침략은 공국(公國)들로 나누어진 루스 지역을 통일시켰다. 물론 이는 효율적 지배를 위한 일이었지만, 결과적으로는 러시아의 통일된 힘으로 몽골지배를 구축(驅逐)하는 데 기여함으로써 러시아제국은 몽골의 유산이라는 역설이 성립하는 것이다. 몽골의 침략 이전 보잘것없던 모스끄바공국이 몽골제국에 굴종하면서 성장하여 루스 지역의 맹주 노릇을 해온 끼예프공국(우끄라이나)을 제치고 러시아의 중심으로 발전하는 과정에도 유의할 필요가 있다. 이는 몽골의 중국 침략에서도 다시 확인된다. 몽골은 장성 밖의 탕구트(西夏), 중국 북부의 금(金), 중국 남부의 송(宋)을 차례로 자신의 판도 안에 거둠으로써 중국을 통일했으니, 결국 몽골을 몰아내고 원(元)을 계승한 명(明)의 건국을 초래하였다. 그런데 이 한족 정권은 청(淸)의 홍기를 위한 에피쏘드에 지나지 않는다. 동양의 로마제국 당(唐)의 멸망 이후는 북쪽 유목민족의 시대였으니, 몽골에 멸망당한 바 있던 금의 후신, 청의 홍기 역시 몽골제국의 유산이었나. 또한 몽골의 지배에 의해 형성된 중국이 현대중국의 근본적 골격으로 유지되고 있다는 점에 주목하면 몽골의 유산, 그 광대한 영향력에 감탄하게 된다.

팍스 몽골리카(pax mongolica)는 중세유럽에도 심대한 충격을 선사하였다. 중세유럽을 강타한 몽골의 침략이 결과적으로 자본주의 세계체제의 탄생에 기여했다는 월러스틴(I. Wallerstein)의 지적과, 동서결합을 촉진한 몽골제국의 붕괴가 동양의 몰락과 서양의 홍기를 초래했다는 아부–루고드(Abu-Lughod)의 분석을 고려할 때, 몽골제국의 세계사적 사명이 얼마나 막중한 것이었는지 실감하게 된다.[21]

왜 고려는 러시아나 중국이나 서구처럼 되지 못했나? 이 점에서 팍스 몽골리카의 붕괴와 함께 성립된 조선왕조의 개국을 재음미할 필요가 있다. 하여튼 항몽사관만으로 이 시기를 파악하는 단선성에 대한 반성[22]을 진지하게 물어봄직하다. 저 치열했던 항몽전쟁의 기억을 소중하게 갈무리하면서도, 몽골이 고려를 솔롱고스(Solongos) 즉 무지개의 나라로 불렀다는 사실도 아울러 참고할 일인데, 한국사를 세계사적 시야에서 파악해가는 훈련이 절실하다.

이런 관점에서 식민지시대를 둘러싼 최근의 논쟁을 다시 볼 필요가 있다. 일제의 조선침략에도 +개발과 −수탈의 양면성이 어김없이 나타난다. 가령 통감부 설치 이후 일제가 구한국정부에 강제했던 사법개혁의 과정을 살피건대, 한국 사법제도의 골격이 그때 마련되었음을 확인하게 된다.[23] 그리고 그 과정에서 전근대적 인치(人治)를 대신한 근대적 법치의 합리성이 일정하게 진전한 점도 눈에 띈다. 그럼 일제가 추진한 식민지근대화는 누구를 위한 것인가? 이에 대해 당시 통감 이또오 히로부미(伊藤博文)는 명확히 대답하고 있다. "한국의 정치개선은 즉 한국에 있어서의 일본의 세력확장이라는 점이다."[24] +개발과 −수탈은 둘이 아니라 바로 하나인 것이다. 근본적으로 조선의 효율적 지배를 위해서 강제로 추진된 일본에 의한 식민지조선의 근대화는 "밀봉된 관 안에 조심스럽게 보관되어오던 미라가 바깥 공기와 접촉할 경우 분해를 피할 수 없는 것"[25]처럼 조선의 전통사회 처처에서 균열을 야기하게 된다. 그런데 이는 망외의 효과를 산출하기도 한다. 분해에 저항하는 강력한 민족주의와 분해에 힘입은 공화주의가 조선사회 안에서 동시에 전진하면서 전세계 피압박민족 해방운동의 한 기념비로 되는 3·1운동이 폭발하였던 것이다.

토지조사사업의 경우도 양면성은 분명하다. 근대적 토지소유권의 확립이 전통사회에 행사한 분해력은 가위 혁명적이라고 해도 좋다. 흔히 전통적 양반지주가 식민지 지주로 거의 이행했다고 보지만, 대한제국의 붕괴를 즈음하여 상당한 정도의 신분교체가 이루어진 것 같다. 최찬식(崔瓚植)의 소설들이 잘 보여주듯이 전통적 신분의 주변부에서 근대교육을 통해 부르주아지로 상승하거나, 채만식(蔡萬植)의 『태평천하』에서 보듯이 토지조사사업 과정을 전후해서 지주로 상승한 평민들이 식민지 지주의 전형으로 자리잡는 한편, 양반과 일반 농민은 급속한 추락의 길을 걸었던 것은 아닐까? 미야시마 히로시(宮嶋博史)는 재지(在地)양반층의 동족부락이 식민지시기에도 강고히 존속하다가 도시화가 본격화하는 1960년대 이후 해체의 길로 들어섰다고 지적한바,[26] 이는 조금 과장 같다. 재지양반층은 재경(在京)양반층에 비해 형편이 나았겠지만, 그럼에도 양반층의 분해는 식민지화를 전후해서 본격적으로 시작되었다고 보아야 할 것이다. 따라서 60년대 이후는 해체의 시작이라기보다는 그 종언이기 십상이다. 하여튼 폴라니(K. Polanyi)가 시장경제에서 일어난 이상한 일 세가지(화폐·토지·노동의 매매) 가운데 하나로 꼽는 토지매매가 바로 이 사업을 통해 확립되었다는 점을 염두에 둘 때, 본래 자연의 일부인 토지의 상품화가 얼마나 치명적인가는 오늘날 한국 자본주의의 왜곡에서 차지하는 토지투기를 상기하면 족할 것이다. 일본제국주의의 조선지배를 생각하면서 맑스의 인도론을 음미할 필요가 있다. "문제는 아시아 사회상태의 근본적 혁명 없이 인류가 그 사명을 다할 수 있겠는가 하는 것이다. 그렇다면 영국이 저지른 죄가 아무리 크다 하더라도 그러한 혁명을 일으킴으로써 영국은 역사의 무의식적 도구 노릇을 하였던 것이다."[27]

식민지근대화 논쟁은 박정희 개발독재에 대한 평가와 맞물려 있기도 하다. 식민지근대화가 60년대 이후 남한 공업화의 기반이라는 점에 대한 비판도 만만치 않다. 가령 히라까와(平川均)가 지적하듯이, 북부의 공업화와 남부의 농업 중심이란 구도에 기반한 식민지조선의 상황을 상고할 때, 남한이 공업화에 성공했다는 역설[28]을 설명하기 어렵고, 해방과 6·25라는 총붕괴의 상황에 대한 분석을 생략한 채 60년대 경제개발과 직접 연결하는 무리를 비판한 야마무로(山室信一)도 일리가 있다.[29] 그런데 이러한 비판은 조금 지엽적이라는 생각이 든다. 박정희의 근대화 추진은 일제의 방식, 특히 일제말 총동원체제와 유사하다는 점에 주목하고 싶다. 생각을 더 밀고 나가면, 유격대국가(와다 하루끼) 또는 농성체제(백낙청)의 북한의 발전전략 역시 그 변형일지도 모른다. 한국적 근대의 특수성뿐 아니라 서구적 근대 자체에 대한 부정적 인식을 심화하면서, 이제는 그 유효성이 거의 탕진된 남과 북의 발전모델에 대한 발본적 재검토가 절실하다. 대국주의의 꿈을 공유하고 있는 이 모델들을 어떻게 넘어서는가? 민중의 고통 위에 구축된 대국주의의 꿈을 버리고 소국주의와 대국주의의 긴장을 견뎌나가는 일의 긴절성을 자각하고 싶다.

4. 아시아적 가치

　일본을 비롯한 아시아경제의 부상과 함께 홍콩 반환으로 아시아의 세기가 열리는가 싶더니 반환의 축제무드가 채 가시기도 전에 아시아 주가가 폭락하였다. 아시아모델의 우등생 한국이 IMF에 항복하고, 급기야 그 모델의 맹주 일본에서 대장성으로 상징되는 관치금융에 대한 서구 다국적 금융자본의 공격에 유수한 은행과 증권사들이 연쇄도산하자, 월가는 "사요나라 일본주식회사, 굿바이 한국주식회사"를 외치며 아시아적 가치의 폐기를 자축했다. 지난 20년간 일본모델과 미국모델의 우열론에 시달리던 미국은 아시아의 공포로부터 해방되어 아시아 관료주의 신화를 해체한 시장의 승리를 기쁘게 선포했던 것이다. 물론 일본의 제조업 경쟁력은 여전히 세계 최고라는 사실에 근거하여 일본불패론을 고수하는 저항적 논의가 들려오지만, 어딘지 허장성세라는 느낌을 지울 수 없다.

　과연 아시아적 가치는 초상집 개 신세로 굴러떨어졌는가? 만약 그것이 일본모델 및 그 변형인 박정희식 개발독재모델을 포함한 유교자본주의를 뜻한다면, 대체로 수긍할 수밖에 없다. 그럼 경제적 자유의 확대(규제완화)와 국제분업의 추진(구조조정 및 구조전환)을 축으로 하는 서구식 신자유주의에 일방적으로 적응하는 것만이 만병통치약일까? 물론 아니다. 이미 지적했듯이, 신자유주의의 무한관철은 근본적으로 더 큰 위기로 가는 지름길이기 때문이다. 종국에는 지구 전체를 파멸로 이끌 신자유주의시장을 민주적으로 통제할 공평한 규제, 즉 시장의 특권이 아니라 공익을 수호할 규제를 여하히 구성해내는가가 핵심인데, 유교자본주의를 넘어서 진정한 아시아적 가치를 숙고하는 문제가 더욱 절실하다.

여기서 잠깐 유교자본주의론에 대해 생각해보자. IMF사태를 맞이하기 전, 일본을 선두로 동아시아 신흥공업국(한국·타이완·홍콩·싱가포르)들이 부상하고, 그 뒤를 동남아시아의 타이·말레이시아·인도네시아가 잇고, 거기에 중국이 시장경제에 뛰어들어 새로운 경제강국으로 부상하면서, 유교자본주의론은 상종가를 쳤다. 물론 아시아모델은 값싼 노동력의 양적 팽창에 불과하다는 크루그먼(P. Krugman)의 강력한 비판이 제기되지 않은 것은 아니지만, 아시아경제의 실물은 그 비판을 무색하게 하기에 족했다. 이런 배경에서 서구의 프로테스탄티즘과 달리 유교는 자본주의 발전의 내적 계기가 결여되어 있다는 베버(M. Weber)의 논의를 비판하는 유교자본주의론이 제기된 것이다. 뚜 웨이밍(杜維明)은 일본과 동아시아 신흥공업국들을 구미자본주의의 유형이나 소련 및 동구의 사회주의 유형과 구별되는 '세번째 공업문명'이라고 명명하면서, 동아시아모델이 '후기 유가사회'라는 문화적 공통기반에 구축된 점에 주목하였다. 그런데 문제는 동아시아모델을 "시장경제로 대표되는 자본주의적 모델도 아니고 계획경제로 대표되는 사회주의적 모델도 아"[30]닌 독자적 유형으로 파악할 수 있는가 하는 점이다. 그 독특한 자질을 인정한다 하더라도 동아시아모델은 근본적으로 서구자본주

의의 아시아적 변종이기 때문이다. 말레이시아의 화교를 연구대상
으로 삼아 그 유가적 요소를 재평가한 바 있는 앨러타스(S. H.
Alatas)는 오늘날 화교들의 경제적 성공에 긍정적 영향력을 행사하
는 유교가 전통 중국에서는 왜 그러지 못했는가라고 매우 날카로운
질문을 던졌다. 그는 그 매개항으로 말레이시아를 식민지로 경영했
던 영국자본주의의 유산을 설정했으니,[31] 서구자본주의 세례 없이 동
아시아모델의 탄생도 없다고 할 수 있겠다. 더구나 뚜 웨이밍이 강
조하는 가족주의와 정치적 영도를 특징으로 하는 동아시아모델이
내우외환 속에 낙후한 유형으로 저무는 요즘 상황을 돌아볼 때, 그
대안적 독자성은 심각하게 훼손되었다고 치부해도 무방할 것이다.

이 점에서 유교자본주의론을 정면으로 부정하는 프랜씨스 푸쿠
야마(F. Fukuyama)의 「사회적 자본과 세계경제」[32]는 그 정치적 의
도에도 불구하고 흥미롭다. 아시아 금융위기 직전에 발표된 이 글
에서 그는 제임스 콜먼(James Coleman)의 '사회적 자본' 즉 "특정
사회의 성원들이 새로운 단체 및 결사를 형성할 때 서로 신뢰하고
협력할 수 있도록 해주는 인적자본 구성요소"를 키워드로 미국이
주도하는 북미자유무역지대, 유럽연합, 그리고 일본이 주도하는 동
아시아, 세 그룹으로 나누어진 "세계경제의 재래식 지도"를 분해하
여 두 그룹으로 재편한다. 하나는 높은 신뢰를 바탕으로 가족주의
를 넘어 법인 형태의 조직체를 채택하여 전문경영인이 움직이는 거
대회사를 갖게 된 미국·일본·독일 등이고, 다른 하나는 낮은 신뢰
때문에 가족주의적 경영에 바탕을 둔 소기업체 중심의 프랑스·이

딸리아·홍콩·대만 등이다. 요컨대 그는 지금까지 범박하게 뭉뚱그려진 동아시아모델을 가족주의적 중국형과 가족주의를 넘어선 일본형으로 나눔으로써 그 모델의 단일성을 분해해버렸던 것이다. 그런데 문제는 일본형이 또다른 의미의 가족주의라는 점이다. 가(家)를 철저히 혈연집단으로 파악하는 중국과 달리 일본은 혈연을 넘어선 '하나의 조직'으로 간주하기 때문에 혈연적 가족주의를 극복할 수 있게 되었음은 분명하지만,[33] 조직을 가족으로 삼는 것 또한 가족주의인 것이다. 하여튼 일본형을 동아시아모델에서 분리, 미국형에 붙여 구원하고자 했던 푸쿠야마의 노력은, 중국형은 물론이고 일본형 가족주의도 개혁의 대상으로 전락한 오늘날 거의 허사로 판가름날 운명에 처했다고 볼 수 있겠다.

그런데 동아시아모델을 유교자본주의로 파악할 때, 그 '유교'의 성격을 세심히 따져야 한다. 이는 왕도론에 입각한 공자시대의 원시유교가 아니라 한(漢)제국의 국가이데올로기로 채택된 경학시대의 유교, 즉 부국강병의 패도론에 바탕을 둔 법가의 영향을 입음으로써 중앙집권적 관료제 기구에 적응하는 데 성공한 시대의 변질된 유교에 가깝기 때문이다. 이 점에서 패도론적 대국주의에 입각한 동아시아모델을 왕도론적 소국주의의 재평가를 통해 근본적으로 교정하는 작업을 제안하고 싶다.

일찍이 메이지유신을 모델로 삼은 급진개화파의 대국주의적 부강론(富强論)을 비판하고 왕도론적 소국주의의 자강론(自强論)을 내세운 온건개화파 어윤중(魚允中)은 춘추전국시대가 소(小)전국이라

면 자기 시대 곧 19세기 말은 대(大)전국이라고 규정하였다.[34] 이 말
을 흉내낸다면 우리가 사는 20세기말은 대대(大大)전국 또는 초(超)
전국시대라고 할 수 있겠다. 노골적인 무력침략이 자제되는 점에서
초전국시대는 대전국시대보다 나아진 측면이 있는가 하면, 바로 무
력의 은폐가 우리의 대응을 한층 곤란하게 만든다는 점에서는 더 고
약해진 시대이기도 하다. 신흥공업국으로 면모를 일신하며, 주변부
에서 반주변부로 신분상승한 한국은 이 고약한 시대에, 한반도 안에
서는 흡수통일을, 국제적으로는 선진강국을 꿈꾸며 비교적 단순한
부국강병의 대국주의로 대처해왔다. 그런데 속삭이듯 찾아온 금융
위기로 일거에 대국주의의 순진한 꿈은 굉음 속에 붕괴하였다.

대국주의의 바탕인 부국강병론의 발본적 재검토가 시급하다. 우
선 강병론을 재조정하자. 무(武)는 그칠 지(止)와 창 과(戈)의 합성이
니, 적의 침략을 저지하는 것, 전쟁 자체의 종식, 나아가 무기의 소
멸을 뜻하는 글자다. 바로 무의 본뜻으로 돌아가 안으로는 민중억
압, 밖으로는 외국침략의 유혹에 휘둘리기 쉬운 강병론을 명예로운
전수(專守)방위론으로 전환하는 일이 무엇보다 중요하다.

강병론의 재조정은 부국론의 재검토와 짝을 이룬다. 부국론을 폐
기하고 중세적 안빈론(安貧論)으로 복귀하자는 일부의 논의는 아름
답지만 공상적이다. 국부의 일정한 증진 없이 '함께 자유로운 사회'
의 실현도 기대하기 어렵기 때문이다. 기존의 재벌 중심 부국론도
이미 낙후하였다. 농어업을 부양하면서 지역경제의 활력 위에 건강
한 중소기업정책이 추진되어야 하지만, 대만형으로 가는 길은 문제

가 없지 않다. 아시아 금융위기에도 바람을 타지 않고 건실한 성장을 거듭하는 중소기업 일변도(전체기업의 98%가 중소기업)의 대만 경제는 모범적이지만, 작은 아이디어로 틈새시장을 파고들어 돈을 버는 대만 중소기업의 전략이란 기실 국제분업체제에 겸허히 자기를 적응하는 전형적인 소국주의에 지나지 않는다. 푸쿠야마가 예리하게 지적하고 있듯이, 대만의 중소기업 중심은 체질적인 가족주의에다가 국민당정부의 전략적 배려에 의해 주조되었다. 국민당정부는 당의 경쟁자가 될 수 있는 대기업 육성을 의도적으로 기피함으로써 결과적으로 대만 경제를 중소기업 중심으로 굳힌바, 이는 정치·경제적 불구성의 징표인지도 모른다. 대만형 중소기업의 산업연관성 박약을 회피하면서 재벌개혁을 추진하는 고도의 지혜가 요구된다. 대국주의를 반성하고 소국주의를 재평가하되, 국제분업의 주변부에 안분하는 소국주의로 전락하지 않는 것이 요체다. 국민경제의 달성이 미완의 과제인 한반도의 실정에 비추어볼 때 더욱 그렇다.

소국주의와 대국주의의 내적 긴장을 견지하는 일이 밖으로는 전지구화 또는 지역화, 안으로는 지방화의 요구에 직면한 국민국가의 미묘한 지위변동에 적극적으로 대응하는 것이라는 점에도 주목해야 한다. "초국적기업이 갖고 있는 막강한 힘과 지리적 유연성 앞에서, 고정된 경계선 안에 갇혀 있는 늙고 가련한 국민국가"는 이제 "장기판의 졸"인가? 피터 디켄(Peter Dicken)은 초국적기업들이 개별 국민경제의 일부를 통제하고 있는 현실을 인정함에도, "초국적기업과 국민국가는 고도의 상호의존성과 거래가 존재하는 지극히 복잡하고 역동적으로 상호작용하는 관계 속에 서로 맞물려 있다고 보는 것이 훨씬 현실에 가깝다"고 판단한다. 기업과 국가가 "협동적이자 동시에 경쟁적이요 상호지지적이자 동시에 갈등적"이라는 현실인식에 투철할 때, 국가를 불변의 것으로 실체화하거나 또는 '졸'로 보는 편향에서 벗어나, 종래의 국민국가의 틀을 넘어선 통일한반도의 유연한 미래상을 구상할 수 있을 것이다. 와다 하루끼(和田春樹)는 동북아시아에는 중국·러시아·중앙아시아·미국 등에 조선족이 널리 살고 있다는 점에서, 동남아시아가 화교의 세계라면 동북아시아는 조선족의 세계라고 지적한바,[35] 이는 백낙청의 디민족 공동체론과 복합국가론을 재음미하게 한다. 우리들 하나하나가 한반도의 역사적 운명에 괄목상대하며 자유시장의 방종을 공익적 차원에서 개입해가는 민주적 통로를 확보하는 새로운 구상에 지혜를 모아나갈 때, 분단체제의 위기를 그 극복의 단서로 바꿀 새로운 가능성이 비로소 열릴 수 있을 것이다.*

* 이 글은 계간 『창작과비평』 1998년 여름호에 발표된 원고이다.

서장: 이중과제론이란 무엇인가 • 이남주

1 그 의미는 흔히 지양(止揚)으로 번역되는 독일어의 Aufheben의 의미와 같은 것이다. 백낙청 「민족문학론, 분단체제론, 근대극복론: 단상 몇개」, 『창작과비평』 1995년 가을호 19~20면.

2 장 프랑쑤아 리오따르, 유정완·이삼출·민승기 옮김 『포스트모던의 조건』, 민음사 1992, 33~34면.

3 백낙청·백영서·김영희·임규찬 「회갑을 맞은 백낙청 편집인에게 묻는다」(1997.12. 30), 『백낙청회화록』 제4권, 창비 2007, 29면.

4 백낙청 「다시 지혜의 시대를 위하여」, 『한반도식 통일, 현재진행형』, 창비 2006, 115면.

5 백낙청 「6·15시대의 대한민국」, 앞의 책 30~31면.

6 이남주 「동아시아협력론에 대한 비판적 검토」, 백영서 외 『동아시아의 지역질서』, 창비 2005, 398~403면.

7 최원식 「대국과 소국의 상호진화」, 『제국 이후의 동아시아』, 창비 2009, 21면.

8 김종철은 『문학동네』 2008년 겨울호 대담 「"이것은 문학이 아니다"」에서 백낙청의 반론에 대한 재반론을 하고 백낙청은 본서에 실린 「근대 한국의 이중과제와 녹색담론」에 덧글을 달아 이에 대한 추가설명을 했다. 그리고 이일영 「촛불의 경제학: 한반도경제의 미시적 기초」, 『창작과비평』 2008년 가을호 74~76면에서도 김종철의 농적 순환사회론에 대한 비판적 논의가 있다.

1 竹內好『魯迅入門』(東京: 講談社 1996) 224면. 이 대목을 원용한 최원식의 논의는 「문학의 귀환」,『창작과비평』1999년 여름호, 특히 4절 '식민성과 탈식민성' 참조.

2 Aníbal Quijano, "Coloniality of Power and Democracy in Latin America" 참조. 이 논문은 1998년 12월 4~5일 학술회의 자료로 영역 제출되었는바, 그에 앞서 "Colonialité du Pouvoir et Démocratie en Amérique Latine"라는 제목으로 불역되어 *Future Antérieur: Amérique Latine, Démocratie et Exclusion* (Paris: L'Harmattan 1994)에 수록되었다. 끼하노의 다음 글들도 유익한 참고자료가 되었다. "Americanity as a concept, or the Americas in the modern world-system" (Immanuel Wallerstein과 공동집필), *International Social Science Journal* 134 (1992); "Modernity, Identity, and Utopia in Latin America," *boundary 2* 20:3 (1993); "Coloniality of Power and Eurocentrism" (1998년 12월 15~18일 듀크대학에서 개최된 'Cross-Genealogies and Subaltern Knowledges'라는 제목의 학술회의에서 발표된 문건).

3 '유럽중심주의'가 문자 그대로의 정확한 번역이지만 우리에게 친숙한 '서구중심주의'가 용어의 취지에도 더 맞을 것 같다.

4 사회과학(그리고 과학 전반)에서의 서구중심주의와 이를 극복하는 일의 어려움에 관해서는 Immanuel Wallerstein, "Eurocentrism and its Avatars: The Dilemmas of Social Science," *New Left Review* 226 (1997) 참조. 이 논문은 1996년 11월 국제사회학회와 한국사회학회 공동주최로 서울에서 열린 동아시아 지역 콜로퀴엄에서 처음 발표됐고 국역「유럽중심주의와 그 화신들」이『창작과비평』1997년 봄호에 원문에 앞서 간행되었다.

5 Liu Kang, "Is There an Alternative to (Capitalist) Globalization? The Debate about Modernity in China," in Fredric Jameson and Masao Miyoshi (ed.), *The Cultures of Globalization* (Duke University Press 1998).

6 이러한 비교는 나찌의 범죄를 상대화함으로써 축소하려는 일부 보수적인 독일 지식인의 정치적 입장과는 전혀 다른 것이다. 우선 아시아, 아프리카, 라틴아메리카인에게는 이런 식의 비교가 무수히 떠오르는 게 너무나 당연하다. 하지만 그렇다고 해도 마침내 세계체제의 중심부에까지 다다라, 백인들 사이에서, 그리고 근대의 중심부에서나 동원가능한 온갖 행정적·기술적 역량을 가동한 사건으로서의 유태인 대학살(세칭 Holocaust)이 지니는 특별한 끔찍스러움과 광기는 여전히 실감할 필요가 있으며 가능한한 지적으로 제어할 과제로 남아 있다. (독일에서의 역사논쟁에 관해서는

Charles S. Maier, *The Unmastable Past: History, Holocaust, and German National Identity*, Harvard University Press 1988, 1997 참조.)

7 Enrique Dussel, *The Underside of Modernity: Apel, Ricoeur, Taylor, and the Philosophy of Liberation*, tr. and ed. Eduardo Mendieta (Humanities Press 1996) 참조.

8 분단체제가 어떻게 성차별주의에 영향을 주고 그것을 부추기는가는 너무 복잡한 문제이기 때문에 여기서는 이렇게 지나가면서 언급할 수밖에 없다. 더욱이 나로서는 그 문제를 자세히 논할 능력도 부족하다. 그럼에도 불구하고 여성운동과 분단체제극복운동의 연대 가능성을 염두에 두고 이 문제를 다루어본 소략한 시도는 졸저 『흔들리는 분단체제』(창비 1998) 제1장에 나와 있다.

9 구조적 위기와 그에 따른 '암흑기'에 관해서는 Immanuel Wallerstein, *Utopistics* (The New Press 1998) 2장 참조. (국역본 『유토피스틱스』, 창비 1999.)

10 논쟁의 일부는 『흔들리는 분단체제』와 그에 앞선 졸저 『분단체제 변혁의 공부길』(창비 1994)에 기록 또는 반영되어 있다.

11 다만, 민족문학운동의 시발단계(1974)에 참여했던 논의와, 20년 후 미국 청중을 대상으로 한 강연록이 함께 실린 Paik Nak-chung, "The Idea of Korean National Literature Then and Now," *Positions: East Asia Critiques* 1:3 (1993) 및 "National and Transnational Claims on Civil Society: the Case of South Korea," *Seoul Journal of Korean Studies* Vol. 9 (1996) 참조.

12 물론 이는 한반도에 거주하는 한국인에게만 해당하는 말이다. '코리언의 정체성'은 하나의 종족집단(ethnic group)으로서의 한인(내지 조선인)을 고려하면 더욱 복잡해진다. 상당한 규모의 해외동포를 지닌 한민족은 이미 전세계에 걸친 다국적 공동체를 구성하고 있다. (이에 대해서는 졸저 『흔들리는 분단체제』 제8장 참조.) 그리고 당연한 이야기지만 개인의 정체성이란 언제나 다층적인 것으로, 민족적인 또는 종족적인 차원 외에도 다른 여러 차원을 지닌다.

13 영어로는 'the double project of adapting to and overcoming modernity'라고 표현했다.

14 Enrique Dussel, "Beyond Eurocentrism," in *The Cultures of Globalization*, 3~4면 참조. "서구중심적 대 지구적이라는 두 개의 대립되는 패러다임이 근대성의 문제를 특징짓는다. 전자는 유럽중심의 지평에서 근대성을 '순전히' 유럽적인 것으로서, 중세에 발달하여 이후 전세계로 퍼져나간 것으로서 설정한다. 후자의 패러다임은 지구적 지평에서 근대성을 '세계체제' ― 아메리카대륙 원주민의 통합을 통해 이룩된 사상 최초의 세계체제 ― 의 중심의 문화로, 이 '중심성'을 경영하는 처지 결과로 개념화한다. 즉 유럽의 근대성은 독립적이고 자기생산적이며 자기지시적인 체제가 아니라,

세계체제의 일부이며 사실은 그 중심인 것이다."

15 Dussel, "Beyond Eurocentrism," 앞의 책 19면; Jürgen Habermas, "Modernity — An Incomplete Project," in Hal Foster (ed.), *The Anti-Aesthetic: Essays on Postmodern Culture* (Bay Press 1983).

16 "Eurocentrism and its Avatars," 94면.

17 Paik Nak-chung, "Nations and Literatures in the Age of Globalization," in *The Cultures of Globalization.* (국역「지구화시대의 민족과 문학」,『내일을 여는 작가』 1997년 1·2월호)

18 Immanuel Wallerstein et al., *Open the Social Sciences: Report of the Gulbenkian Commission of the Restructuring of the Social Sciences* (Stanford University Press 1996) 82면.

19 앞의 책 85면.

20 이 신조어는 월러스틴의 *Unthinking Social Science* (Polity Press 1991)에서 따온 것임.

21 Aníbal Quijano, "Modernity, Identity, and Utopia in Latin America," *boundary 2* 20:3, 145면.

22 앞의 글 150면.

23 Immanuel Wallerstein, "Eurocentrism and its Avatars," *New Left Review* 226, 107면.

24 Immanuel Wallerstein, "Questioning Eurocentrism: A Reply to Gregor McLennan," *New Left Review* 231 (1998), 159면.

25 예컨대 Martin Heidegger, "The Origin of the Work of Art," *Poetry, Language, Thought,* tr. A. Hofstadter (Harper & Row 1971) 및 F.R. Leavis, *The Living Principle: 'English' as a Discipline of Thought* (Chatto & Windus 1975), 제1장 'Thought, Language and Objectivity' 참조.

제1부 전지구적 자본주의와 한반도 변혁 • 이남주

1 양극화의 주요 원인 중 하나가 성장이 고용을 증가시키지 못하는 '고용 없는 성장' (jobless growth)이라는 점에서, 성장을 통한 양극화 해소라는 논리는 애당초 근거가 매우 취약한 것이다. 2008년 1월 16일 한국은행이 발표한 보고서에 따르면, 1995~2006년 사이의 취업자 수 증가율은 7.4%로 연평균 0.6% 증가한 것에 머물렀다. 이는 같은 기간의 평균 경제성장률 4~5%와 커다란 차이가 나는 것으로, 양극화

가 성장정책만으로 해결될 수 없는 문제임을 보여준다.

2 이 글에서 전지구적 자본주의는 1970년대 이후 나타난 자본주의 발전의 새로운 단계를 의미하는 것으로 사용했다. 그것은 생산과정에서의 국제분업의 빠른 발전, 금융자유화로 촉진된 지구화와 함께 출현했고, 소련 및 동유럽 사회주의체제의 붕괴와 중국 등의 개혁정책을 통해 지역적으로 그 영향력을 크게 확장시켜왔다. 이는 1970년대 후반부터 영향력을 증가시킨 신자유주의와 긴밀하게 연관된 현상이기도 하다. 따라서 장기체제로서의 자본주의 세계체제와는 구별하여 사용한다.

3 이매뉴얼 월러스틴 지음, 한기욱·정범진 옮김『미국 패권의 몰락』, 창비 2004, 322~23면.

4 이러한 변화를 이끈 주요 동력 중 하나가 신보수주의였다. 신보수주의의 대부 크리스톨(Irving Kristol)은 신보수주의가 회고적이고 지루한 것이 아니라 미래지향적이고 활기찬 미국식 보수주의라며 버크(Edmund Burke)류의 대륙식 보수주의와 구별했다. 그리고 감세가 지속적인 경제성장을 이끌 수 있다는 점에 주목하면서, 감세를 개인의 재산권 보호라는 측면에서 접근했던 자유지상주의와의 차별성도 강조했다. 이는 감세-경제성장-소득증가 및 재정능력의 강화라는 선순환을 이룰 수 있다는 레이거노믹스의 핵심논리였다. Irving Kristol, "The Neoconservative Persuasion," *The Weekly Standard*, August 24, 2003.

5 한미FTA에 대한 반대론을 모은 보고서에서도 "국익이라는 말과 마찬가지로 개방이라는 말도 구체적으로 정의되지 않는다면 그저 이데올로기에 불과하다. 언제나 문제가 되는 것은 어떤 개방, 무엇에 대한 개방이냐다"라고 강조했는데, 한미FTA 추진세력만이 아니라 진보세력에도 정말 어떤 개방이냐가 문제되고 있다. 한미FTA저지 범국민운동본부 정책기획연구단 엮음『한미FTA 국민보고서』, 그린비 2006, 9면.

6 미국의 대표적 다국적 금융기업의 지원을 받아 작성된 "The Financial Service Forum Report"에서도 소수에게 과실이 집중되는 지구화의 부작용에 대해 강한 경계신호를 보냈고, 지구화로 더 큰 수익을 얻은 사람들에 대한 과세 강화, 재교육 강화, 의료보험 개선 등 적극적인 보완정책을 제안했다. *The Wall Street Journal*, July 26, 2007.

7 아리프 딜릭 지음, 설준규·정남영 옮김『전지구적 자본주의에 눈뜨기』, 창비 1998, 102면.

8 유재건「역사적 실험으로서의 6·15시대」,『창작과비평』2006년 봄호 283면.

9 백낙청은 근대적응과 근대극복의 이중과제에 대해 "두개의 동시적 과제들이 아닌 양면적 성격을 가진 단일과제"를 뜻하며 '적응'과 '극복' 사이의 선후관계도 없다고 설명했다. 백낙청「다시 지혜의 시대를 위하여」,『한반도식 통일, 현재진행형』, 창비 2006, 115면 각주 13. 필자도 이중과제를 독립된 두개의 과제가 아니라 단일과제의

이중적 효과로 보는 이러한 견해에 동의하며, 동시에 실천전략을 설명하는 경우 적응
과 극복을 구분하기보다는 '적응'이라는 개념을 이 양자의 의미를 모두 포함하는 뜻
으로 사용하는 것이 혼란을 줄일 수 있다고 생각한다. 이때 이중과제는 다른 곳에서
사용되는 것처럼 '근대(화)와 근대극복'으로 제시할 수 있을 것이다. 사실 자본주의
하에서 '이중과제'라는 개념은 보편적으로 사용될 수 있고 또 사용되어온 개념이라
고 할 수 있다. 사실 과거 사회주의혁명도 이중과제를 추구했다고 할 수 있다. 즉 당
시 사회주의혁명은 대부분 사회주의로의 이행을 직접적인 목표로 한 것이기보다는
정치적으로든 경제적으로든 자본주의 내의 진보적 측면을 활용해야 한다는 전략에
입각했다. 예컨대 중국공산당은 1940년대 자신이 추구하는 혁명의 성격을 신민주주
의혁명으로 개념화했고, 일정기간 자본주의적 생산양식을 허용하고 발전시킬 필요
성을 인정한 바 있다. 이후 중국 사회주의가 극단을 오가는 변화를 겪은 중요한 이유
중 하나는 중국공산당이 마오 쩌둥(毛澤東)의 주도 아래 지나치게 성급하게 신민주
주의 단계에서 사회주의, 심지어는 공산주의 단계로의 이행을 서두른 것, 즉 이중과
제의 내적 긴장을 지나치게 빨리 해소한 것에서 비롯한다. 그리고 현실사회주의체제
가 붕괴함에 따라 자본주의를 넘어서고자 하는 사회주의 이념이 대상과 직접적인 관
계를 맺는 구성적 이념으로 사용되기 어렵고 어떤 가치와 목표를 지시하는 규제적
이념으로 사용되어야 하는 상황에서, 근대와 근대극복을 추구하는 이중과제론적 접
근은 더 중요한 의미를 갖는다. 물론 이중과제를 해결하기 위한 실천전략은 실천이
이루어지는 장소에 따라 달라져야 할 것이다.

10 샹딸 무페 지음, 이보경 옮김 『정치적인 것의 귀환』, 후마니타스 2007, 25면.

11 월러스틴, 앞의 책 344~46면.

12 『중앙일보』 1월 17일자 「실용주의 과잉을 경계한다」라는 김영희(金永熙) 기자의 칼
   럼에서는 "새 정부가 자유경쟁과 적자생존의 신자유주의로 후퇴한다면 지난 10년
   동안 평등의 선악과를 맛본 많은 한국인들은 또 한번 혼란에 빠질 것이다"라며 신자
   유주의를 현재의 주된 문제로 언급했다.

13 하비(David Harvey)는 자본과 노동 간의 '계급타협'을 통하여 국가가 완전고용, 경
   제성장, 복지 등을 위해 시장에 개입할 수 있었던 정치-경제적 조직을 '착근된 자유
   주의'(embedded liberalism)로 간주하며 그것과 신자유주의를 구분했다. 데이비드
   하비 지음, 최병두 옮김 『신자유주의: 간략한 역사』, 한울 2007, 27~28면.

14 신자유주의라는 개념의 모호성으로 인하여 신자유주의보다는 시장만능주의라는
   개념을 선호하는 경우도 많다. 김기원 「김대중-노무현정권은 시장만능주의인가」,
   『창작과비평』 2007년 가을호. (이 글은 본서가 속한 '창비담론총서' 씨리즈 제3권에
   수록되어 있다 — 편집자.)

15 페르낭 브로델 지음, 주경철 옮김 『물질문명과 자본주의 II-1: 교환의 세계 上』, 까치 1996, 323면.

16 브로델 지음, 주경철 옮김 『물질문명과 자본주의 III-2: 세계의 시간 下』, 까치 1997, 868~70면.

17 월러스틴 지음, 성백용 옮김 『사회과학으로부터의 탈피』, 창비 1994, 269면.

18 데이비드 헬드 외 지음, 조효제 옮김 『전지구적 변환』, 창비 2002, 679면.

19 스튜어트 홀 「무엇이 변했는가」, 에릭 홉스봄 외 지음, 노대명 옮김 『제3의 길은 없다』, 당대 1999, 54~55면.

20 정승일 「신자유주의와 대안체제」, 『창작과비평』 2007년 가을호. (이 글은 본서가 속한 '창비담론총서' 씨리즈 제3권에 수록되어 있다 — 편집자.)

21 조영철 「미국모델, 라인모델, 노르딕모델의 경제성과 비교평가: 미국모델은 따를 만한 모델인가?」, 『동향과전망』 2007년 여름호.

22 2007년 진보정치연구소에서는 '사회국가'라는 지향을 기초로 정책 제안을 담은 책을 발간했다. 이는 논의가 이념과 가치에 머무르는 것이 아니라 정책적 영역까지 나아갔다는 점에서 긍정적 의미를 지니고 있다. 그러나 개별 쟁점에 대해서도 적지않은 토론거리가 있지만, 그중에서도 전체적으로 남북한의 평화체제 문제만을 간단하게 언급할 뿐 남북관계의 변화가 남한 내의 사회경제체제에 미칠 수 있는 영향, 남북관계의 변화를 계기로 남한을 포함한 한반도가 사회·경제적으로 더욱 바람직한 모습을 갖추도록 만들 수 있는 제안은 전혀 찾아볼 수 없다는 점이 눈에 띈다. 이러한 문제점은 과연 사회국가에 담긴 정책들이 향후 10년의 변화에 효과적으로 대응할 수 있을지에 대해 의문을 제기하지 않을 수 없게 만든다. 진보정치연구소 엮음 『사회국가, 한국사회 재설계도』, 후마니타스 2007.

23 상세한 논의는 백낙청, 앞의 책 참조.

24 백낙청 「변혁적 중도주의와 한국의 민주주의」, 앞의 책.

25 앤서니 기든스 지음, 한상진·박찬욱 옮김 『제3의 길』, 생각의나무 1998.

제1부 동아시아론과 근대적응·근대극복의 이중과제 • 백영서

1 孫歌 「なぜ‘ポスト’東アジアなのか」, 孫歌·白永瑞·陳光興 編 『ポスト‘東アジア’』, 作品社 2006, 119~20면. 국역본은 쑨 꺼 「포스트 동아시아 서술의 가능성」, 한림대 아시아문화연구소 엮음 『동아시아 경제문화 네트워크』, 태학사 2007, 71면.

2 장인성 「한국의 동아시아론과 동아시아 정체성」, 『세계정치』 제26집 2호, 2005, 4면.

3 필자의 동아시아론은 개인의 작업인 동시에 (계간 『창작과비평』의 담론의 하나로 간
주되듯이) 집단작업의 소산이기도 하다. 이를 집중분석한 최근의 글로는, 박명규 「한
국 동아시아담론의 지식사회학적 이해」, 김시업·마인섭 엮음 『동아시아학의 모색과
지향』, 성균관대학교출판부 2005; 장인성, 앞의 글; 고성빈 「한국과 중국의 '동아시
아담론': 상호연관성과 쟁점의 비교 및 평가」, 『국제지역연구』 제16권 제3호, 2007;
임우경 「비판적 지역주의로서의 한국 동아시아론의 전개」, 『중국현대문학』 제40호,
2007. 그밖에 카와시마는 "주변이란 관점을 도입해 한국 자신의 중요성을 강조하는
것"을 필자 논의의 특징으로 짚는다. 川島眞, 「アジアから見たアジア、地域、そして
周邊」, 横山宏章 外 編, 『周邊から見た20世紀中國』, 中國書店 2002, 290면.
4 인용 순서대로, 하세봉 『동아시아 역사학의 생산과 유통』, 아세아문화사 2001, 18면;
장인성, 앞의 글 9면; 馬場公彦 「ポスト冷戰期東アジア論の地坪」, 『アソシエ』 No.
11, 2003, 51~52면; 임우경, 앞의 글; 박노자 『우리가 몰랐던 동아시아』, 한겨레출판
2007, 13면.
5 쑨 꺼, 앞의 글, 국역본은 77면, 일본어본은 123면. 또한 요네따니 마사후미(米谷匡
史)는 동아시아의 연대와 해방이란 이름 아래 행해진 폭력에 대한 철저한 자기성찰
없이 국가와 자본에 의해 시도되는 동아시아 지역질서 통합을 비판하며 새로운 연대
의 관계성을 열기 위해 '포스트 동아시아'를 내세운다. 米谷匡史 「ポスト東アジア:
新たな連帶の條件」, 『現代思想』 2006년 8월호.
6 필자의 이런 입장은 인문학자와 사회과학자의 상반된 비판에 대한 대응이다. 중문학
자 이정훈(李政勳)은 필자의 동아시아론이 "80년대식의 비판담론에 대한 자기비판"
으로 시작했는데 지금은 중심이동을 하여 "현실에 깊이 개입하려는 실천적 노력과 내
셔널리즘 및 국가로의 '귀환' 혹은 '경도' 사이의 미묘한 갈림길에 서 있"다고 평가한
다. 「비판적 지식담론의 자기비판과 동아시아론」, 『중국현대문학』 제41호, 2007, 9면.
반면 정치학자 고성빈(高成彬)은 "단순히 지적인 상상에서의 규범적이고 사변적인
연구를 넘어서 현재하는 구체적인 정치경제, 사회적 문제들과 연관시키는" 방향으
로 나아가야 한다고 주문한다. 고성빈, 앞의 글 62면. 필자는 인문학적 접근과 사회
과학적 접근이 상호대조와 상호침투를 거쳐 통합의 방향으로 나아가야 한다고 본다.
7 최원식 「탈냉전시대와 동아시아적 시각의 모색」, 『창작과비평』 1993년 봄호.
8 백낙청의 다음 언급이 제3세계적 의식의 핵심을 극명하게 보여준다. "민중의 입장에
서 볼 때— 예컨대 한국 민중의 입장에서 볼 때—스스로가 제3세계의 일원이라는
말은 무엇보다도 그들의 당면한 문제들이 바로 전세계·전인류의 문제라는 말로서
중요성을 띠는 것이다. 곧, 세계를 셋으로 갈라놓는 말이라기보다 오히려 하나로 묶
어서 보는 데 그 참뜻이 있는 것이다." 백낙청 「제3세계와 민중문학」, 『창작과비평』

1979년 가을호 50면. 같은 문제의식은 최원식 「민족문학론의 반성과 전망」, 『민족문학의 논리』, 창비 1988에서도 볼 수 있다. 최원식은 특히 "제3세계론의 동아시아적 양식을 창조할 때 비로소 우리의 민족문학론도 풍부한 현실성과 진정한 선진성을 획득할 수 있을 터"라고 역설했다.(368면)

9 『문화과학』 2000년 여름호 특집이 '근대·탈근대의 쟁점들'로 꾸려졌다. 또 김성보(金聖甫)는 근대의 '적응과 극복'과 구별해 '확장과 지양'이라는 표현을 쓴다. 김성보 「탈중심의 세계사 인식과 한국 근현대사 성찰」, 『역사비평』 2007년 가을호, 245면.

10 이중과제론의 진화과정은 백낙청 「한반도에서의 식민성 문제와 근대 한국의 이중과제」, 『창작과비평』 1999년 가을호;「21세기 한국과 한반도의 발전전략을 위해」, 『한반도식 통일, 현재진행형』, 창비 2006 참조. 이중과제론이 대두한 의의에 대해서, 송승철(宋承哲)은 "학계의 견해가 한편으로는 근대론과 탈근대론으로 경직되게 양분되고, 다른 한편으로는 민주화 달성 도정에서 중시되었던 경험과 가치들이 갑작스럽게 구닥다리로 치부되는 상황에서, 탈근대적 새로움은 새로움대로 인정하면서도 민주화를 위해 투쟁했던 시대의 가치들을 전지구화의 상황 속에서 발전시키려 한 점"이라고 지적한다. 송승철 「시민문학론에서 근대극복론까지」, 설준규·김명환 엮음 『지구화시대의 영문학』, 창비 2004, 248면. (본서의 제3부에 수록되어 있다 — 편집자.)

11 최원식 「탈냉전시대와 동아시아적 시각의 모색」 414~15면.

12 타께우찌 요시미 지음, 서광덕 외 옮김 『일본과 아시아』, 소명출판 2004, 87면.

13 심포지엄의 참여자인 스즈끼 시게따까(鈴木成高)의 다음과 같은 발언은 근대초극의 내용을 잘 간추리고 있다. "근대의 초극이란 정치에서는 민주주의의 초극, 경제에서는 자본주의의 초극, 사상에서는 자유주의의 초극을 의미한다. (…) 일본의 경우 근대의 초극이라는 과제는, 세계를 지배하는 유럽의 초극이라는 특수한 과제와 중복되기에 문제는 한층 더 복잡하다." 히로마쯔 와따루 지음, 김항 옮김 『근대초극론』, 민음사 2003, 16면.

14 같은 책 222면.

15 타께우찌, 앞의 책 136면.

16 비슷한 발상으로 필자의 '지적 실험으로서의 동아시아' 이외에, 천 꽝싱(陳光興)의 '아시아를 방법으로 삼다', 쑨 꺼의 '기능으로서의 동아시아', 코야스 노부꾸니(子安宣邦)의 '방법으로서의 동아시아' 등이 있다.

17 같은 책 168~69면, 강조는 인용자.

18 H.D. 하루투니언 「보이는 담론/보이지 않는 이데올로기」, H.D. 하루투니언·마사오 미요시 엮음, 곽동훈 외 옮김 『포스트모더니즘과 일본』, 시각과 언어 1996, 106,

115면.

19 鶴見俊輔・加々美光行 編 『無根のナショナリズムを超えて: 竹內好を再考する』, 日本評論社 2007. 2004년 독일에서 타께우찌에 관한 국제심포지엄이 열렸고, 타께우찌 선집의 독일어 번역본도 나왔다(138면). 중국의 수용 상황에 대해서는 85면 참조. 그밖에 캘리치먼(Richard F. Calichman)이 편역한 영역본 *What is Modernity?: Writings of Takeuchi Yoshimi* (Columbia University Press 2005)도 간행되었다. 타이완에서는 『臺灣社會硏究』 66기(2007년 6월)에 소특집이 실려 있다.

20 이정훈, 앞의 글.

21 백지운 「타께우찌 요시미라는 아포리아」, 『창작과비평』 2007년 여름호.

22 타께우찌, 앞의 책 33면.

23 졸고 「주변에서 동아시아를 본다는 것」, 『주변에서 본 동아시아』, 문학과지성사 2004.

24 같은 책 18면.

25 박명규 「21세기 한국학의 새로운 시공간성과 동아시아」, 서울대학교 개교 60주년 및 규장각 창립 230주년 기념 한국학 국제학술회의, 2006, 422면; 박명규 「복합적 정치공동체와 변혁의 논리」, 『창작과비평』 2000년 봄호.

26 백낙청 『한반도식 통일, 현재진행형』, 창비 2006, 244면.

27 이하의 내용은 졸고 「평화에 대한 상상력의 조건과 한계: 동아시아공동체론의 성찰」, 『시민과 세계』 제10호, 2007 참조.

28 강내희 「동아시아의 지역적 시야와 평화의 조건」, 『문화과학』 2007년 겨울호 95면.

29 中西輝政 「生命線は日米韓'保守派'の連携にあり」, 『正論』 2007년 5월호.

30 졸고 「평화에 대한 상상력의 조건과 한계」.

31 유재건 「역사적 실험으로서의 6·15시대」, 『창작과비평』 2006년 봄호 285면.

32 새로운 공치모델을 우리가 올해(2009년) 당면한 비상시국을 타개하기 위한 단기과제에 적용한 백낙청의 견해가 주목할 만하다. 그는 "우리 사회의 합리적인 보수와 책임있는 진보가 협력하여 폭넓은 중도세력을 형성하면서 정부 및 정치권과 시민사회가 동참하는 새로운 거버넌스 체계, 일종의 거국체제를 구성해야 된다"고 역설한다. 「비상시국 타개를 위한 국민통합의 길」(관훈클럽 강연원고 2009.2.18). 그밖에 「거버넌스에 관하여」(창비주간논평 weekly.changbi.com 2008.12.30) 참조.

33 FTA의 여러 유형과 단계에 대한 소개를 비롯해 한국형 개방발전모델에 대한 전반적인 논의는 최태욱 엮음 『한국형 개방전략: 한미FTA와 대안적 발전모델』, 창비 2007 참조.

34 조한혜정 외 『가족에서 학교로, 학교에서 마을로』, 또하나의문화 2006, 33면.

35 같은 책 46면.

36 졸저 『동아시아의 귀환』, 창비 2000, 32~36면.

37 같은 책 63면. 처음에 이 개념은 한반도의 분단체제를 극복하려 할 때 부닥치는 주권문제를 창의적으로 해결하기 위한 실천적 제안으로 주목받았다. 이에 대한 상세한 설명은 백낙청 『흔들리는 분단체제』, 창비 1998, 172~208면 참조.

38 하영선 「네트워크 지식국가: 늑대거미의 다보탑 쌓기」, 하영선·김상배 엮음 『네트워크 지식국가』, 을유문화사 2008.

39 박명규, 앞의 글.

40 우리 사회에서 전개되는 여러 영역의 시민운동의 활동 가운데 지역연대 차원의 성과와 한계에 대한 양적·질적 평가는 서남포럼 엮음 『한국의 동아시아연대운동 백서』, 아카넷 2006 참조.

41 「兩韓能, 兩岸爲何不能?」, 『亞洲週刊』 2007.10.14. 비슷한 논조로는, 난 팡쉬(南方朔) 「중국-타이완과 한국, 평화의 연동구조」, 『창작과비평』 2005년 가을호 참조.

42 복합국가론과 분단체제론이 대만사회의 진로 모색에 적극 활용된 예가 있다. 『臺灣社會研究』, 제71기(2008년 9월) ‘問題與討論’에 실린 여러 글들. 물론 대만의 이른바 ‘분열체제’는 한국과 달리 양안의 비대칭관계를 전제한다는 차이가 있지만, 양쪽의 경험을 이론화하는 데 서로 유용한 참조틀이 될 수 있다. 이 사실은 필자 등의 논의가 동아시아의 다양한 관점을 한반도 문제로 환원시키는 것이 아님을 보여주는 증거가 아닐까 싶다.

43 천 꽝싱은 파농(F. Fanon)의 ‘식민’ 개념을 모든 구조적 지배권력관계로까지 확대하고 그것의 변혁을 모두 탈식민(去殖民)의 목표로 보는데, 이럴 때 “탈식민은 영원한 과정”이 된다고 한다. 『제국의 눈』, 창비 2003, 178면.

제1부 대한민국 60년의 안과 밖, 그리고 정체성·홍석률

1 『자료 대한민국사』 7권, 국사편찬위원회 1974, 811~39면.

2 「330인 연명 성명서: 조국의 위기를 천명함」(1948.7), 도진순 『한국 민족주의와 남북관계』, 서울대출판부 1997, 394~96면에서 재인용.

3 브루스 커밍스 지음, 김동노 외 옮김 『브루스 커밍스의 한국현대사』, 창비 2001, 261~306면.

4 정병준 『한국전쟁』, 돌베개 2006, 267면.

5 장문석 『민족주의 길들이기』, 지식의 풍경 2007, 200면.

6 김동춘『근대의 그늘』, 당대 2000, 185~88면.

7 『사상계』 1960년 11월호 좌담「한국외교의 조건과 과제」중 조순승의 발언.

8 Seuk-ryule Hong, "Reunification Issues and Civil Society in South Korea: The Debates and Social Movement for Reunification during April Revolution Period 1960-1961," *The Journal of Asian Studies*, vol.61 no.4 (November 2002) 1247~53면.

9 허수열「식민지 유산과 대한민국」, 참여사회연구소『다시 대한민국을 묻는다』, 한울 2007, 56면.

10 지오반니 아리기 외 지음, 권현정 외 옮김『발전주의 비판에서 신자유주의 비판으로』, 공감 1998, 109~12면.

11 이병천「반공 개발독재와 돌진적 산업화」,『다시 대한민국을 묻는다』, 125면.

12 박명규「21세기 한반도와 평화민족주의」,『다시 대한민국을 묻는다』, 476~77면.

13 안병직「대한민국의 성취를 토대로 해야만 통일도 실현 가능해진다」,『한국논단』 216권, 2007.

14 정창렬「역사인식의 주제와 역사인식」,『내일을 여는 역사』 2001년 봄호 43~44면.

15 정태헌『한국의 식민지적 근대성찰』, 선인 2007, 259면.

16 최장집『민주주의의 민주화』, 후마니타스 2006, 271면.

17 박명규「복합적 정치공동체와 변혁의 논리」,『창작과비평』 2000년 봄호 참조.

18 백낙청「한반도에서의 식민성 문제와 근대 한국의 이중과제」,『창작과비평』 1999년 가을호 참조. (이 글은 본서 제1부에 수록되어 있다 — 편집자.) 백낙청은 다른 글에서 자신이 제기한 근대 적응과 극복의 이중과제는 "두개의 동시적 과제들이 아닌 양면적 성격을 지닌 단일과제"이며 "적응과 극복 간의 선·후도 없다"고 명백히 밝혔다. 때문에 '이중과제'를 자신의 영문 원고에서는 'a double project'라 하여 단수형으로 표기했음을 지적했다. 백낙청「다시 지혜의 시대를 위하여」,『한반도식 통일, 현재진행형』, 창비 2006, 115면 각주 13.

제1부 페미니즘과 근대성 · 김영희

1 최근에 프레드릭 제임슨(Fredric Jameson)은 이같은 명명법에 내장된 자기정당화에 주목하여 *A Singular Modernity: Essay on the Ontology of the Present* (Verso 2002)에서 근대의 서사가 과거의 어떤 시대구분과도 다른 '유일무이한' 성격을 띤다고 역설한 바 있다. 'Singular'라는 표현은 '단수(單數)의'라는 뜻도 지니니, '복수(複數)의 근대들'을 상정하여 근대에 대한 정면대응을 비껴가는 경향에 대한 비판을 담고 있다.

2 공사 영역의 분리만이 아니라 공사 영역 각각이 새 젠더관계를 창출하고 또 그것의 영향을 받음을 특히 강조하는 논의로는 Barbara L. Marshall, *Engendering Modernity: Feminism, Social Theory and Social Change* (Blackwell 1994) 참조.

3 1960~70년대 남한의 미혼 여성노동자들의 노동참여 동기로는 가족, 특히 남자 형제의 뒷바라지가 큰 몫을 차지했는데, 비슷한 현상을 가령 19세기 영국의 젊은 여성노동자들의 경우에서도 볼 수 있다. 물론, 노동자가 가족의 일원으로 생산의 장에 참여하는 것이 여성에게만 국한된 일은 아니며 이런 점에서 '개인' 노동자라는 관념 자체가 근대의 추상화(抽象化) 중 하나이다. 그러나 가족적 정체성을 개인적 정체성보다 우선하라는 요구가 여성에게 더 강하게 부과되는 점 역시 부인할 수 없다.

4 가령 페미니즘 관련 논문선 씨리즈 중 '산업사회에 대한 페미니즘의 대응'이라는 주제를 다룬 책에는 이와 관련한 다양한 반응들이 실려 있는데, 특히 다음 두 글은 비슷한 시기의 여성노동 변화를 다루면서도 분명한 시각 차이를 드러낸다. Joan W. Scott and Louise A. Tilly, "Women's Work and the Family in Nineteenth-Century Europe" 및 Edward Shorter, "Women's Work: What Difference Did Capitalism Make?" *Feminism: Critical Concepts in Literary and Cultural Studies*, ed. Mary Evans (Routledge 2001), vol. III.

5 Immanuel Wallerstein, "The Ideological Tensions of Capitalism: Universalism versus Racism and Sexism," *Racism, Sexism, and the World-System*, ed. Joan Smith, et al. (Greenwood Press 1988) 및 *Geopolitics and Geoculture: Essays on the Changing World-System* (Cambridge University Press 1991), 170~84면. 월러스틴이 근대의 또 다른 특수주의로 드는 것은 인종주의다.

6 본고에서는 검토를 생략할 수밖에 없지만, 페미니즘에서 '탈식민'적 문제제기가 나오는 것도 이 때문이며, 근대성과 관련해서도 근대와 전통의 이분법에 전제된 서구중심주의 지적 등 새로운 논점을 제출하고 있다.

7 비슷한 각도에서 평등에서 차이라는 단계론을 비판하는 대표적인 논자로는 Lynne Segal이 있다. 특히 *Why Feminism? Gender, Psychology, Politics* (Columbia University Press 1999), 1장 "Generations of Feminism" 참조.

8 Mary Wollestoncraft, *A Vindication of the Rights of Woman* (1792; Penguin Books 2004), 20면 및 30면.

9 그렇다면 자본주의가 경제외적 불평등에 무관심하며 따라서 구조적으로 성차별을 필요로 하는 체제는 아니라는 우드의 주장은, 페미니즘이 인간해방에 미달할 위험을 경계하자는 취지를 감안해도, 근대 자본주의의 논리를 일면적으로 단순화한 것이 아닌가 싶다. (Ellen Meiksins Wood, *Democracy Against Capitalism: Renewing*

Historical Materialism, Cambridge University Press 1995, 9장 "Capitalism and Human Emancipation," 270면.)

10 가령, 울스턴크래프트에게서 여성의 목소리를 통해 합리성의 의미를 조정하려는 시도가 발견된다는 지적이 나온 바 있다. Pauline Johnson, "Feminism and the Enlightenment," *Radical Philosophy* 63호, 1993년 봄, 9면.

11 Nancy Chodorow, *The Reproduction of Mothering: Psychoanalysis and the Sociology of Gender* (Berkeley University of California 1978). 좀더 자세한 소개와 평가로는 졸고 「페미니즘과 학문의 객관성」, 백낙청 엮음 『현대 학문의 성격』, 민음사 2000, 223~25면 참조.

12 이 점을 포함하여 포스트모더니즘이 과연 무엇인지에 대한 이해는 매우 다양해서 "충돌하는 관념들의 지뢰밭"이라는 푸념까지 낳을 정도다. David Harvey, *The Condition of Postmodernity: An Enquiry into the Origins of Cultural Change* (Wiley-Blackwell 1992), viii면.

13 문화론적 흐름과 이들이 다같이 '차이의 페미니즘'이라는 말로 통칭될 수 있는 소이도 여기에 있는데, 이들은 여성들 내부의 '차이들'을 강조함으로써 동일적 정체성과 이분법을 다 넘어서려고 하지만, 남성은 동일성, 여성은 차이라는 관념을 고수하는 한 이분법의 재생을 피하기 어렵다.

14 Teresa L. Ebert, *Ludic Feminism and After: Postmodernism, Desire, and Labor in Late Capitalism* (University of Michigan Press 1996), 51, 160면 및 Perry Anderson, *The Origins of Postmodernity* (Verso 1998) 36면 참조. '싸이보그' 정체성에 대한 해러웨이의 성찰은 이 점을 정면으로 직시하는 데서 출발한다는 점에서 탈근대를 말하는 논의 가운데 남다르며, 그 전망의 타당성과 별도로 중요한 화두를 던져준다. Donna Haraway, "A Cyborg Manifesto: Science, Technology, and Socialist-Feminism in the Late Twentieth Century," *Simians, Cyborgs and Women: The Reinvention of Nature* (Routledge 1991).

15 가령 니콜슨은 근대성과의 연속성을 말하며, 이분법을 심문함에 있어 누구 못지않게 철저한 버틀러 역시 근대 범주의 폐기가 아니라 구성성을 드러내고 비판하자는 취지라고 해명한다. Linda Nicholson, "On the Postmodern Barricades: Feminism, Politics and Social Theory," R. Boye and A. Rattansi, eds, *Postmodernism and Society* (Macmillan 1990); Judith Butler, "Contingent Foundations: Feminism and the Question of "Postmodernism," Linda Nicholson, intro., *Feminist Contentions: A Philosophical Exchange* (Routledge 1995).

16 '전략적 본질주의'는 스피박이 만들어낸 표현인데, 스피박 자신이 그 오용에 거듭

불만을 표명하고 이 용어를 폐기한 바도 있다. 그러나 이런 발상 자체가 가진 난제를 어떤 식으로 타개할지는 스피박에게서도 여전히 불분명하다. Gayatri Spivak, "An Interview with Gayatri Chakravorty Spivak," (with Sara Danius and Stefan Jonsson) *boundary 2* 20권 2호 (1993) 34~36면. "In a Word: Interview" (with Ellen Rooney, 1989), *Outside in the Teaching Machine* (Routledge 1993) 1~23면도 참조.

17 Nancy Fraser, "From Redistribution to Recognition? Dilemmas of Justice in a 'Postsocialist' Age," *New Left Review* 212호 (1995). 이 글은 이후로도 다른 지면들을 통해 개고 형태로 계속 발표되어왔다.

18 가령 생산관계에서 성별분업의 재편이나 이분법적 남녀관의 해체는 둘 다 집단간의 경계를 흔들어 집단적 차별을 불식하는 데 기여한다는 것이다.

19 Karen Green, *The Woman of Reason: Feminism, Humanism and Political Thought* (Continuum 1995), 8장 "Reason, Femininity, Love and Morality"; Alison Assiter, *Enlightened Women: Modernist Feminism in a Postmodern Age* (London and New York: Routledge 1996), 특히 105~109면.

20 '비판적 근대주의'(critical modernism)라는 표현은 Barbara L. Marshall의 것이다 (*Engendering Modernity: Feminism, Social Theory and Social Change*, Oxford: Blackwell 1994, 159면). 아씨터(Assiter) 역시 부제에서 '근대주의'를 내걸고 나온다.

21 특히 펠스키의 시도가 주목할 만하다. Lita Felski, "Feminism, Postmodernism, and the Critique of Modernity" *Cultural Critique* 13권, 1989년 가을호 및 *The Gender of Modernity* (1995; 국역본 김영찬·심진경 옮김 『근대성과 페미니즘: 페미니즘으로 다시 읽는 근대』 거름 1998). 인용은 앞 논문 53면.

22 가령 Pauline Johnson, 앞의 글.

23 백낙청 「한반도에서의 식민성 문제와 근대 한국의 이중과제」 『창작과비평』 1999년 가을호, 18~20면 참조. (이 글은 본서 제1부에 수록되어 있다 — 편집자.) 이 글에서 이중과제론은 근대적응과 근대극복의 동시적 수행으로 정식화되는데, 그 전에 이야기하던 근대의 '성취'를 포함하면서도 근대체제에 대한 좀더 엄정한 인식을 담는 좀더 포괄적인 '적응'이라는 표현을 얻은 것이다. 본고에서 '성취'라는 낱말을 쓴 것도 이같은 맥락을 염두에 둔 선택이다. 분단된 한반도에 민족국가 형성이라는 근대 '성취'의 과제가 각별하다면, 아직 온전한 근대 시민의 위치를 부여받았다고 할 수 없는 여성의 입장에도 이에 방불한 점이 있어 보인다는 취지인 것이다. 그러나 물론, 분단체제의 극복이란 민족국가의 형식 자체에도 새로운 모색을 요하며 그만큼 단순한 '성취' 이상을 요청하는 과제라면 여성의 경우도 시민성 자체의 재구성을 요한다는 점에서 마찬가지다. 이는 '적응'부터가 지배적 근대성을 따라잡는 방식으로는 되지

않는 복잡한 과제임을 말해준다.

제2부 근대 한국의 이중과제와 녹색담론 • 백낙청

1 그리고 당연한 이야기지만, "구체적인 과제를 놓고 근대에 적응하는 일과 근대극복의 비전을 실현해가는 일이 어떻게 결합될지는 우리가 사안별로 점검도 하고 새로운 방안도 개발"해야 한다고 덧붙였다(백낙청-조효제 대화 「87년체제의 극복과 변혁적 중도주의」, 『창작과비평』 2008년 봄호 125면).

2 이어지는 문장에서는 이중과제론 자체가 동일한 판정을 받는다. "이것은 마치 '근대적응과 근대극복의 이중과제'라는 말이 추상적인 언술로는 그럴듯하게 들리는 개념이면서도 정작 구체적으로 무엇을 어떻게 한다는 것인지, 그 실천적인 상황을 생각하면, 지극히 모호한 것으로 되어버리는 것과 같다고 할 수 있다."(본서 161면)『녹색평론』 97호의 머리말에서도 그는 동일한 태도를 보여준 바 있다. "물론 근년에 와서 '근대적응과 근대극복'의 동시적 수행이라는 명제를 내걸고 활동해온 지식인 그룹이 없었던 것은 아니지만, 이 명제가 단순히 그럴듯한 슬로건의 수준을 넘어서, 구체적으로 무엇을 뜻하는 것인지 그다지 분명하게 드러나는 것은 아니었다고 할 수 있다."(2007년 11-12월호 9~10면)

3 이남주는 근대에 대한 '추수'도 아니고 근대로부터의 (현재로서는 불가능한) '탈출'도 아닌 것을 '적응'으로 규정하면서, "실천전략을 설명하는 경우 적응과 극복을 구분하기보다는 '적응'이라는 개념을 이 양자의 의미를 모두 포함하는 뜻으로 사용하는 것이 혼란을 줄일 수 있다"(본서 제1부 「전지구적 자본주의와 한반도 변혁」, 후주 9번)고 주장한다. 그러나 적응과 극복이 이중의 단일과제임을 누누이 설명해도 김종철 식의 오해가 생기는 마당에, '적응' 한마디만 썼을 때 그것이 '추수/탈출/적응'의 3분구도에 속하는 적응임을 헤아려줄 사람이 얼마나 될지 의문이다. 번거롭더라도 '적응과 극복의 이중과제'라는 표현을 계속 쓸 수밖에 없을 듯하다.

4 『녹색평론』 83호 머리말의 다음 발언은 더욱 심한 논리의 비약을 보여준다. "이른바 글로벌 경제의 바깥에서 생존할 수 있는 가능성은 지금으로서는 거의 없고, 따라서 우리는 싫건 좋건 설혹 그것이 제국주의적 지배의 논리라고 하더라도 현재의 세계화의 지배체제 속에서 활로를 모색하지 않을 수 없다는 주장은 아마도 논박하기 어려운 논리일 것이다. 그러나 정말 그럴까? 과연 오늘날 우리가 보는 것과 같은 경제성장과 사회적 발전이 정말 발전이라고 할 수 있는 것인가?"(2005년 7-8월호 2~3면)

5 굳이 그런 토를 다는 데서 짐작되듯이, "우리는 모든 노력을 다하여 그러한 저항운동

에 합류하는 데서 희망의 길을 발견해내는 수밖에 없다"는 김종철의 마지막 문장이 전적으로 미더운 것은 아니다. '비근대'를 선명하게 표방한 저항운동이기만 하면 그 적응력에 대한 점검을 소홀히하고, 선명성이 덜한 근대극복운동은 너무 쉽게 배제해버리는 자세가 엿보이는가 하면, "희망의 길을 발견해내는 수밖에 없다"는 구절 또한 희망을 체득한 넉넉한 자신감과는 거리가 있어 보인다.

6 Karl Marx/Friedrich Engels, *Werke*, Dietz Verlag Berlin 1987, 제23권 529~30면. 인용문의 정확한 출처를 확인해준 유재건 교수에게 감사한다. (*Werke*에서는 이 대목을 제4편 제13장으로, 국내의 김수행 역본과 Penguin판 영역본에서는 제15장으로 배치했다.)

7 막스 베버의 경우는 김종철과는 더욱 이질적인 사상가인데 '고도자본주의'의 폐해에 관한 베버의 발언 역시 편의적으로 원용되었다(본서 153~54면). H. H. Gerth and C. Wright Mills, eds., *From Max Weber: Essays in Sociology* (Oxford University Press 1946)의 편자해설에서 길게 인용한(71~72면) 편지 내용만 보아도, 베버는 초기 자본주의야말로 '자유와 민주주의'를 제대로 꽃피운 동력으로 인식했고 자본주의가 고도화하면서 이들 근대적 가치가 위협받는 데 대해 깊은 우려를 표명하고 있는 것이다.

8 실제로 원문(*Werke* 제25권 131면)에서는 "합리적 농업은 자작소농의 손길이나, 아니면 연합된 생산자들에 의한 관리를 요한다"(die rationelle Agrikultur … entweder der Hand des selbst arbeitenden Kleinbauern oder der Kontrolle des assoziierten Produzenten bedarf)라고 하여, 미래사회의 생산자연합과 지난날의 소농을 분리시키고 있다. 김수행본에서는 이 대목을 "자기 노동에 의존하는 소농(小農: small farmer)을 필요로 하거나 결합생산자(結合生産者: associated producers)들에 의한 통제를 필요로 한다"고 번역했다(『자본론』 III〔상〕, 제1개역판, 비봉출판사 2004, 제1편 제6장, 139면). 역시 '생산자연합'과 '소농'의 분리를 명백히하고 있는 것이다.

9 피터 테일러 「세계 헤게모니에 대한 반체제적 대응들」, 『창작과비평』 1998년 봄호 참조(원문은 "Modernities and Movements: Antisystemic Reactions to World Hegemony," *Review* 1997년 겨울호). 이후 저자는 이 논문의 수정 보완된 내용을 포함한 저서를 출간했다(Peter J. Taylor, *Modernities: A Geohistorical Interpretation*, Polity Press 1999). 테일러 논문의 요지는 졸저 『흔들리는 분단체제』(창비 1998) 제1장 「분단체제극복운동의 일상화를 위해」 중 '생태계문제와 민족민주운동' 대목(41~44면)에서 소개한 바 있다.

10 더구나 보수진영의 '대한민국 선진화' 구호를 받아서 '한반도 선진사회'를 제창하기까지 한다면(졸고 「남남갈등에서 한반도 선진사회로」, 『창작과비평』 2006년 겨울호) 혐의는 더욱 짙어질 법하다. 남과 북이 같이 선진화하기만 한다면 된다는 것인가라

는 반문이 가능하다. 그러나 개인이든 사회든 국가든 좋은 쪽으로 계속 향상하려는 노력은 생명 자체의 욕구라 할 수 있으며, '국가' — 그것도 분단국가 — 위주가 아니라 사람들이 모여사는 '사회' 위주로 생각하면서 분단체제극복을 통해 한반도에 더 나아진 사회를 건설하려는 기획은 '생명지속적 발전'을 현실에서 구체화하는 과정의 핵심적인 일부이다.

11 유재건 「맑스의 과학적 사회주의와 현실적 과학」, 『창작과비평』 1994년 가을호 264면. "맑스가 유토피아주의라 비난할 때는 그것이 현존체제의 관념에 얽매여 이상형태나 체계를 설정해서 실현하려 한다는 것을 거냥한 것이었다."(같은 글 265면)

12 실은 김종철이 질문을 '창비 쪽에' 제기한 것이 적절한 방식인지도 생각해볼 문제다. '창비'의 편집진 중 상당수가 이중과제론을 내세우고 있지만 이에 냉담한 사람도 없지 않으며, 특히 개개인의 실천활동으로 가면 '녹평' 같은 결속력과 실천의지를 지닌 집단이 아니다. 따라서 질문은 백낙청이면 백낙청이 어떤 실천을 하고 있으며 그것이 방향을 제대로 잡고 있는가라는 식으로 제기되있어야 옳디.

제3부 시민문학론에서 근대극복론까지 · 송승철

1 이하 『민족문학과 세계문학』 『민족문학과 세계문학 II』 『민족문학의 새 단계』 『인간해방의 논리를 찾아서』는 각각 I, II, III, 『해방』으로 표시하고, 면수만 따로 밝힌다. 또한 강조는 원저자의 것이다.

2 '개념적 애매함'은 보통 약점으로 작용하기 십상이나 백낙청의 이론에서 '초거대 서사'는 현실역사의 구체적 경험적 한계를 보여주는 기능을 수행한다. 이것은 백낙청 특유의 진리관과도 연관되어 있기 때문에 '개념적 애매함'의 역할은 그때그때의 맥락에 따라 평가해야 할 것이다.

3 백낙청이 '시민'이란 단일한 번역어를 고집하는 것도 이와 관련이 있을 것이다. 그는 역사적으로 진보계급의 역할을 담당하고 있을 때의 시민(citoyen)과 계급적 이해관계에 관심이 있는 시민(bourgeois)을 문맥상 분명히 구분하면서도 다른 용어로 구분하여 서술하지 않는다. 즉 처음부터 'citoyen'과 'bourgeois'를 따로 설정해서 집단의 한계를 명백히하기보다는, 근대 자본주의사회 형성을 주도하고 산업혁명을 거치면서 정치적 지배집단으로 성장한 시민계급이 역사적 맥락 속에서 진보성을 최고도로 획득한 시점의 시민계급의 의식을 '시민의식'이라는 일종의 이념형으로 설정하고 이에 못 미치는 현실적 한계를 비판하는 방식이다. 이렇게 현재형의 시민계급이 이념형으로서의 시민적 가능성을 달성할 수 있다는 것을 끝까지 포기하지 않는 점이 백

낙청 이론의 '실천적' 측면일 것이다.

4 네그리와 하트는 '하급자민족주의'가 가진 진보성을 상당히 인정하는데, 이는 탈근대론자로서는 드문 경우이다. 하지만 이 경우도 민족과 민중을 보호하는 진보적 힘이 공동체의 다면성을 억압하는 '반동적 그림자'와 공존한다고 저자들은 지적한다. Michael Hardt and Antonio Negri, *Empire* (Cambridge: Harvard University Press 2000) 108면.

5 민족문학론이 제3세계문학론으로 발전하는 과정에 분석단위의 전지구화가 이루어질 때는 사회구성체 개념에 대한 인식이 매우 실질적 방식으로 전제되어 있다고 보아야 한다. 이런 점에서 80년대에 사회구성체 논의가 시작됐을 때 『창작과비평』이 논의의 공론화에 결정적 역할을 한 것이나, 이후 논쟁이 공소화해질 때 백낙청이 이 논의에서 한발 물러선 것도 우연이 아닐 것이다.

6 Immanuel Wallerstein, "The End of What Modernity," *The Essential Wallerstein* (New York: The New Press 2000) 454~71면.

7 그런데 백낙청이 월러스틴의 이론을 '전유'하는 방식의 특이함 때문에 분단체제론의 이론적 타당성에 의문을 표시하는 경우가 많았는데, 백낙청 자신은 오히려 자신의 전유방식이 월러스틴이 분석단위를 제기한 근본취지에 더 타당한 것이라고 답변한다. 즉 "세계체제가 궁극적으로 가장 적합한 분석단위라 하더라도 그때그때 연구의 성격에 따라 편의상 더욱 중시해야 할 단위를 찾기도 해야"(「민족문학론, 분단체제론, 근대극복론: 단상 몇개」, 『창작과비평』 1995년 가을호 16면) 한다는 것이다.

8 탈근대이론가로 널리 알려진 데이비드 하비의 이론은 근대와 탈근대를 이분법적으로 나누는 것이 자의적일 수 있음을 오히려 잘 보여준다. 하비는 1973년 경제위기를 분기점으로 한편에 포드주의와 모더니즘을, 다른 한편에 포스트포드주의와 포스트모더니즘을 자리매김한다. 그런데 하비 자신도 포스트모더니즘은 "포드주의 시대와의 단절이 아니라 연속성을 보여주는 징후도 많다"고 시인하는 신중성을 보인다. David Harvey, *The Conditions of Postmodernity* (Oxford: Basil Blackwell 1989) 120면.

9 페리 앤더슨도 하버마스의 계몽의 기획은 처음부터 모순된 두 경향—전문화와 대중화—의 혼합물이었다는 점을 지적한다. 그러므로 계몽의 기획은 덜 완성된 게 아니라, 애초부터 실현불가능한 기획이 된다. Perry Anderson, *The Origins of Postmodernity* (London: Verso 1998) 39면.

10 이하 두쎌의 견해는 Enrique Dussel, "Beyond Eurocentrism: The World-System and the Limits of Modernity," eds. Fredric Jameson and Masao Miyoshi, *The Cultures of Globalization* (Durham: Duke University Press 1998) 3~31면에서 요약했다.

280

1 정성기 「IMF체제하 공황과 생존의 길」, 『세상만들기』 1998년 1월호 7면.

2 같은 곳.

3 『시사저널』 1998.3.19, 38~41면.

4 윤진호 「IMF시대의 노동시장과 고용위기의 극복방안」, 『황해문화』 1998년 봄호 48면.

5 같은 글 49면.

6 브루스 커밍스(Bruce Cumings) 『한국일보』 1998.1.1.

7 고철기 「대공황의 불가피성」, 『녹색평론』 1998년 1-2월호 34~36면.

8 정현숙 「네오휴머니즘의 예견」, 『녹색평론』 1997년 11-12월호 140면.

9 박복영 「두 번의 국제금융위기: 1931년과 1997년」, 『역사비평』 1998년 봄호 138면.

10 『동아일보』 1998.2.11.

11 海野八尋 「規制緩和, 構造轉換論では答えは書けない」, 『世界』 1998년 3월호 112면.

12 같은 글 113면.

13 피터 디켄(Peter Dicken) 「초국적기업과 국민국가」, 『유네스코포럼』 1997년 가을호 229면.

14 Michael Löwy, *The Politics of Combined and Uneven Development*, Verso 1981, 2면. 저자는 그람시가 러시아혁명을 『자본론』과 고전적 맑스주의에 대한 살아있는 부정으로 파악한 견해가 경솔한 것임을 이 책에서 치밀하게 논증한다. 맑스는 후발자본주의사회가 사회주의로 이행하는 데 있어서 자본주의적 성숙문제를 고민했지만, 사회민주주의자들처럼 단계론에 빠져든 것은 아니다. 그렇다고 영구혁명에 기초한 레닌주의 및 그 변형들이 여전히 유효하다고 할 수는 없다.

15 같은 책 5면, 28면.

16 김인중 「1848혁명의 새로운 평가」, 『역사비평』 1998년 봄호 322면.

17 Ellen Kay Trimberger, *Revolution From Above: Military Bureaucrats and Developmemt in Japan, Turkey, Egypt, and Peru*, Transaction Books 1978, 서문 viii면.

18 요한 갈퉁 「문화적 평화: 몇가지 특징」, 『유네스코포럼』 1997년 가을호 271면.

19 앙드레 모루아, 최을림 옮김 『영국사』(上), 서문당 1975, 168면.

20 G.M. Trevelyan, *A Shortened History of England*, Penguin Books 1960, 145면.

21 Faruk Tabak, "Ars Longa, Vita Brevis?: A Geohistorical Perspective on Pax Mongolica," *Review* 1996년 겨울호 25면.

22 임형택 「고려말 문인지식층의 동인의식과 문명의식」, 『목은 이색의 생애와 사상』, 일조각 1996, 293면.

23 남기정 옮김 『일제의 한국사법부 침략실화』, 育法社 1978. 이 책은 1940년 토오꾜오 법조회관(法曹會館)에서 구한말과 일제 초기 조선사법계에서 활동했던 일본인들이 모여 이틀간에 걸쳐 좌담한 내용의 속기록을 번역한 것이다.

24 같은 책 42면.

25 Karl Marx, "Revolution in China And in Europe," *On Colonialism*, International Publishers 1972, 21면.

26 宮嶋博史 『兩班: 李朝社會の特權階層』, 中央公論社 1995, 214면.

27 Karl Marx, "The British Rule in India," 앞의 책 41면.

28 粕谷信次 編 『東アジア工業化ダイナミズム: 21世紀への挑戰』, 法政大學出版局 1997, 13면.

29 『世界』 1997년 12월호 277면.

30 뚜 웨이밍 「유가철학과 현대화」, 『동아시아, 문제와 시각』, 문학과지성사 1995, 382면.

31 金耀基 「유가윤리와 경제발전」, 『동아시아, 문제와 시각』, 411면.

32 이 글은 원래 *Foreign Affairs* 1995년 9-10월호에 실린 것인데, 여기서는 미 공보원이 배포한 번역본을 참고하였다.

33 加地伸行 『儒教とは何か』, 中央公論社 1996, 250~51면.

34 趙景達 「朝鮮における大國主義と小國主義の相克: 初期開化派の思想」, 『朝鮮史研究會論文集』, 22號(1985. 3), 71면.

35 『世界』 1998년 1월호 137면.

필자 소개

김영희(金英姬)　KAIST 교수, 영문학. 『창작과비평』 편집위원. 저서로 『비평의 객관성과 실천적 지평』 『F. R. 리비스와 레이먼드 윌리엄즈 연구』 등이 있다.

김종철(金鍾哲)　『녹색평론』 발행·편집인. 영남대 영문과 교수 역임. 저서로 『시와 역사적 상상력』 『시적 인간과 생태적 인간』 『간디의 물레』 등이 있다.

백낙청(白樂晴)　서울대 명예교수, 영문학. 문학평론가, 『창작과비평』 편집인. 최근 저서로 『통일시대 한국문학의 보람』 『한반도식 통일, 현재진행형』 『백낙청 회화록』 등이 있다.

백영서(白永瑞)　연세대 교수, 동양사학. 『창작과비평』 주간. 저서로 『동아시아의 귀환』 『동아시아의 지역질서』(공저) 『동아시아 근대이행의 세 갈래』(공저) 등이 있다.

송승철(宋承哲)　한림대 교수, 영문학. 문학평론가. 저서로 『지구화시대의 영문학』(공저), 주요 평론으로 「서구와 한국의 교차점: 문화, 대중, 변혁, 진실」 등이 있다.

이남주(李南周)　성공회대 교수, 정치학. 『창작과비평』 편집위원. 저서로 『중국 시민사회의 형성과 특징』 『21세기의 한반도 구상』(공저) 등이 있다.

최원식(崔元植)　인하대 교수, 국문학. 세교연구소 이사장. 『창작과비평』 편집위원. 저서로 『생산적 대화를 위하여』 『문학의 귀환』 『제국 이후의 동아시아』 등이 있다.

홍석률(洪錫律)　성신여대 교수, 한국사학. 저서로 『통일문제와 정치사회적 갈등: 1953~1961』, 주요 논문으로 「1968년 푸에블로 사건과 남한·북한·미국의 삼각관계」 등이 있다.

창비담론총서 1

이중과제론

초판 1쇄 발행 • 2009년 4월 15일

엮은이 • 이남주
펴낸이 • 고세현
책임편집 • 염종선 안병률 정소영
펴낸곳 • (주)창비
등록 • 1986년 8월 5일 제85호
주소 • 413-756 경기도 파주시 교하읍 문발리 513-11
전화 • 031-955-3333
팩시밀리 • 영업 031-955-3399 편집 031-955-3400
홈페이지 • www.changbi.com
전자우편 • human@changbi.com
인쇄 • 한교원색

ⓒ (주)창비 2009
ISBN 978-89-364-8555-9 03300
ISBN 978-89-364-7977-0 (세트)

* 이 책 내용의 전부 또는 일부를 재사용하려면
  반드시 저작권자와 창비 양측의 동의를 받아야 합니다.
* 책값은 뒤표지에 표시되어 있습니다.